Über Rassismus und Widerstand

ANDREAS NAKIC wurde 1962 als Sohn einer *weißen* US-Amerikanerin und eines Äthiopiers in den USA geboren. 1965 von einer deutsch-amerikanischen Familie adoptiert, kam er 1967 nach Deutschland. 2013 traf er zum ersten Mal seine leibliche Mutter. Er lebt seit vielen Jahren in Köln und arbeitet als Gewaltpräventions-/Deeskalations- und Kampfkunst-Trainer.

MARIANNE BECHHAUS-GERST ist Afrikanistin, Historikerin und Kulturwissenschaftlerin. Seit vielen Jahren forscht und schreibt sie zu afrodeutscher Geschichte, zur deutsch-afrikanischen Begegnungsgeschichte und zur deutschen Kolonialgeschichte. Darüber hinaus ist sie als Anti-Rassismus-Trainerin und Critical Whiteness-Coach tätig.

DIANE TRULY, geborene Robbie, wuchs als älteste Tochter mit zehn Geschwistern auf. Die Mutter von drei Kindern wurde am 15. August 1943 in South Dakota/USA geboren. 1962 musste sie auf massiven Druck ihrer prominenten Familie ihren Sohn Andreas zur Adoption freigeben. Heute lebt sie als Rentnerin in Sacramento.

Andreas Nakic · Marianne Bechhaus-Gerst
mit Diane Truly

Über Rassismus und Widerstand

Eine US-amerikanisch-deutsch-äthiopische Lebensgeschichte

Bearbeitung der Interviews und
Übersetzungen aus dem Amerikanischen:
Marianne Bechhaus-Gerst

Ⓜ | METROPOL

Umschlagabbildungen:
Andreas Nakic im Alter von 17 Jahren (vorne) und heute (Rückseite)

Sofern nicht anders angegeben, stammen die Abbildungen
in diesem Buch von Andreas Nakic

ISBN: 978-3-86331-492-7
ISBN: 978-3-86331-942-7 (E-Book)

© 2019 Metropol Verlag
Ansbacher Straße 70 · D–10777 Berlin
www.metropol-verlag.de
Alle Rechte vorbehalten
Druck: buchdruckerei.de, Berlin

Inhalt

Vorwort | Andreas Nakic ... 7
Zur Einführung | Marianne Bechhaus-Gerst ... 9

Das fremde Kind ... 13
Zwei Familien und ein fremdes Kind | Marianne Bechhaus-Gerst ... 15
1 Die Adoptivmutter I ... 23
2 Der Adoptivvater ... 41
Ledige Mütter und die US-amerikanische Adoptionspolitik
der 1950er- und 1960er-Jahre | Marianne Bechhaus-Gerst ... 58
3 Brüder ... 74
4 Tante und Onkel ... 81

Zwang und Rebellion ... 87
5 Schule ... 89
6 Die Adoptivmutter II ... 100
Afrodeutsch sein im Deutschland
der 1950er- und 1960er-Jahre | Marianne Bechhaus-Gerst ... 124
7 Politisierung und Freiheit ... 140
8 Wege gehen ... 153
9 Kampfkunst und Anti-Gewalttraining ... 164

Mutter ... 175
10 Nach 51 Jahren ... 177
Catholic Charities –
Schweigen und Lügen | Marianne Bechhaus-Gerst ... 188
11 Meine Geschichte | Diane Truly ... 204

Ausblick ... 227
12 Wo gehöre ich hin? ... 229

Vorwort
Andreas Nakic

Nachdem ich nach 51 Jahren meine Mutter gefunden und die ganze Wahrheit über meine Adoption herausgefunden hatte, entschlossen sich meine Mutter und ich, mit unserer Geschichte an die Öffentlichkeit zu gehen. Für uns war klar, dass wir Rassismus, Gewalt und Ungerechtigkeit, die uns widerfahren sind, bekannt machen wollten.

Nach zwei Zeitungsartikeln und einem Dokumentarfilm in Deutschland über uns, mit denen ich nicht richtig zufrieden war, fragte mich mein langjähriger Kung-Fu-Trainer Stefan Winges, ob er meine Kontaktdaten an eine befreundete Afrikanistik-Professorin, die sich schon lange mit afrodeutscher Geschichte beschäftige, weitergeben dürfe. Dem habe ich sofort zugestimmt.

Gleich bei unserem ersten Gespräch war Marianne Bechhaus-Gerst der Ansicht, meine Geschichte verdiene es, in einem Buch erzählt zu werden. Nur in Buchform könne ich wirklich ausführlich zu Wort kommen und die Geschichte in all ihren Dimensionen und all ihrer Härte in die Öffentlichkeit bringen. Dem konnte ich nur zustimmen, musste aber auch zugeben, dass ich mir das nicht zutrauen würde, da die Schriftsprache einfach nicht mein Medium ist. Sie erzählte mir daraufhin von ihren Erfahrungen mit dem Schreiben und schlug mir vor, doch gemeinsam ein Buch zu machen, in dem niemand über mich schreibt, sondern das auf Interviews basiert. Im weiteren Verlauf des Gesprächs haben wir uns über ihre Auseinandersetzung mit dem Thema Rassismus und meine Rassismus-Erfahrungen in Deutschland unterhalten.

Da mir ihre Herangehensweise an das Thema gut gefiel und ich sofort das Gefühl hatte, dass sie mich ernst nimmt, fiel meine Entscheidung sehr spontan und intuitiv. Ungefähr zwei Stunden nach unserem Gespräch rief ich an und teilte ihr mit, dass ich das Buch gerne mit ihr machen würde.

Bei aller Härte und Brutalität, die in diesem Buch zur Sprache kommen, empfehle ich den Leserinnen und Lesern, sich immer vor Augen zu halten, dass ich im Grunde ein fröhlicher Mensch bin, der gerne lebt und der sich das Lachen nicht hat nehmen lassen. Für mich ist die schönste Parole, die ich aus den 1980er-Jahren mitgenommen habe: „Lebe, liebe, lache, kämpfe!" Nach diesem Motto versuche ich zu leben.

Zur Einführung
Marianne Bechhaus-Gerst

Ich traf Andreas Nakic zum ersten Mal an einem Abend im Mai 2015 in einem Kölner Café. Ein gemeinsamer Freund, der Krimiautor und Kampfkunst-Trainer Stefan Winges, hatte mir einige Zeit zuvor von Andreas und seiner leiblichen Mutter Diane erzählt. Da er wusste, dass ich mich seit vielen Jahren mit Schwarzer deutscher Geschichte beschäftigt und bereits eine Biografie geschrieben hatte, war er von meinem Interesse an dieser Lebensgeschichte ausgegangen. Und er hatte recht. Zu diesem Zeitpunkt war Andreas' Leben schon mehrfach auf mediales Interesse gestoßen. Im Januar 2014 hatten der *Kölner Stadtanzeiger* und der *Spiegel* berichtet, ein Jahr später sendete der Bayerische Rundfunk eine Dokumentation über ihn. Die Beiträge konnte ich mir in Vorbereitung unseres ersten Treffens lesen und ansehen. Dass eine solche Lebensgeschichte in Buchform erzählt werden sollte, lag für mich nach Artikellektüre und Filmsichtung auf der Hand, zumal für mich viele Fragen offengeblieben waren.

Bei unserem Zusammentreffen verstanden wir uns auf Anhieb und konnten ungezwungen reden. So konnte ich auch bald meiner Be- und Verwunderung Ausdruck verleihen, dass er bei allem, was ihm widerfahren war, vor allem im Film so verzeihend gewirkt hatte. Andreas' Reaktion machte deutlich, dass dieser Eindruck keineswegs uneingeschränkt der Wirklichkeit entsprach. Wenngleich er sich als der ungebrochene, positive Mensch ansehe, als der er in der filmischen Dokumentation erschien, so habe er doch eine große Wut, zum Beispiel auf seine Adoptiveltern, die ihn misshandelt, und auf Catholic Charities, die seine leibliche Mutter und letztendlich auch ihn belogen und betrogen hätten. Vieles davon habe er bei den Filmaufnahmen zum Ausdruck gebracht, diese Passagen seien aber der letzten Schnittversion zum Opfer gefallen. Ich hatte also nur eine „glatt gebügelte" Version seiner selbst gesehen.

Schon vor dem ersten Zusammentreffen hatte ich mir Gedanken darüber gemacht, wie ein gemeinsames Buchprojekt aussehen könnte. Eine klassische Biografie kam aus meiner Sicht nicht infrage. Als *weiße* Wissenschaftlerin und Autorin hätte ich Andreas – selbst ungewollt – zum Objekt einer lebensgeschichtlichen Studie aus *weißer* Perspektive gemacht. Bei unserem ersten Gespräch machte Andreas aber auch deutlich, dass er sich nicht als Autor seiner Autobiografie sah. Eine Art Ghostwriting stand nicht zur Debatte, da seine Geschichte doch wieder nicht in seiner eigenen Sprache, sondern von mir niedergeschrieben worden und damit unehrlich geworden wäre. So schlug ich vor, das Buch auf der Grundlage themenbezogener Interviews zu entwickeln, in denen Andreas seine Lebensgeschichte in seinen eigenen Worten, unzensiert und roh, würde erzählen können. Diese Interviews sollten dann wegen der besseren Lesbarkeit in eine Ich-Erzählung umgewandelt werden. Obwohl ihm die Idee auf Anhieb gefiel, bat Andreas um einige Tage Bedenkzeit. Zwei Stunden später rief er jedoch an, um mir eine positive Rückmeldung zu geben. Er wollte das Buch mit mir machen. Die Texte, die auf den Interviews basieren, die wir über einen längeren Zeitraum führten, machen den Hauptteil dieses Buches aus. Sie wurden von verschiedenen hilfsbereiten Personen transkribiert, von mir dann redigiert, vor allem in Bezug auf inhaltliche Wiederholungen und Überlängen bearbeitet und in nicht mehr durch Fragen unterbrochene Ich-Erzählungen umgewandelt, die dann schließlich von Andreas abgenommen wurden.

Irgendwann im Laufe unserer Zusammenarbeit gab Andreas mir einen Text, den seine Mutter Diane nach ihrem ersten

Zusammentreffen für ihn geschrieben hatte. In dem auf Englisch verfassten Schreiben erzählt sie von ihrer Familie, der Beziehung zu Andreas' Vater, ihrer Schwangerschaft und Andreas' Geburt sowie der schmerzhaften Entscheidung, ihn zur Adoption freizugeben. Ich war begeistert von diesem – nicht zuletzt auch sprachlich – wunderbaren Text, der so vieles nachvollzieh- und verstehbar machte, und es erschien mir wichtig, auch Dianes Stimme hörbar zu machen. Sowohl Diane als auch Andreas stimmten meinem Vorschlag, den Text in das Buch aufzunehmen, uneingeschränkt zu. Ich übersetzte ihn ins Deutsche und kürzte ihn um Passagen, die wir als nicht relevant für diesen Kontext erachteten. Fast zwangsläufig gab es zu manchen Ausführungen Nachfragen von meiner Seite, und Diane und ich führten zwei ausführliche Interviews per Skype, die dann in ihren Text eingearbeitet wurden.

Wenngleich die auf den Interviews basierenden Kapitel den Großteil dieses Buches ausmachen, ist es keine klassische Autobiografie. Vielmehr werden die autobiografischen Erzählungen begleitet durch Hintergrundtexte, die aber weder die Darstellung von Andreas und Diane kommentieren noch interpretieren oder gar korrigieren. Vielmehr ordnen sie verschiedene Aspekte der Lebensgeschichten von Andreas und Diane in historische, gesellschaftliche und politische Kontexte ein. Denn wenngleich es sich hier um individuelle Biografien handelt, sind sie in hohem Maße von diesen Kontexten bestimmt gewesen. Da sich das Buch nicht ausschließlich an ein gut informiertes Fachpublikum richtet, sondern eine möglichst große interessierte Leserschaft ansprechen soll, konnten wir nicht davon ausgehen, dass diese Leserschaft über die relevanten Abschnitte (afro)deutscher und (afro)amerikanischer Geschichte Bescheid weiß. Deshalb werden durch die Begleittexte das Verständnis und die Einordnung bestimmter Vorgänge erleichtert. So ist ein stilistisch heterogenes Buch entstanden.

Gerade für die Nicht-Fachleserschaft sind einige Anmerkungen zu bestimmten Schreibweisen in diesem Buch notwendig. Da sich das Thema Rassismus als roter Faden durch den Text zieht, wird zwangsläufig häufig von „Schwarz" oder „*weiß*" gesprochen. „Schwarz" wird hier auch in adjektivischer Verwendung stets groß geschrieben, um anzuzeigen, dass es sich nicht um eine biologische Zuschreibung handelt, sondern um einen „substantivierten politischen Begriff, wie ihn Menschen unterschiedlicher afrikanischer Herkunft und People of Color für sich als Selbstdefinition gewählt haben"[1]. Im Gegensatz erscheint „*weiß*" stets klein und kursiv, um diesen Begriff „als allgemeingültigen Referenzrahmen, der historische Konstrukte von Rassen und damit einhergehenden Rassismus erst konstituiert", zu konterkarieren.[2]

*

Wir hoffen, dass diese Geschichte von Rassismus und Gewalt, Widerstand und Handlungsmacht, Verlust und Wiedervereinigung eine breite Leserschaft findet. Rassismus, rassistische Diskriminierung und Gewalt gegen People of Color sind keine Themen von gestern, sondern nach wie vor und gerade heute hoch aktuell, betrachtet man das gegenwärtige gesellschaftliche und politische Klima sowohl in Deutschland als auch im übrigen Europa und in den USA.

---

1 Marion Kraft, Einleitung, in: dies. (Hrsg.): Kinder der Befreiung. Transatlantische Erfahrungen und Perspektiven Schwarzer Deutscher der Nachkriegsgeneration, Münster 2015, S. 11–18, hier 13.
2 Ebenda.

Das fremde Kind

Zwei Familien und ein fremdes Kind
Marianne Bechhaus-Gerst

Im Leben von Andreas Nakic spielen zwei Familien eine Rolle: seine leibliche oder biologische Familie und seine Adoptivfamilie. Beide sind *weiße* Familien von hohem sozialem Status, in die er als Person of Color hineingeboren oder von der er angenommen wurde. Vieles von dem, was Andreas erlebt hat, was ihm widerfahren ist und womit er sich aktiv über viele Jahre hinweg auseinandersetzen musste, hängt mit diesem Hintergrund zusammen. Beide Familien haben sein Leben geprägt, auch wenn eine von beiden über 50 Jahre lang abwesend war. Deshalb spielte dieser Hintergrund auch eine wichtige Rolle in den Interviews, die den autobiografischen Texten zugrunde liegen. Da diese keinem vorgefertigten Skript folgten, wurde vieles nur in Bruchstücken und nach und nach erzählt, was den Leser/innen die Einordnung von Ereignissen und das Zusammensetzen eines Gesamtbildes nicht leicht macht. Deshalb werden hier einleitend einige Basisdaten und -informationen zu den beiden Familien gegeben, die zusammen mit den drei weiteren Hintergrundkapiteln das Verständnis für die außergewöhnliche Lebensgeschichte fördern sollen.

Andreas Nakic wurde am 16. August 1962 im Mercy Hospital in Denver/Colorado als Reginald Vincent Robbie geboren. Einen Tag zuvor war seine Mutter, Diane Elizabeth Robbie, 19 Jahre alt geworden. Diane war die Tochter von Joe und Elizabeth Robbie, und damit wurde Andreas in eine Familie hineingeboren, deren Name auch heute noch vielen US-Amerikanern ein Begriff ist; sie dürfte vor allem ab Mitte der 1960er-Jahre bis zu Joe Robbies

Tod 1990 zu den prominenten Familien im Land gehört haben. Robbies Geschichte – und das ist wichtig im Zusammenhang mit den Umständen um Andreas' Geburt – ist eine typisch amerikanische Erfolgsgeschichte. Andreas' Großvater lebte den amerikanischen Traum –zumindest erschien es von außen so. Joseph – Joe – Robbie wurde am 7. Juli 1916 in Sisseton, einer Kleinstadt in South Dakota mit heute knapp 2500 Einwohnern, geboren.[3] Sein Vater war ein libanesischer Migrant, der ein Restaurant, eine Pool-Halle und eine Pension betrieb, bevor er Polizeichef von Sisseton wurde.[4] Seine Mutter, Tochter irisch-katholischer Einwanderer, war eine Bäckerin, die ihn katholisch erzog.[5] Während der Depressionsjahre in den 1930er-Jahren verließ Joe Robbie vorübergehend die High School, um als Holzfäller zu arbeiten und so die Familie zu unterstützen. Nach der High School konnte er mit Hilfe eines Stipendiums studieren. Im Zweiten Weltkrieg wurde Robbie zu Navy eingezogen, auf den pazifischen Kriegsschauplätzen eingesetzt und mit dem Bronze Star ausgezeichnet. Nach dem Krieg ermöglichte ihm die „G.I. Bill", die unter anderem Universitätszugang für jeden Kriegsteilnehmer garantierte, an die Universität zurückzukehren und Jura zu studieren.

Damit begann ein auch für US-amerikanische Verhältnisse steiler sozialer und wirtschaftlicher Aufstieg. Joe Robbie arbeitete zunächst als Staatsanwalt, ließ sich dann als Anwalt nieder und ging 1948, mit knapp 33 Jahren, in die Politik. Für die Demokratische Partei zog er 1950 in das Repräsentantenhaus von South Dakota ein. Er kandidierte 1950 für das Amt des Gouverneurs, verlor aber gegen seinen republikanischen Rivalen Sigurd Anderson.

3 The Joseph Robbie Page, http://www.smokershistory.com/Robbie.htm [18. 2. 2019].
4 Ray Lynch, A Man of Perfection. Joe Robbie had a Fire That Warmed Many and Burned a Few, Says Danny Thomas. Sun-Sentinel, January 9, 1990.
5 https://en.wikipedia.org/wiki/Joe_Robbie [18. 2. 2019].

Neben verschiedenen politischen Tätigkeiten arbeitete er für mehrere politische Kampagnen des Demokraten und späteren US-Vizepräsidenten Hubert Horatio Humphrey Jr. und unterstützte diese auch finanziell. Von den 1960er-Jahren an war Robbie ein engagierter Lobbyist für die Tabakindustrie und argumentierte 1963 vor dem Senat der Vereinigten Staaten gegen eine Gesetzesvorlage, die Tabakwerbung einschränkte.[6]
Während seines letzten Jahres an der Universität hatte Joe Robbie seine spätere Frau, Elizabeth, kennengelernt. Das Paar heiratete 1942 und bekam über die nächsten 20 Jahre elf Kinder. Elizabeth unterstützte Joe bei seinem steilen Aufstieg, erzog die Kinder – wegen Joes beruflich bedingter häufiger Abwesenheiten nicht selten alleine – streng katholisch und entwickelte ihre eigenen Ambitionen.

Als Diane, die älteste Tochter von Joe und Elizabeth, im November 1961 unverheiratet und dazu noch von einem Schwarzen Mann schwanger wurde, kam dies für die Eltern Robbie zu einem denkbar ungünstigen Zeitpunkt. Beide hatten noch große Pläne, waren noch lange nicht am Gipfel des gesellschaftlichen und wirtschaftlichen Aufstiegs angekommen. Bei dem vorherrschenden gesellschaftlichen Klima wäre dieser Aufstieg aber durch die uneheliche Geburt eines dazu noch „bi-racial" Enkelkindes vermutlich zu einem abrupten Ende gekommen. Die Aufhebung der sogenannten Rassentrennung in den USA war noch drei Jahre entfernt; das Kind aus einer Schwarz-*weißen* Beziehung wäre in jedem Fall als „Negro" klassifiziert worden. Aber auch nach 1964 hätte eine solche uneheliche Geburt unweigerlich soziale Ächtung zur Folge gehabt. So war es für die Eltern Robbie klar, dass nur eine Freigabe zur Adoption infrage kommen würde. Während Diane ihr Kind zur Welt brachte und es weggeben musste, brachte ihre

6   The Joseph Robbie Page, http://www.smokershistory.com/Robbie.htm [18. 2. 2019] und persönliche Mitteilungen.

Mutter, die gleichzeitig schwanger gewesen war, das elfte Robbie-Kind und damit ihr zehntes Geschwisterkind zur Welt.

Der gesellschaftliche Aufstieg konnte nach der Adoption ungehindert weitergehen. Während Andreas im Heim oder bei wechselnden Pflegefamilien auf ein endgültiges Zuhause wartete, schmiedeten die Robbies große Pläne, die sie endgültig an die gesellschaftliche Spitze bringen sollten. 1965, als Andreas' Adoption endlich vollzogen wurde, gründete Joe Robbie mit finanzieller Unterstützung befreundeter libanesisch-stämmiger Amerikaner das Football Team „Miami Dolphins" und baute es in den folgenden Jahren zu einem erstklassigen Team auf, das zwei Mal den Super Bowl gewann. Ab 1982 entwickelte Robbie Pläne für ein neues Football-Stadion in Miami, das er dann mit eigenem Geld bauen ließ und das 1987 eröffnet wurde. Bis 1996 trug es den Namen „Joe Robbie Stadium". Aber auch seine Frau Elizabeth, Mutter von inzwischen elf Kindern, engagierte sich im amerikanischen Sportbetrieb. Sie war die erste Frau in den USA, der ein professioneller Fußballclub gehörte. Anfang der 1970er-Jahre kaufte sie das Miami Toros Soccer Team, später umbenannt in zunächst Fort Lauderdale, dann Minnesota Strikers, die zunächst in der Fußballliga, später in der Hallenfußballliga spielten.[7] Über Jahre hinweg war Elizabeth Robbie eine der einflussreichsten Persönlichkeiten im professionellen Fußball in den Vereinigten Staaten.[8] Und auch ihr kirchliches Engagement wurde belohnt. 1983 wurde ihr die päpstliche Auszeichnung für besondere Verdienste um die Anliegen der Kirche und des Papstes, Pro Ecclesia et Pontifice, verliehen. Die Rechnung war – zumindest von außen gesehen – aufgegangen. Den Namen „Robbie" kannte man im ganzen Land, die gesellschaftliche Spitze war erreicht.

7   http://www.gophersports.com/facilities/robbie-stadium.html [16. 8. 2018].
8   http://articles.sun-sentinel.com/1991-11-06/news/9102150070_1_elizabeth-robbie-dan-robbie-dolphins-founder [16. 8. 2018].

Als Andreas 1965 von einer ebenfalls *weißen* Familie adoptiert wird, hat diese bereits vier leibliche Söhne. Über die Adoptivfamilie schreibt der an der Vermittlung der Adoption beteiligte Monsignor William J. Monahan an Andreas' Großvater, Joe Robbie: „Der Adoptivvater ist Wissenschaftler, und die Mutter ist eine gebildete Frau, aber sehr der Muttertyp. [...] Es handelt sich um eine solide, qualifizierte Familie, und das Kind wird nur Vorteile daraus ziehen, nicht nur unter dem Aspekt eines guten und liebenden Familienumfelds, sondern auch unter dem Aspekt der Entwicklung seines Bildungspotenzials."[9]

Der Adoptivvater, im Folgenden Herr K. genannt, wurde 1932 in New York in eine deutsch-stämmige Familie geboren. Schon früh entwickelte er eine Leidenschaft für Musik und spielte die Violine auch bei öffentlichen Konzerten,[10] studierte dann aber Physik, spezialisierte sich auf Atomphysik und arbeitete an der University of Denver, Colorado. 1958 heiratete er die fünf Jahre jüngere Deutsche Eva Hudeczek und bekam mit ihr vier Söhne. Bald nach Andreas' Adoption wanderte die Familie nach Deutschland aus, wo 1967 der fünfte leibliche Sohn der Familie zu Welt kam. Für ein Jahr macht die Familie Station in Istanbul, da Herr K. eine Stelle als Physiker am Robert College, dem Vorläufer der Bogaziçi Universität, angenommen hatte. Nach der Rückkehr nach Deutschland ließ sich die Familie, die nun aus zwei Erwachsenen und sechs Kindern bestand, in Göttingen nieder, wo Evas Eltern lebten. Herr K. hatte nun eine gut dotierte Anstellung am Max-Planck-Institut in Kathenburg-Lindau, und die Familie konnte ein großes Haus beziehen, in dem ausreichend Platz für die vielen Personen vorhanden war. Doch das vermeintliche Familienidyll in Göttingen war von kurzer Dauer. Schon Anfang der 1970er-Jahre, als Eva schwer

9 Schreiben von Monsignor William J. Monahan an Joe Robbie vom 22. Februar 1968.
10 Siehe z. B. New Castle Tribune, Chappaqua, N.Y., Friday, May 19, 1950.

MONSIGNOR WILLIAM J. MONAHAN
635 NINETEENTH STREET
DENVER, COLORADO 80202

February 22, 1968

Dear Joe:

I am taking advantage of Washington's Birthday holiday to answer personal correspondence which has been sadly neglected. I took a vacation for most of January as Msgr. Kolka, the Director of Catholic Charities, has been made pastor - and while he retains his Charities position I am taking over, and the transition will be rather trying until Fr. Dunn completes his graduate education and reports in July. For almost 2 years I had not been well, and had a duplex major operation last summer, which really seems most successful, but recuperation is long and tedious. Doctor recommends 2 vacations a year, plus another week away from Colo at least 2 times a year. This I enjoy. I didn't want to dictate this letter in the office because of your connection with the Dolphins, which is in same league (our hope) with our Broncos, and you may be visiting Denver, and possibly visiting me.

I am pleased that the case of your grandson was closed about two years ago. Prayers have been answered, and in social workese the termination of this case of your grandson is "succesful treatment". We were fortunate in finding an adoption family with a similiar mixed racial background, and Catholic. The adopting father is a scientist, and adopting mother is an educated woman, but very much the mother person. They have other children. The family lived in Colorado relatively a short time, as the father's abilities are somewhat in a specialized international sphere. They received the boy into their family, and final adoption was completed before they left Colorado. This is a solid, qualified family and the child will receive every advantage not only from the viewpoint of good family living and love, but in developing his educational potentialities. We have not heard from them, and we do not expect to hear since they are a family capable of raising their own children. This is why we closed the case with the notation "No further service appears needed". I realize this appears a professional idiom of terminating a situation, but actually it is an answer to prayer, ours or yours.

Our social worker occasionally gets letters from your daughter. This our letters of inquiry, and probably asking for supportive help. I do not enter into the literary relationship of your daughter with the social worker, who is a grandmother, but in reading her letters there is apparent a basic solidarity. My hope and suggestion, is that you have not terminated communication with your daughter.

Brief von Monsignor Monahan, der an der Vermittlung der Adoption beteiligt und für Catholic Charities tätig war, an Andreas' Großvater Joe Robbie vom 22. Februar 1968.

> We truly appreciated your generous donation, and you have always helped us, and your previous offerings have helped.
>
> While I will never presume to read the mind of our Heavenly Father, Divine Providence, I suspicion that the weight of answered prayers came from the Robbies. May I presume to ask that you continue them for our work. Yesterday, I baptized 6 children. Three were of mixed racial background, perfectly normal, but we are searching for families, the other 3 have physical and mental problems. Two of the latter 3, probably will become normal, the other one seems destined for a state institution. Thus, we need your prayers for guidance.
>
> Next Fall I hope to be in shape to become a full Bronco fan. Even though you wont let us play in your Bowl next year, we have great faith that someday we will smother you.
>
> Your friend,
>
> William J. Monahan

Monahan lügt, wenn er behauptet, es gebe in der Adoptivfamilie drei „mixed racial"-Kinder und drei Kinder mit physischen und mentalen Problemen. Deutlich wird auch, dass Joe Robbie sich für die erfolgte Adoption mit einer großzügigen „Spende" bedankte.

krank wurde, verließ Herr K. die Familie, die dadurch zunächst auseinandergerissen wurde. Herr K. kehrte nicht wieder zurück, gab seinen Beruf als Physiker auf und begann ein neues Leben mit einem Studium der Medizin und einer anschließenden Tätigkeit als Arzt. Die Ehe wurde 1977 geschieden.

1 Die Adoptivmutter I

„ Meine früheste Erinnerung an meine Adoptivmutter Eva Kisselbach hängt mit unserem Haus in Denver, Colorado, zusammen. Ich weiß, dass ich da immer hinten im Garten gespielt hab. Das war ein kleines Einfamilienhaus. Da waren ein Keller und eine Garage. Die Garage hatte eine Hintertür zum Garten. Wir hatten einen kleinen Porsche. Einen weißen Porsche. Woran ich mich gut erinnere: Ich hab nicht gegessen. Eva hat mich immer gezwungen zu essen. Hat mich mit Gewalt gezwungen. Ich hab einfach das Essen verweigert. Und das waren immer Horrorszenarien. Ich weiß nicht mehr, warum ich nicht essen wollte, ich hab es einfach kategorisch verweigert. Warum, das kann ich mir mit meinem heutigen Kopf erklären. Aber was damals in meinem Kopf vorging, war einfach nur verweigern. Ich war damals auch erst drei oder vier Jahre alt.

Ich bin mit ungefähr zweieinhalb Jahren zu Kisselbachs gekommen. Die Adoption ist dann erst später festgemacht worden, aber ich war schon vorher in der Familie. Meine Essensverweigerung ist zu heftigen Prügelszenarien ausgeartet, weil Eva dann regelmäßig ausgerastet ist. Sonst weiß ich nur Dinge, die mir erzählt wurden. Im Kopf hab ich Fahrten mit dem Auto. Aber mein Gefühl, wenn ich zurückdenke, ist einfach ein sehr ungutes.

Und ich erinnere mich noch sehr gut daran, wie die Stimmung war, wenn Eva in der Nähe war. Sobald sie in den Raum kam, war Schiss da. Vor dieser Frau – da hatte ich panische Angst. Schon als ich ganz klein war, hatte ich vor dieser Frau Angst. Ich hab da zwar keine konkrete Situation im Kopf, aber sie hat mich von Anfang an massiv verprügelt. Und zwar für die kleinsten Kleinigkeiten. Ob ich was getan hatte oder nicht getan hatte. Oder ob ich was falsch gemacht hatte. Egal. Meine Reaktion war absolute Verweigerung. Essen war ein Riesenproblem. Ein Riesenproblem! Ich hab das Essen konsequent verweigert.

Eva hat von Anfang an darauf bestanden, dass ich sie „Mutti" nenne. Darauf hat sie bestanden, ob ich wollte oder nicht. Eva hat auch von Anfang an gesagt: „Ich bin deine Mutter. Ich liebe dich wie meine anderen Kinder auch." Das war ihr Dogma. Mein Gefühl war eher: Lass mich in Ruhe! Sie wollte unbedingt als meine Mutter gelten.

Ich erinnere mich auch sehr gut daran, dass es in Denver eiskalt war. Und dann haben wir relativ lange Fahrten im Porsche gemacht. Zu fünft haben wir uns in das Auto reingequetscht.

Der sechste war noch nicht da. Die Kinder haben auf der Rückbank gesessen; ich war noch klein und habe immer auf der Ablage gelegen. Und der Wagen hatte nur Plastikscheiben. Das war mein Glück, weil wir einmal einen Auffahrunfall hatten und ich mit meinem Kopf gegen die Plastikscheibe geknallt bin. Wäre die Scheibe aus Glas gewesen, hätte ich Probleme bekommen. Ich weiß, dass ich in den USA sehr viele Löcher im Kopf hatte, weil ich immer wieder gefallen bin. Ich war öfters im Krankenhaus und wurde geflickt.

Woran ich mich dann noch erinnern kann, ist die Überfahrt nach Deutschland. Von New York aus sind wir auf der Queen Mary gefahren. Ich meine, es wäre Abend gewesen. Ich hab den Sonnenuntergang im Kopf. Wir haben da an Deck gestanden. Ich weiß gar nicht, wie lange die Fahrt gedauert hat. Ein oder zwei Wochen. Keine Ahnung! Und ich hatte mit meinem Adoptivbruder Clemens eine Kajüte. Und ich erinnere mich daran, dass wir immer zu jedem Scheiß bereit waren. Wir haben schon sehr viel Mist gemacht! Für uns war das super faszinierend, auf dem Meer zu sein. Es gab eine

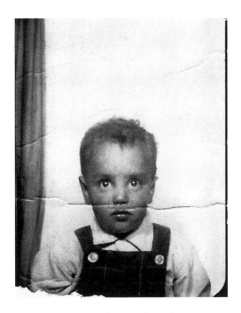

Andreas im Alter von knapp drei Jahren in Denver

Situation, da haben wir mit Schwimmwesten alle draußen gestanden. Da war, glaub ich, stürmische See. Die Überfahrt hat sich bei mir eingebrannt. Was ich sehr, sehr faszinierend fand: Ich habe ein gelbes Meer gesehen. Wenn du auf dem offenen Meer bist und die Sonne auf einmal untergeht, ist das Meer knallgelb. Das fand ich irre. Das hab ich nie vergessen. Das sind eigentlich meine ersten Erinnerungen an Eva Kisselbach.

In meiner Adoptivfamilie wurde viel gestraft und geprügelt – sowohl von Eva also auch von Herrn K., meinem Adoptiv„vater". Herr K. hat gestraft. Herr K. hat viel gestraft. Herr K. hat geprügelt. In meiner Erinnerung ist es so: Eva hat mich mehr geprügelt. Wir sind alle von Herrn K, geschlagen worden, aber meine Brüder hat Eva nicht so angepackt. Es gab eine Art Ritual. Zumindest würde ich es so bezeichnen. Es gab ein Ritual, an das ich mich gut erinnern kann. Das war aber nicht mehr in Denver, das war schon in

Deutschland. Irgendwas ist passiert. Irgendeiner hat was kaputt gemacht oder angestellt. Die Eltern wollten wissen, wer es gewesen ist. Dann wurden wir alle in einer Reihe aufgestellt, und Herr K. hat alle verprügelt, bis irgendeiner die Sache auf sich nahm. Und es war dann meistens leider so, dass ich es abgekriegt habe. Meine Brüder sind zwar auch geschlagen worden. Aber im Endeffekt ist es dann so gelaufen, dass auf mir so lange rumgeprügelt wurde, bis ich zusammengebrochen bin und die Sache auf mich genommen hab. Es gab verschiedene Strafrituale: Das erste war mit dem Kochlöffel, das zweite war mit der Hand, das dritte war mit dem Gürtel. Das letzte hat immer an einem bestimmten Ort stattgefunden. Und zwar im Keller. Das hat man mit meinen Brüdern nicht gemacht. Es gab diese Prügel für Dinge, mit denen ich nichts zu tun hatte. Oder für Dinge, für die Eva mich verantwortlich gemacht hat. Oder warum auch immer! Und das ist in Göttingen, wo wir später gewohnt haben, mit absoluter Regelmäßigkeit passiert. Und ich hab dann teilweise Sachen zugegeben, die ich gar nicht gemacht hatte. Das war wie bei Menschen unter Folter, die etwas gestehen, was sie nicht getan haben. Da gibst du Dinge zu, mit denen du nichts zu tun hattest.

Es gab zum Beispiel eine Geschichte: Eva war absolut tierlieb. Tiernärrisch, kann man auch sagen. Wir hatten Hunde, Katzen, Vögel, Hasen, alles. Eva hatte immer Tiere. Und Eva hatte eine Wellensittichzucht. Die war im Keller in einem großen Käfig. Einer meiner Brüder ist dann hingegangen und hat Wellensittiche freigelassen. Ich wusste damals nicht, wer es war. Dann kam natürlich die Frage: Wer ist das gewesen? Und im Endeffekt wurde es auf mich geschoben. Ich war's nicht, ich hab nie einen einzigen Wellensittich freigelassen. Aber das ging über Jahre. Ich weiß nicht, wie lange. Mir kam's ewig vor; bis dann irgendwann mal rauskam, dass ich damit überhaupt nichts zu tun gehabt hatte. Ich krieg diese ganzen Situationen nicht mehr zusammen. Auf jeden Fall waren die Prügeleien im Keller für mich die Hölle. Eva hat mich definitiv anders behandelt als meine Brüder, obwohl sie das Gegenteil behauptet hat. Obwohl sie immer wieder gesagt hat: Du bist zwar adoptiert, aber ich liebe dich genauso wie meine anderen Kinder. Es war ja von Anfang an klar, dass ich nicht aus der Familie komme. Das war auch nicht zu verheimlichen. Aus verschiedenen Gründen: Meine Brüder sehen ja deutlich anders aus als ich. Die Menschen in unserem Umfeld haben entsprechend reagiert. Alle haben immer gesagt: „Wo habt ihr den denn her?" – „Das ist doch nicht euer richtiger Sohn." – „Der gehört doch nicht dazu. Das ist doch nicht euer Bruder. Gehört der Sarottimohr auch dazu?" So hat die Nachbarschaft reagiert. Der andere Punkt ist: Ich bin nur ein halbes Jahr älter als mein jüngerer Bruder. Das fiel natürlich auch auf. Heute gehe ich so weit zu sagen: Sie hat ihre eigenen Kinder auch nicht geliebt. Das sehe ich heute so. Damals hab ich das nicht verstanden. Aber mein Anderssein habe ich deutlich durch Evas Verhalten zu spüren bekommen.

Wenn es um meine Adoption ging, habe ich nie viele Fragen gestellt. Ich wollte eigentlich nichts darüber wissen. Ich wollte nicht darüber reden. Ich hatte keinen Bock, permanent damit konfrontiert zu werden. Ich konnte die ganze Scheiße einfach nicht mehr hören. Eva hat von sich aus immer davon angefangen. Hat mir von sich aus immer Dinge erzählt – ob ich die wissen wollte oder nicht. Und da ging es immer nur darum: Du bist adoptiert worden, du bist zur Adoption freigegeben worden, weil deine Mutter erst 17 war, als sie dich bekommen hat. Ihr Vater habe sie gezwungen, mich zur Adoption freizugeben, weil ich kein *Weißer* war. Und meine Mutter habe das dann gemacht. Davon hat Eva immer wieder angefangen und mir dann auch Dinge über meine Mutter erzählt: Wie meine Mutter ausgesehen hat, dass sie sie mal gesehen hat, dass sie rote Haare hatte und dass man ihr im ersten Jahr die Chance gegeben habe, mich zurückzunehmen, dass meine Mutter dies aber abgelehnt habe. Danach sei die Tür zu gewesen. Das hat sie mir von klein auf erzählt. Das hat mich immer begleitet. Sie hat das Thema, dass ich adoptiert worden bin, von sich aus immer wieder angesprochen. Und ihr war es dann immer ganz wichtig zu sagen: „Du bist genauso mein Sohn wie alle anderen auch." Und das hat sie auch nach außen hin sehr konsequent vertreten. Wenn fremde Leute sagten: „Das ist doch nicht Ihr richtiger Sohn", hat sie immer geantwortet: „Doch, das ist mein Sohn." Das war nach dem Motto: „Der gehört mir! Punkt."

Heute denke ich, sie hat das Thema mir gegenüber immer wieder angesprochen, weil sie meine Dankbarkeit wollte, nach der Devise: „Sei doch froh, dass wir dich genommen haben. Du hättest in den USA keine Chance gehabt. Du bist Schwarz, du warst im Heim, du warst schon drei Jahre, als wir dich adoptiert haben." Das hat sie mir auch öfters gesagt. Und sie hat mir damals über die Adoption bestimmte Dinge erzählt. Zum Beispiel, wie es überhaupt zur Adoption kam. Sie seien im Heim gewesen und hätten ein Kind aussuchen wollen. Und hätten dann mich gesehen; ich sei mit dem Dreirad rumgefahren, und sie hätten mich so süß gefunden und mich dann ausgewählt. Das ist eines der Märchen, die sie mir die ganze Zeit erzählt hat und mit denen ich gelebt habe.

Ich hab Eva einfach nur als ungemein brutal im Kopf. Immer gab es diese körperlichen Misshandlungen. Als wir aus den USA weg waren und in Göttingen lebten, war es so: Eva hat mich regelmäßig im Keller mit ihrem Gürtel windelweich geprügelt. Wir Kinder haben in der Nachbarschaft immer wieder Streiche gespielt. Und wenn ich dann nach Hause kam, gab es Riesenärger. Sie hat dann angefangen, mich splitternackt im Keller mit dem Gürtel zu prügeln. Eva hat das regelmäßig gemacht. Ich musste mich ausziehen, und sie hat mich nackt mit dem Gürtel verprügelt. Das passierte mindestens einmal in der Woche. Eva ist immer in Rage geraten. Eva war jedes Mal in Rage. Und wenn Eva in Rage geriet, dann kannte sie kein Pardon. Und hat mich dermaßen durchgeprügelt, dass ich zum Beispiel versucht habe, die Wand hoch zu rennen, um ihr zu entkommen. Und das war auch bei mir anders als bei meinen Brüdern. Das hat sie mit denen nicht gemacht. Diese Form der Misshandlung hat sie meinen Brüdern nicht angetan. Ich hab mit sechs, sieben Jahren schon davon geträumt, wie ich da wegkomme, wenn ich mal volljährig bin. In der Zeit ist die Volljährigkeit auf achtzehn gesenkt worden. Das hab ich in dem Alter schon mitbekommen. Ich hab mich wirklich schon auf diesen Tag gefreut, an dem ich da wegkomme.

Weder in der Schule noch sonst außerhalb der Familie konnte ich mit jemandem darüber sprechen.[11] Meine Brüder wussten es natürlich. Die hatten aber auch große Angst vor Eva.

Eva hat mein Anderssein, meine Hautfarbe permanent angesprochen. Permanent! Ich konnte es nicht mehr hören. Permanent, permanent, permanent! Das war eine ambivalente Botschaft, die sie mir gegeben hat. Sie hat mir immer gesagt, dass ich stolz darauf sein soll. Ich konnte das Thema meiner Hautfarbe nicht mehr hören. Da war ich auch sehr, sehr dünnhäutig. Ob das jemand im Positiven oder im Negativen gesagt hat – das war mir egal. Ich hatte keinen Bock darauf. Ich hatte keinen Bock, permanent mit dem Thema konfrontiert zu werden. Sie hat mich dauernd damit konfrontiert. Sie hat natürlich auch mitbekommen, was draußen passierte. Auf dem Schulhof, mit anderen Kindern, mit anderen Erwachsenen. Sie hat ja die Reaktionen auch von anderen bekommen. Immer wieder musste sie ihren Adoptivsohn als ihren Sohn rechtfertigen. Musste immer rechtfertigen, dass ich auch dazu gehörte. „Das kann aber nicht sein!" Deswegen war das immer Thema. Dann gab es eine Zeit, da wollte ich mir die Haare glatt machen. Ich hatte keinen Bock mehr auf meinen Afro. Ich wollte Ruhe haben, ich wollte glatte Haare haben. Und dann hat sie gesagt: „Auf keinen Fall! Du musst darauf stolz sein!" Und dann kam von ihr „Black is beautiful!" Da habe ich das überhaupt zum ersten Mal gehört. Das kannte ich vorher nicht.

11 Siehe Kapitel 5 Schule.

Andererseits erinnerte mein Bruder mich einmal an eine traumatische Begebenheit mit meinen Haaren. Das war so: Wenn wir rausgegangen sind als Familie, sollten wir in der Gesellschaft etwas darstellen. Wir waren ja eine Professorenfamilie. Man musste schön sauber sein. Eva hat mir, wenn wir rausgingen, die Haare gekämmt. Und sie hat mir die Haare mit einem normalen Kamm gekämmt. Das geht bei einem Afro nicht. Das ist nicht drin! Die Haare sind ja lockig, da kommst du einfach nicht durch. Während sie mir die Haare gekämmt hat, ist sie permanent wütend geworden und ist mit einem Mini-Kamm in die Haare rein, hat mir die Haare rausgerissen und mich dabei geschlagen. Ihre Meinung war, ich sollte mich öfters kämmen, ich sollte mich besser pflegen. Katastrophe! Sie hat auch versucht, mir einen Seitenscheitel in die Haare reinzukämmen. Sah fürchterlich aus. Ein Seitenscheitel in einem Afro! Das sah höllisch scheiße aus! Und hat mir dann Haarfestiger ins Haar gesprayt, damit das auch liegen bleibt. Die bleiben ja nicht so liegen. Das ist doch pervers! Das hat sie regelmäßig gemacht. Und dabei hat sie mir die Haare wirklich ausgerissen. Mit dem Kamm ist sie da reingegangen und dann „ratsch!" Das war eine Katastrophe! Das stand im totalen Widerspruch zu ihrem „Black is beautiful!"

Das ist mir damals aber nicht aufgefallen. Natürlich ist mir im Gedächtnis geblieben, dass sie mich prügelte, dass sie mir weh tat, dass sie mich verletzte, dass sie mich permanent über meine Grenzen jagte. Aber ich hab die Doppelbotschaft überhaupt nicht kapiert. Ich hab das auch nicht in Zusammenhang mit Rassismus gebracht. Solche Begriffe kennst du als Kind nicht.

Aber ich denke, ich habe auch als Kind gespürt, dass da etwas nicht stimmt. Ich wusste, dass diese Frau mich nicht mag. Das hat sie auch später zugegeben. Ihre Botschaft war zu der Zeit: „Ich liebe dich wie meine anderen Kinder auch." Das war die Botschaft. Ihre Handlungen waren komplett entgegengesetzt. Sie hat mich geprügelt, sie hat mir die Haare ausgerissen, sie hat mich misshandelt; das war unbeschreiblich. Das war wirklich unbeschreiblich. Die Keller-Situation war auch der Grund, warum ich quasi zusammengebrochen bin, als ich nach Jahren wieder vor dem Haus stand. Das war wie ein Folterkeller für mich. Nichts anderes. Und das passte alles auch nicht mit dem zusammen, was sie gemacht hat, wenn mich jemand von außen rassistisch beleidigt hat. Dann ist sie abgegangen! Dann stand sie auf meiner Seite. Sie hatte auch kein Problem damit, dass ich anderen Kindern in die Fresse gehauen hab, wenn sie das N.-Wort benutzt haben. Das war für sie kein Problem. Das fand sie eher gut. „Du musst dich wehren, du musst kämpfen, du musst einen Punkt setzen. Lass dir nichts gefallen!" Das hab ich von dieser Frau vermittelt bekommen. So reagierte sie zum Beispiel, wenn in der Schule irgendetwas passierte. Dann war sie auf meiner Seite. Sie hat sogar mit dafür gesorgt, dass ein Lehrer von der Schule geflogen ist.[12] Das heißt, nach außen hin hat sie den Schein gewahrt. Sie hat auch gesagt: „Wenn ein Lehrer dich schlägt, dann verlasse sofort den Klassenraum. Das musst du dir nicht gefallen lassen!" Sie meinte immer: „Meine Kinder schlägt nur einer, und das bin ich!" Manchmal hat Eva Herrn K. als Vollstrecker benutzt: „Ich sag es ihm heute Abend." Und dann wusstest du, was auf dich zukommt. Aber die Hauptgewalt, die ich in diesem Haus erlebt habe, die ich persönlich erlebt habe, ging von ihr aus. Und das ist natürlich ein absoluter Widerspruch. Du weißt auf der einen Seite, du kannst nach Hause gehen, du kannst deiner Adoptivmutter erzählen, das und das ist passiert. Dann steht die auch für dich ein. Dann ist sie da und wird dich nach außen verteidigen. Ich hab ja auch versucht, sie zuerst mal als meine Mutter zu akzeptieren. Wenn ich das nicht versucht hätte, wäre es noch schwieriger geworden. Später hab ich das aufgegeben. Das war mein Überlebensmechanismus.

[12] Siehe Kapitel 5 Schule.

Von den USA sind wir damals zuerst über Deutschland nach Istanbul gereist. Wir sind in Hamburg angekommen und haben eine Wohnung bezogen, die sehr klein für die ganze Familie war. Ich kann mich daran erinnern, dass wir alle zur Impfung ins Krankenhaus mussten. Eva war sehr stolz auf mich, weil ich die Spritze ohne Weinen überstanden habe. Dafür habe ich eine Belohnung bekommen. Ich war es gewohnt, Schmerzen auszuhalten. In Istanbul haben wir in einer Kellerwohnung gelebt. Ich hatte in Istanbul mein Auge verletzt und bin eine Zeit lang mit Augenklappe rumgelaufen. Eva hatte ein paar Semester Medizin studiert und auch als Krankenschwester gearbeitet. Sie hat sich dann sehr um mich gekümmert, damit meine Sehkraft wiederhergestellt wird. Später hat mir mein Bruder erzählt, dass die Wohnung in Istanbul unter der amerikanischen Botschaft lag. Als ich die Augenverletzung hatte, war sie sehr, sehr darauf bedacht, dass das wieder in Ordnung kommt. Das ist eine der wenigen Erinnerungen, die zumindest nicht negativ waren.

Dann sind wir nach Göttingen gezogen. Da wohnten wir in einem Riesenhaus, das Herr K. selber ausgebaut und renoviert hat. Der ganze Horror fing eigentlich da an: die Misshandlungen, die Kellersituation. Das war da – tagtäglich.

Nach dem Umzug hat sich für Eva irgendetwas entscheidend verändert, irgendetwas ist passiert. Ich kann mir das heute als erwachsener Mensch so erklären, dass sie ihren ganzen Frust und Hass rausgelassen und an mir ausgelebt hat. Ich muss dazu sagen: Eva ist dann sehr, sehr krank geworden. Da war ich auf der Waldorfschule, also im Grundschulalter. Eva ist ins Krankenhaus gekommen und wäre auch fast gestorben. Die Ärzte hatten sie schon abgeschrieben. Ich hatte auch gehofft, dass sie stirbt. Es war nicht so, dass sie ins Krankenhaus gekommen und dann ununterbrochen dageblieben ist. Sie kam immer wieder raus, musste wieder rein, kam wieder raus. Dann ist sie mal in Kur gefahren. Das Ganze hat sich über drei Jahre hingezogen. In dieser Zeit ist bei uns alles zusammengebrochen, weil Herr K. sich eine Wohnung genommen hat, einfach ausgezogen ist und uns Kinder alleine gelassen hat mit der Großmutter, der Mutter von Eva, und mit Christa, meiner Tante. Und in der Zeit, in der Eva im Krankenhaus war, waren manche von uns verteilt auf Pflegefamilien, manche waren im Internat, manche waren zu Hause; wie es halt gerade passte. Oder wir sind bei Verwandten untergekommen. Wenn Eva dann wieder zu Hause war, waren wir auch wieder da. Letztendlich brach alles zusammen. Wir haben im Prinzip dieses ganze Haus auseinandergenommen, zerlegt.

Herrn K. hat das alles nicht interessiert. Der war ja nicht da. Er hat sich einfach verpisst. Das ist auch ein Grund, warum ich noch nicht mal versucht habe, ihn als meinen Vater zu akzeptieren. Der war für mich nie ein Vater.

Als Eva im Krankenhaus war, waren wir nur zeitweise zu Hause mit Evas Mutter oder Schwester. Ich war außerdem in zwei Pflegefamilien, manche meiner Brüder waren zu Hause. Ich weiß gar nicht mehr, wer wann wo war. Das krieg ich nicht mehr zusammen. Meine Situation war dann die, dass ich in eine Pflegefamilie kam, in der ich mich sehr wohl gefühlt habe. Die hatten eine Tochter, mit der ich mich gut verstanden habe. Das war eine tolle Zeit. Die sind nett mit mir umgegangen. Da musste ich dann aber leider raus. Ich habe bei denen irgendwann mal mit einem Gasfeuerzeug gespielt und ein Loch in richtig teure Gardinen reingebrannt. Was nicht weiter schlimm gewesen wäre; aber ich hatte so große Angst, das zuzugeben, dass ich es verschwiegen habe. Und das ist dann Wochen später aufgeflogen. Dann waren sie so sauer, dass ich das nicht gesagt und sie belogen hatte, dass ich aus der Familie raus musste. Ich kam dann kurz zurück ins Haus zu Evas Mutter. Da herrschte absolutes Chaos; alles war zusammengebrochen. Die arme Großmutter war absolut überfordert.

Dann hat man mich in eine Familie nach Kassel gebracht, wo es auch eine Waldorfschule gab. Das war eine typisch deutsche

Spießerfamilie. Ein Horror! Der Vater war ein Arschloch. Der hat seinen Sohn immer geprügelt, auch wenn der überhaupt nichts gemacht hatte. Die Tochter war das Schätzchen, die hat ihren Bruder provoziert, und wenn er darauf reagiert hat, war er schuld. Die beiden waren auch auf der Waldorfschule. Man muss dazu sagen, ich hab damals sehr viel geklaut, hab in Geschäften geklaut. Ich bekam kein Taschengeld, und wenn ich etwas haben wollte, habe ich es geklaut. Ich konnte das auch ganz gut. Immer wenn mich jemand gefragt hat, woher ich das habe, war meine Antwort, das hätte ich gefunden.

Ich konnte die Mutter in der Familie nicht leiden. Sie war für mich super fett und hat mir mit ihren Fettfingern in die Haare gefasst und im Gesicht rumgewischt und mir die Haare gekämmt. Sie fand das so süß. Und für mich war das nur ekelhaft. Sie fand meine Hautfarbe und die Locken toll, und ich hab mich vor dieser Person einfach nur geekelt. Wenn sie mich mit ihren Fettfingern im Gesicht und in den Haaren angefasst hat, empfand ich das als totale Übergriffigkeit. Dagegen kannst du dich als Kind nicht richtig wehren. Und als ich dann da raus musste, war ich richtig froh. So war die Situation, als Eva krank wurde. Das war ein einziges Hin und Her. Mal war ich zu Hause, mal war ich in einer Pflegefamilie. Wenn Eva da war, war auch der Horror wieder da.

Für mich war es eigentlich eine Erleichterung, wenn sie nicht zu Hause war. Absolut toll! Immer wenn sie zurückgekommen ist, ging der Horror wieder los. Wenn sie nicht zu Hause war, war's in Ordnung. Ich musste keine Angst haben. Kein Mensch hat mich sonst in diesem Maße angepackt. Auch Herr K. nicht. Herr K. hat auch geprügelt, Herr K. war brutal, richtig brutal. Aber vor ihm hatte ich nicht diese Angst. Das lag vielleicht auch daran, dass ich zu ihm nicht dieses ambivalente Verhältnis hatte wie zu Eva. Sie war ja meine Mutter. Da war diese emotionale Abhängigkeit, die bei Herrn K. fehlte. Der Typ interessierte mich eigentlich überhaupt nicht. Ich hab schon als Kind gedacht, der ist ein Fachidiot.

Er war in seiner eigenen Welt. Alles war ihm scheißegal. Ob der da war oder nicht, das interessierte keinen mehr.

Zumindest als ich kleiner war, hatte ich das Bedürfnis, Eva zu gefallen oder mich einfach gut zu verhalten, damit sie mich nicht mehr anpackt. Aber das war nicht machbar. Es war nicht möglich. Ich konnte ihr nichts recht machen. Ich wollte ja dem Terror entgehen. Ich hatte Angst vor dieser Frau. Draußen bin ich dann auf jeden losgegangen, der mir was wollte. Da hatte ich keine Angst, egal, ob es ein Dicker, Dünner, Großer, Kleiner war. Aber vor ihr hatte ich immer diese Angst. Ich wollte gut sein, damit sie mich als ihren Sohn annimmt. Später hatte sie ein schlechtes Gewissen. Und das war auch gut so. Das war richtig so. Sie wusste genau, was sie gemacht hatte,

Nach außen hat sie zu mir gestanden hat. Aber zu Hause war sie genauso rassistisch wie die Gesellschaft. Das ist unverzeihlich. Und dann sind Dinge passiert! Sie hat mir meine eigene Kotze zu fressen gegeben. Warum, was soll die Scheiße? Wenn ein Kind nicht essen will, dann hat das Gründe. Dann geh ich hin und überlege, wie ich ihm ein Gefühl der Sicherheit vermitteln kann, damit es sich vielleicht wohlfühlt, damit es vielleicht ankommt, damit es das Gefühl kriegt, okay, ich bin hier sicher. Ich war alles, aber sicher war ich nicht. Sie wollte einfach, dass ich funktioniere. Und wenn ich nicht funktionierte, dann machte es rumms! Und ich war schon immer jemand, der dann erst recht nicht funktionierte. Das lief nicht. Im Endeffekt hat sie versucht, mich zu brechen. Das war nicht durch eine Entschuldigung zu erledigen gewesen. Das ist nicht endschuldbar!

Wenn es darum ging, warum sie mich adoptiert haben, hat Eva mir als Kind nur Scheiße verkauft. Dass ich eine andere Hautfarbe hatte als der Rest der Familie, das musste man mir ja nicht jeden Tag erzählen. Dadurch wurde sie auch nicht heller oder dunkler. Mir meine Hautfarbe jeden Tag als Manko vorzuführen, auf der anderen Seite zu sagen, sei froh drüber. Denn es gab ja auch noch die andere Botschaft: „Du bist so süß!" Das ist auch etwas, was aus der Gesellschaft kommt. Die einen rufen dir das N-Wort hinterher, du bist nichts wert, die anderen gehen hin und packen dich an, gehen dir in die Haare. Für die bist du exotisch. Warum sie mich adoptiert haben? Ein Grund für sie war sicher: Okay, wir können uns als tolle Gutmenschen darstellen, wir sind so christlich, wir zeigen Nächstenliebe usw. Wir helfen sogar einem kleinen Schwarzen Kind. Dabei war Eva eigentlich nicht wirklich religiös. Herr K. war sehr religiös. Er war sehr streng katholisch. Er hat uns auch gezwungen, in die Kirche zu gehen. Eva ist da nicht hingegangen.

Als ich noch klein war, habe ich nie nach meiner leiblichen Mutter gefragt. Ich wollte nicht fragen. Ich wollte in Ruhe gelassen werden. Ich wollte mein Leben hier leben und einfach darüber nichts wissen. Und das war auch mein Recht. Nicht weil ich das Scheiße fand, dass meine Mutter mich abgegeben hatte; ich wollte einfach wie alle anderen Kinder auch auf den Spielplatz gehen und Blödsinn machen. Ich wollte einfach nicht permanent mit dieser Sache konfrontiert werden. Ich hab nie von einer anderen, wahren, tollen Mutter geträumt. Ich wollte nur meine Ruhe haben. Trotzdem hat Eva ständig davon geredet. Vielleicht hätte ich nachgefragt, wenn sie mich nicht so damit belämmert hätte. Wenn sie mir nicht dauernd damit in den Ohren gelegen hätte. Und ständig kam von ihr auch: „Ich hab dich genauso lieb wie meine anderen Kinder." Später konnte ich dann sagen, dass sie sich komplett unglaubwürdig gemacht hat. Dadurch, dass sie das so oft wiederholen musste. Sie konnte nie warten, bis etwas von mir kam: Ja, warum eigentlich? Wieso eigentlich?

Sie hat mir Dinge erzählt wie: „Also Andreas, du warst drei Jahre, als wir dich adoptiert haben." Später hab ich erfahren, dass ich schon mit zwei, zweieinhalb in die Familie kam, die förmliche Adoption dann erst später erfolgt ist. „Deine Mutter war 17. Du hast einen ägyptischen Vater. Er war Student." Sie hat mir Halbwahrheiten erzählt. Teilweise stimmten die Sachen, teilweise nicht.

„Er war Student, und deine Mutter kommt aus einem einflussreichen irischen Haus. Sie war 17, als sie dich bekommen hat. Und der Vater deiner Mutter hat sie gezwungen, dich zur Adoption freizugeben." Meine Mutter sei eine irische Amerikanerin und habe rote Haare gehabt. Dann hat sie mir noch irgendwann gesagt, dass sie meiner Mutter im ersten Jahr die Chance gegeben habe, mich zurückzunehmen. Das habe meine Mutter aber abgelehnt. Ich sei auch die ersten zwei Wochen meines Lebens bei meiner Mutter gewesen. Sie habe mich zwei Wochen gestillt und mich dann abgegeben. Das sind Informationen, die sie mir über meine Mutter mitgeteilt hat. Meine Mutter hatte nie rote Haare. Nur weil sie Irin ist, hatte sie noch lange keine roten Haare. Sie hat eine Fantasiemutter für mich erfunden. Ich hab mich später gefragt, was die Motivation dahinter war. Sie hat mir auch irgendwann mal von sich aus gesagt: „Bevor wir dich bekommen haben, war dein Name Vincent Reginald Robbie. Der Name ist dir aber vom Heim gegeben worden. Der lässt keinen Rückschluss auf deine Herkunft zu." Das sei in den USA gängige Praxis, um die Recherche unmöglich zu machen. Sie hat dann gesagt: „Als wir dich bekommen haben, haben wir dich Vincent Andreas genannt. Vincent haben wir behalten, weil wir nicht wussten, ob du dich noch an einen anderen Namen gewöhnen kannst. Deswegen haben wir den Namen Vincent an die erste Stelle gesetzt." Das war die offizielle Legende. Das stimmt aber nicht. Ich hieß eigentlich Reginald Vincent Robbie. Das heißt, sie haben meinen richtigen Namen rausgenommen, den Vincent haben sie stehen lassen. Das war mit Sicherheit eine persönliche Eitelkeit von Herrn K., der mit Vornamen Vincent hieß. Das war also ein totaler Scheiß, den sie mir erzählt haben. Sie hat mir einen kompletten Blödsinn verkauft. Insgesamt war das eine merkwürdige Mischung aus Wahrheiten und Lügen. Warum sagt sie: Du hast diesen Namen gehabt, der ist aber nicht echt?

Erst in den letzten Jahren wird mir da einiges klarer. Als meine Mutter nach Deutschland kam und mir die Fakten auf den

Tisch gelegt hat, da ist so langsam ein Bild in mir entstanden. Das fing eigentlich schon an, als ich meine Mutter gesucht habe. Ich sah dann im Internet, dass ich wirklich Reginald Vincent Robbie heiße. Das war für mich ein Schock pur. Ich hab gedacht, was ist das denn? Haben sie dich an der Stelle also auch beschissen? Meine Vermutung ist, dass Eva bewusst erschweren wollte, dass ich meine Mutter finde.

Warum sie mir überhaupt meinen richtigen Namen genannt hat, darüber kann ich nur spekulieren. Irgendwas muss da bei ihr getickt haben: „Was ich da tue, ist nicht in Ordnung." Was weiß ich, was da bei ihr im Hintergrund war. Sie hat auch die ganzen Papiere aufgehoben. Sie hätte doch alle Papiere wegschmeißen können. Sie hätte die Adoptionspapiere verbrennen können, und ich wäre nie an den Namen rangekommen. Da hätte ich nichts machen können. Irgendwas muss da gewesen sein, was sie davon abgehalten hat. Sie hat ja auch später gesagt, ich sollte meine Mutter suchen. Da war wieder diese ganze Amibivalenz. Sie hatte mir wahrheitsgemäß gesagt, dass ich aus einer einflussreichen irischen Familie komme. Die ist zwar halb irisch, halb libanesisch; aber der irische Background ist ja nicht falsch. Und einflussreich ist auch nicht falsch. Zu der Zeit, als ich geboren wurde, stand mein Großvater gesellschaftlich noch nicht da, wo er dann später war. Aber er hatte schon einiges erreicht. Er hatte schon einen Namen.

Während das Adoptionsverfahren lief, gründete mein Großvater, Joe Robbie, die Miami Dolphins. Und das war in den USA ein großes Presse-Buhei. Das kann mir doch keiner erzählen, dass die nicht wussten, wo ich herkomme. Dass Eva mir den Namen genannt hat, spricht eindeutig dafür. Sie hat mich dabei aber bewusst in die falsche Richtung geführt. Eva hat mir kurz vor ihrem Tod erzählt, dass sie mich aus einem Heim der Caritas herausgeholt haben. Und sie hat gesagt, sie wüsste, dass mein Großvater an das Heim 10 000 Dollar gespendet hat. Konkret diese Summe hat sie genannt. Darüber habe ich mir zunächst keine Gedanken gemacht. Dann hab ich meine Mutter gefunden und von ihr einen Brief von Catholic Charities bekommen, in dem es um eine Spende, aber nicht um eine konkrete Summe geht. Da hab ich zum ersten Mal richtig darüber nachgedacht. Woher sollte Eva denn gewusst haben, wie viel Geld da geflossen ist. Das erfährt man doch normalerweise nicht. Ich glaube, da ist bei meiner Adoption Geld geflossen. Eva hat mir auch von den USA erzählt, von der Rassentrennung. Sie hat auch immer gesagt: „Als wir dich adoptiert haben, haben wir ein Problem gekriegt in Denver. Wir sind bedroht worden, die Kinder durften nicht mehr mit anderen Kindern spielen, weil die dann gesagt haben, ihr habt einen ‚Negro' adoptiert." Laut Eva war Rassismus auch der Grund, warum wir aus den USA weggegangen sind. Die Anfeindungen haben mit Sicherheit stattgefunden. Damit hat man mir aber zusätzlich etwas aufgebürdet, indem man gesagt hat, ich sei schuld, dass die Familie aus den USA weg musste. Das hab ich aber erst viel später so realisiert. Da musste ich mir auch einen Schuh anziehen, der mir gar nicht passte. Man muss dazu sagen, dass ich diesen Zusammenhang früher gar nicht hergestellt habe. Meine leibliche Mutter hat das dann gemacht. Sie hat sich hingesetzt und gesagt: „Was machst du in Deutschland? Die wollen dich vor Rassismus schützen und bringen dich zwanzig Jahre nach dem Zweiten Weltkrieg nach Deutschland? Wie doof sind die eigentlich?"

Es gab hier zwar keine Rassentrennung wie in den USA. aber dafür bekamst du eins in die Fresse. Meine Einschätzung ist mittlerweile diese: Ich hätte auch in den USA wahrscheinlich ein schwieriges Leben gehabt, aber es wäre meins gewesen. Man hätte mir nicht meine Wurzeln komplett weggezogen. Man hat mir den Boden unter den Füßen weggeschlagen, um dann zu sagen: Jetzt guck mal, wie du klarkommst. Und eigentlich bist du an allem selbst schuld. Wie kann man so blind sein? Herr K. ist doch in New York geboren. Er wusste um die Rassentrennung. Er muss auch gewusst haben, dass das ein Riesenproblem geben würde, ein Schwarzes Kind in eine *weiße* Familie nach Denver zu holen. Die haben einfach die gesellschaftlichen Realitäten ausgeblendet. Und Eva hätte wissen müssen, was passiert, wenn sie mich nach Deutschland bringen. Vielleicht hatte Eva einfach eine sadistische Ader. Alles, was sie mir von meiner leiblichen Mutter erzählt hat, zielte im Grunde darauf, mir deutlich zu machen, sie wollte mich nicht, sie liebte mich nicht.

Als meine leibliche Mutter zum ersten Mal nach Deutschland kam, lagen wir uns am Flughafen in den Armen – es war schon fast kitschig –, und sie sagte mir, dass sie mich nun zum ersten Mal in den Armen halte. Ich war fertig. Dass ich angeblich zwei Wochen bei ihr gewesen war, bevor sie mich abgegeben hat, ist für mich von allen Lügen die perfideste. Weil Eva damit die Verbindung zu meiner Familie komplett abgeschnitten hat. Und zu sagen, wir haben ihr die Chance gegeben, dich zurückzunehmen; über Jahrzehnte zu sagen, die wollte dich nicht. Eva wollte jede emotionale Bindung an meine leibliche Mutter zerschlagen. Sie wollte mich an sich binden, wollte Dankbarkeit.

2 Der Adoptivvater

„ Meinen Adoptiv„vater" nenne ich lieber nur Herrn K. Ich habe an ihn aus der ersten Zeit keine wirkliche Erinnerung. Wir waren in den USA, in Deutschland und haben zeitweise in Istanbul gelebt. Er war nicht da – in meinem Kosmos. Der hat sich keinem seiner Kinder gegenüber wie ein Vater verhalten. Ich würde mal sagen, er war der klassische Vater der 1960er-Jahre: Er arbeitet, holt Geld ins Haus, kommt nach Hause und kümmert sich um nichts. So habe ich Herrn K. im Kopf. Da sehe ich keinen Unterschied zwischen mir und meinen Brüdern. Eva hat immer sehr, sehr darauf gepocht: „Wir sind deine Eltern, du bist genauso mein Sohn"; deshalb habe ich ihn natürlich formal als meinen Vater angesehen. Ich habe mir gar keine Gedanken drüber gemacht. Ich hatte auch keinen Vergleich, um zu entscheiden: Ist das wirklich ein Vater für mich oder nicht? Ich war einfach da. Ich war einfach in dieser Familie. Punkt. Und ob er mein Vater war oder nicht, darüber habe ich mir erst viel später Gedanken gemacht. Und dann habe ich ihn klar als Vater abgelehnt. Das war auch anders als bei Eva. Ich hab versucht, Eva als Mutter anzuerkennen oder als Mutter zu sehen oder dieses Gefühl dafür zu kriegen. Das habe ich bei Herrn K. nicht getan.

Herr K. war zum Beispiel nicht in der Lage, seine Kinder in den Arm zu nehmen. Der hatte so eine ganz unbeholfene Art; er hat dich angepackt, aber er konnte dich nicht wirklich zärtlich in den Arm nehmen. Der Typ war ein Holzklotz. Emotional war der absolut unfähig. Mir gegenüber, aber auch seinen anderen Kindern gegenüber. Zu einer wirklichen Emotion oder einer liebevollen Umarmung, zu einem Spielen war der nicht in der Lage. Wir sind dann nach Göttingen gegangen, wo er präsenter wurde. Da haben auch Evas Eltern gelebt, also meine Adoptiv-Großeltern. Er hat beim Max-Planck-Institut gearbeitet; ich erinnere ich mich an die recht kleine Wohnung, die wir zuerst hatten. Die war natürlich viel zu klein für uns, und dann haben sie dieses Haus in der Herzberger Landstraße gekauft. Er hat es selber renoviert und ausgebaut, eine Heizungsanlage eingebaut und die Elektrikleitungen verlegt.

Herr K. war jemand, der hat sich manchmal von Eva als Werkzeug benutzen lassen, um es mal so zu sagen. Irgendwas war passiert, irgendeiner hat Blödsinn gemacht oder was kaputtgemacht, und man wusste nicht, wer es war. Dann haben Herr K. und Eva – das war so ein Ritual – uns in einer Reihe aufgestellt und gefragt: „Wer war's?" Alle haben es abgestritten. Es war klar, du musstest es abstreiten. Es war klar, wenn du es zugabst, tat das weh. Prügeln gehörte zum Alltag. Und dann hat Herr K. immer gefragt: „Wer war's, wer war's, wer war's, wer war's", alle durchdekliniert. Und alle haben es abgestritten, und dann hat er einen nach dem anderen verdroschen, und Eva stand daneben. Das meiste habe ich kassiert. Der hat auf mir rumgedroschen, das war einfach nicht zum Aushalten. Am Anfang hab ich es natürlich auch abgestritten, wenn ich es wirklich nicht war. Aber ich habe dann angefangen, Dinge zuzugeben, die ich nicht gemacht hatte. Einfach, um die Situation zu beenden. Ich wusste, okay, danach kriegst du dann noch ein paar aufs Maul; aber irgendwann hört es dann auf. Das heißt, ich bin im Grunde einfach zusammengebrochen, und das mit absoluter Regelmäßigkeit. Herr K. war sehr jähzornig, und für ihn war klar, dass er seine Kinder züchtigen darf. Punkt.

Er war ein leidenschaftlicher Musiker, Geigenspieler, und hat immer Hauskonzerte gegeben. Wir hatten einen Riesenflur in diesem Haus, das eigentlich eine Villa war. Aus diesem Flur, der bestimmt eine Höhe von fünf Metern hatte, ging eine Treppe nach oben. Da hat er dann sonntags immer gestanden und Geige gespielt. Konnte er wirklich absolut perfekt. Das ist sogar eher eine angenehme Erinnerung. Eva und Herr K. wollten auch, dass alle ihre Kinder ein Instrument spielen. Ich habe kein Instrument gelernt, obwohl ich Trompete spielen wollte. Es kam dann aber nicht mehr dazu, weil alles anfing zusammenzubrechen. Da kam diese ganze Geschichte mit Evas Krankheit und so weiter. Aber ich habe gesagt, Trompete, vielleicht weil ich wusste, der kann mir keine Trompete beibringen. Es war Horror, wenn er mit einem meiner Brüder Klavier geübt hat. Wenn der das nicht konnte, dann hat er zugeschlagen, dann ist er ausgeflippt. Und unter Prügel lernst du nichts. Ich muss ehrlich sagen: Obwohl Eva mir an körperlicher Misshandlung mehr angetan hat als er, habe ich ihn mehr verachtet. Es war mehr oder weniger seine einzige Rolle in der Erziehung, disziplinarische Strafmaßnahmen zu ergreifen.

Ich habe nur zwei Situationen im Kopf, die ich mit ihm als angenehm in Erinnerung habe. Bei Eva habe ich bei allem Dreck, der da passiert ist, noch andere Situationen im Gedächtnis – wegen dieser Ambivalenz. Bei ihm habe ich nur diese zwei im Kopf. Die eine ist: Ich war mit ihm im Max-Planck-Institut in Göttingen in einer Sternwarte; das war zu der Zeit, als er dort Astronomie betrieben hat. Das war für mich sehr, sehr spannend. Da war ich ein-, zweimal mit ihm alleine. Und da war er auch aufgeschlossen, hat mich in dem Labor rumspielen lassen. Ich habe da an den Reagenzgläsern beziehungsweise Mikroskopen herumgespielt, einfach so. Er hat mir auch vieles erklärt, weil das ja sein Ding war. Er hat mir was zu den Sternen erzählt, das war sehr angenehm. Das war die eine Situation. Die andere war: Ich bin mal mit ihm und Eva – ich weiß gar nicht, wo meine Brüder da waren – in die Schweiz gefahren, nach Genf. Er hatte irgendein wissenschaftliches Gerät dabei, mit dem wir wegen Zollgeschichten nicht über die Grenze gekommen sind. Das hat zwei bis drei Tage gedauert, an denen wir ins Hotel mussten. Und das waren zwei angenehme Tage, die ich mit den beiden verbracht habe. Ich weiß nicht, warum sie mich mitgenommen haben und ihre anderen Kinder nicht. Keine Ahnung. Mein Hauptgedanke zu Herrn K. ist: Er hat sich verpisst. Er hat sich verpisst in einer Situation, wo er gebraucht wurde. Und wenn er dann aufgetaucht ist, hat er nur noch disziplinarisch und brutal durchgegriffen. Als Eva krank wurde, sind wir auf unterschiedliche Pflegefamilien verteilt worden. Betty, meine Großmutter, oder Christa, meine Tante, waren teilweise da und haben versucht, sich um uns zu kümmern. Zu Hause ist das absolute Chaos ausgebrochen. Die Brutalität und Gewalt meiner Adoptiveltern wurden unter uns Brüdern nach unten weitergegeben. Klassisches Radfahrer-Prinzip: Du trittst noch einen nach unten durch, sozusagen. Diese Brutalität unter uns Geschwistern war auch Hardcore. Unter uns herrschte das Faustrecht. Der Stärkere setzt sich durch. Da konnte Herr K. auch nichts entgegensetzen. Das wollte er auch nicht. In dieser Situation hat er sich eine eigene Wohnung genommen. Was eine Unmöglichkeit war. Nimmt sich eine eigene Wohnung, lässt seine Kinder in dem Haus, Großmutter versucht, sich zu kümmern, manche werden auf irgendwelche Pflegefamilien verteilt, der eine sitzt irgendwo im Internat, alles ist verstreut und verwahrlost.

Erklärt hat er uns das nie. Ich gehe davon aus, das war eine Racheaktion gegenüber Eva. Sie konnte natürlich nichts dafür, dass sie krank wurde. Aber für Herrn K. waren immer alle anderen schuld, nur er nicht. Er kam dann ab und zu sonntags, wenn ein paar von uns zuhause waren, und ist mit uns schwimmen gegangen. Ich war mal zu Hause, dann immer wieder bei verschiedenen Pflegefamilien, zwischendurch wieder zu Hause. Herr K. hatte zu der Zeit, als Eva sich getrennt hatte und krank wurde, Anfang der 1970er-Jahree irgendwann, seinen Job geschmissen als Professor der Physik und ein neues Studium angefangen. Er hat ja dann einen zweiten Doktor in Medizin gemacht.

Dieser Mann hätte seine Leidenschaft für Musik von Anfang an verfolgen sollen, dann wäre der nicht so ein Arschloch geworden.

Irgendwann hat er mal gesagt, er wollte eigentlich gar kein Physiker werden. Ich habe auch mal seinen Namen gegoogelt. Du findest so einen ganz kleinen Vermerk, dass er an der Universität in Istanbul gelehrt hat. Sonst findet man kaum was über ihn. Ich hab mich schon gefragt, für wen der eigentlich gearbeitet hat. Hat der für die amerikanische Regierung gearbeitet? Hat der so viel verdient, dass er sich das große Haus in Göttingen leisten konnte? Mein Bruder Matthias hat mir mal gesagt, dass er in den USA Atomphysik betrieben und mit Wernher von Braun zusammengearbeitet hat. Früher habe ich mir mehr Gedanken über diese Dinge gemacht. Mittlerweile will ich einfach nur, dass seine Verbrechen mir gegenüber auf den Tisch kommen. Das ist das, was ich will. Dieser Mensch selbst interessiert mich heute nicht mehr so.

Ich hab mit so vielen Lügen leben müssen, und Herr K. ist eine einzige Lüge. Und jede Lüge, die ich ihm nachweisen kann, würde ich ihm vor die Füße klatschen, wenn er noch lebte. Jede Lüge. Dieses Verlogene, Großbürgerliche, total Katholische. Das ist auch noch etwas, was ich hasse. Er war superkatholisch. Ich habe früher immer gesagt: Alttestamentarisch. Das ist natürlich auch sehr amerikanisch: knallhart, brutal. Auge um Auge und so weiter. Das war sein Stil. Und da ist mehr Wut und Hass auf ihn als auf Eva. Bei allem Dreck, den diese Frau gemacht hat, bei den ganzen Verbrechen, die sie begangen hat, war mir eins immer klar: Sie ist eine arme Sau. Er hat ja nicht nur seine Kinder fast kaputtgekriegt, sondern seine Ex-Frau auch, als sie nicht mehr so funktionierte, wie er es für sich wollte. Er hat ihr teilweise sogar vorgeworfen, dass sie krank wurde. Das war dann auch der Anfang vom Ende zwischen den beiden. Sie ist unter ihm krank geworden. Und bitter verreckt. Das muss man einfach mal so sehen. Da hat sie mir sogar leidgetan; obwohl sie mir so viel angetan hat, hat sie mir leidgetan. Mit Herrn K. war das anders. Er war 1981, das war sehr lustig, bei mir im besetzten Haus. Er wollte irgendwie nochmal Kontakt haben, warum auch immer. Er ist zu der Zeit nach Köln gezogen, ich lebte in einem besetzten Haus, und er kam bei mir im besetzten Haus vorbei. Da habe ich Herrn K. angeguckt und habe ihm klar und deutlich gesagt: „Komm mir nie wieder zu nahe, sonst knallt's." Ich habe ihm ganz klar Gewalt angedroht. Habe ihm gesagt, komm mir nicht zu nahe, sonst mache ich dich platt, ich haue dich platt. Ich habe da einfach meine Grenze gezogen und ihm gesagt: Nie wieder kommst du an mich ran. Komm mir zu nahe, und ich mach dich platt. Es gab offenbar plötzlich bei ihm doch ein Interesse an mir aus irgendwelchen Gründen. Das war wohl wieder diese katholische Drecksmoral von wegen: „Du musst mir verzeihen, du musst vergessen, ich bin dein Vater, ich hatte das Recht dazu." So auf diese Tour. Ich muss überhaupt niemandem verzeihen. Bei dieser letzten Begegnung mit Herrn K. hatte ich nur Gewalt gegen ihn im Kopf. Ich habe gesagt: „Komm mir nie wieder zu nahe, sonst kill ich dich." Ich steh durchaus zu diesen Worten, aber ich hätte es nicht getan. Ich hätte es nicht getan, weil ich mir selber nichts hätte antun wollen. Aber dieser Mann war einfach nur ein Schwein.

Wir haben uns dann jahrelang nicht gesehen. Ich hab sieben Jahre in einem Schuhladen gearbeitet, während ich mein Abi nachgemacht hab. Eines Tages komme ich aus dem Pausenraum raus, gucke nach links und, ach du Scheiße, da sehe ich meinen Alten stehen. Ich rückwärts erstmal wieder in den Pausenraum zurück und denke, was machst du jetzt? Durchgeatmet. Gesagt: „OK, du gehst raus. Du verkaufst Schuhe. Punkt. Du machst deinen Job. Von dem Typ lässt du dich nicht vertreiben und du musst auch deinen Job machen. Du bist hier angestellt, du musst jetzt professionell bleiben." Er stand da mit seiner damaligen Frau. Hat mich auch gesehen. Wir haben uns nicht gegrüßt. Eine Kollegin von mir hat ihn bedient. Ich habe eine andere Kundin angesprochen: „Kann ich weiterhelfen?" Dann habe ich die bedient. Er sitzt mit seiner Frau da auf dem Sofa, wird von meiner Kollegin bedient. Und meine Kundin setzt sich dummerweise direkt neben ihn. Das ist ja wirklich abstrus gewesen. Ich steh dann da, bring meiner Kundin die Schuhe. Ich stehe vor meiner Kundin, und direkt daneben sitzt mein Alter und wird von meiner Kollegin bedient, und wir reden kein Wort miteinander. Wir haben uns nicht gegrüßt, wir haben uns komplett ignoriert. Wir sind aneinander vorbeigegangen, weil man sich ja auch durch den Raum bewegt. Diese ganze Szene hat so ungefähr eine dreiviertel Stunde bis Stunde gedauert. Dann ist er aus dem Laden raus. Ich war vollkommen durch mit den Nerven. Habe in dem Moment, wie so oft, gedacht: „Stress, okay, lass dir nichts anmerken, geh durch. Versuch, nicht die Kontrolle zu verlieren. Zeig dem anderen nicht deine Schwäche. Oder lass einfach keine Schwäche zu, sondern versuch einfach, ruhig zu bleiben. Und was in dir passiert, diesen Tsunami in dir, lass den nicht raus." Ich habe einfach meinen Job gemacht. Warum war diese Drecksau da so lange im Laden? Der hätte, wenn er korrekt gewesen wäre, den Laden verlassen. Hätte gesagt, „Okay, passt jetzt nicht, vielleicht komm ich ein andermal wieder." Es gibt auch genug Schuhläden in Köln. Später hat er meinen Brüdern gesagt, er habe mich nicht erkannt. Sag mal, wie blöd bist du? Bitte, der hat fünf eigene Kinder, ein Kind adoptiert er, das ist zufällig Schwarz und das erkennt er nicht mehr wieder. Das kann er seiner Oma erzählen. Wahrscheinlich hat er es sogar irgendwie noch genossen, keine Ahnung. Der hat sich rausgezogen aus der Familie, als Eva krank wurde, und nicht mal Alimente für die Kinder gezahlt, null. Obwohl er eigentlich dazu verpflichtet gewesen wäre.

Ich hatte viele Jahre keinen Kontakt zu ihm. Ich weiß, dass er Medizin studiert und sich auf Radiologie spezialisiert hat. Eva hat dann – vielleicht ist das auch ein Grund, weshalb ich zu ihr ein anderes Verhältnis habe – kämpfen müssen. Sie hat um ihre Kinder gekämpft. Ob das gut war oder nicht, darüber mag ich jetzt nicht reden. Eva hat angefangen, eine Umschulung zur Altenpflegerin zu machen, und bei der AWO gearbeitet. Wir hatten nichts. Wir hatten keine Kohle, wir hatten wirklich nichts. Im Altenheim in der

Küche bleibt immer was liegen. Davon hat sie oft was mitgebracht. Dann hat sie dafür gesorgt, dass wir eigene Hühner hatten. Das heißt, wir hatten eigene Eier. Wir haben am Existenzminimum gelebt. Eva hat Herrn K. wohl wegen der Alimente verklagt; aber wie die Klage gelaufen ist, weiß ich nicht. Sie hat erzählt, dass er sie um 70 000 oder 80 000 Mark betrogen hat. Als Kind interessierte mich das nicht. Er hat jedenfalls nicht bezahlt. Er war einfach eine miese Ratte. Er hat sich verpisst. Er hat sich einfach gnadenlos verpisst.

Und dann ist die Situation zwischen Eva und mir eskaliert. Eine Konfrontation, die sich hochschraubte, bis ich in Mannheim in der Psychiatrie gelandet bin.[13] Und da kam er einmal hin. Herr K. hat dann irgendeinen Quatsch erzählt; ich weiß gar nicht mehr, was er erzählt hat, aber ich hatte keinen Bock auf den Typ. Und er hat mir – das kam mir so ein bisschen vor, als wollte er sein schlechtes Gewissen beruhigen – zehn Mark gegeben. Auf die zehn Mark hätte ich scheißen können. Und was ich diesem Mann nie vergesse, ist, dass er mich offensiv verarscht hat. Als ich nämlich aus Mannheim raus war und zu Evas Schwester Christa gekommen bin, gab es ein Gespräch zwischen Christa und ihm. Und die Idee war, dass er das Sorgerecht einklagt und ich dann bei Christa und ihrem Mann Heribert bleiben kann.[14] Das wäre ein Superdeal gewesen. Er hätte kein Problem gehabt, er hätte nicht mal zahlen müssen. Bezahlt haben doch sowieso Christa und Heribert. Heribert hat schon mein Essen bezahlt, als er noch studierte. Aber dann hat Herr K. nichts unternommen. Diese miese Ratte ist einfach nur raus. Und dann zu mir zu kommen, 1981, und bei mir so, ja, ich bin dein Vater und bam ….

Und das mit seiner katholischen Scheiße. Der hat uns in die Kirche geprügelt. Wir mussten immer in die Kirche, als er noch

13 Siehe Kapitel 6 Die Adoptivmutter 2.
14 Siehe Kapitel 4 Tante und Onkel.

Andreas im Kapitänskostüm mit 5 Jahren kurz nach
der Ankunft der Familie Kisselbach in Deutschland

zu Hause war. Das hat der mit Gewalt durchgesetzt. In der Kirche haben mein Bruder und ich Blödsinn gemacht. Wir haben uns oben hingestellt in der Kirche, wo die Orgel ist, und immer, wenn wir Bock auf Blödsinn hatten, von oben runter geguckt und den Leuten auf den Kopf gespuckt. Einfach so, aus Langeweile. Wir wussten, wenn Herr K. uns dabei erwischt, dann überleben wir das nicht. Sobald er dann aus dem Haus war, konnten wir die Kirchgänge beenden, weil Eva nicht sonderlich katholisch war. Gut, sie kommt aus einem sehr katholischen Haus, aber sie war nicht wirklich katholisch. Sobald Herr K. weg war, war dieser Terror zumindest beendet. Deswegen war ich auch nicht bei der Kommunion.

Ich war ja noch keine zehn Jahre, als sie sich getrennt haben. Und danach hatte ich wirklich nur noch sporadischen Kontakt, wenn er mal vorbeikam. Aber da ist keine Beziehung entstanden, weil ich jede Beziehung von Anfang an ganz klar abgelehnt habe. Ich habe ganz klar gesagt: Ich will nichts zu tun haben mit diesem Typen. Der Typ ist für mich, auf den Punkt gebracht, arrogant, kalt, brutal und ignorant. Meine Brüder hatten teilweise, glaube ich, sogar noch Kontakt bis zu seinem Tod. Manche haben den Kontakt total abgebrochen. Als ich meine Mutter gefunden hatte, hat einer von ihnen auch Herrn K. Bescheid gesagt. Herr K. meinte, er finde das gut. Sie habe mich ja nicht freiwillig zur Adoption freigegeben, sondern unter Druck. Und ihr Vater sei ein sehr strenger Katholik gewesen. Und das stimmt. Woher wusste der das? Das sind Dinge, die stimmen. Das Problem ist ja: Ich bin nicht nur mit Lügen groß geworden, ich bin mit Halbwahrheiten groß geworden. Nicht alles, was die mir erzählt haben, ist falsch, einiges ist wahr. Das ist genau das, was mich wahnsinnig macht. Es ist wahr, dass meine Mutter zur Adoption gezwungen wurde. Es ist nicht wahr, dass sie 17 Jahre alt war. Sie war 18, als sie schwanger wurde, und gerade 19, als ich geboren wurde. Es ist wahr, was man mir immer erzählt hat, dass ich aus einem einflussreichen irischen Haus komme. Das stimmt. Die mütterliche Seite und die väterliche auch teilweise. Mein Großvater war halb libanesisch, halb irisch. Das heißt, meine Adoptiveltern wussten also schon recht viel. Alles deutet darauf hin, dass sie sehr wohl wussten, welches Kind sie da adoptieren.

Warum sagt man mir das, ohne dass ich überhaupt gefragt habe? Ich hab nie nach meiner Mutter gefragt. Und ich hab nie danach gefragt, warum ich zur Adoption freigegeben worden bin. Nie. Es wurden mir immer aus freien Stücken irgendwelche Lügen aufgetischt. Ich hab jedenfalls nicht nachgefragt. Du willst einfach nur deine Ruhe haben, du willst Frieden haben, du willst normal leben, du willst irgendwie hier ankommen. Ist sowieso alles schwierig genug. Du musst dich mit Leuten auseinandersetzen, die sagen, du bist ein Nigger und was sonst noch. Und dann musst du dich durchsetzen, und damit hast du genug Arbeit. Dann noch zu überlegen: „Wer ist deine Mama?" „Warum hat sie dich zur Adoption freigegeben?" Das macht dich kirre. Da wirst du bekloppt. Also hab ich nie nachgehakt. Eva hat aber immer erzählt, meine Mutter sei 17 gewesen und mein Vater Araber. „Deswegen musstest du zur Adoption freigegeben werden." Sie hat mir dann Details erzählt, die alle falsch waren, etwa, dass meine Mama rote Haare gehabt habe. Das Merkwürdige ist, dass ein paar Sachen stimmten. Aber zwei grundlegende Lügen hat sie mir aufgetischt: Die erste, dass ich zwei Wochen bei meiner leiblichen Mutter gewesen sein soll. Das ist absoluter Dreck. Und die zweite, dass ich von Catholic Charities den Namen Reginald Vincent Robbie verpasst bekommen hätte. Das hab ich natürlich für bare Münze genommen. Als ich dann recherchiert hab, bin ich sofort auf den Namen Reginald Robbie gestoßen. Okay. Meine Mutter hat das reingestellt. Alles klar! Häh? Und dann gucke ich – ihr Mädchenname ist Robbie.

Ich bin fast vom Stuhl geklatscht. Ich habe da fassungslos gesessen: Die hat den Mädchennamen Robbie! Das bedeutet, ich heiße wirklich Robbie. Zu der Zeit wusste ich überhaupt nicht, wer Robbie ist. Dass das eine prominente Familie ist, war mir überhaupt nicht klar. Das hab ich erst nach und nach mitgekriegt. Als meine Mutter hier war, hab ich erst angefangen, das zu checken. Und dann noch mehr, als ich in den USA war. Da gab es ein Buch über meinen Großvater und einen Film. Ich setze mich vor diesen Film und sehe auf einmal: Joe Robbie, Lebensleistung, the Owner of the Miami Dolphins, blablabla. Und ich sitze da und denke: Was? Was ist das denn? Meine Mutter hatte mir das schon mal in Deutschland erzählt, aber das war gar nicht bei mir angekommen. Und dann sehe ich diesen Film, diesen Abgesang auf meinen Großvater, und denke: „What the fuck! Was soll das?" Ich war echt geschockt. Dass ich überhaupt noch vernünftige Antworten geben und mich mit der Sache beschäftigen konnte, war schon nicht schlecht. Und ich sitze da, und dann kommt eine entscheidende Information: Der hat die Miami Dolphins am 16. August 1965 gekauft. Das ist zufälligerweise genau an meinem Geburtstag. Die Presse hat sich gewundert: Wie hat Joe Robbie es geschafft, die Miami Dolphins zu kriegen? Woher hat der die Kohle gehabt? Das ist groß durch die amerikanische Presse gegangen. Herr K. ist in den USA aufgewachsen, er ist sportbegeistert gewesen. Das hat der mitgekriegt. Ich lasse mich ja nicht verarschen. Die wussten, wo ich herkam, da bin ich mir sicher, die wussten es genau.

Eine Sache ist noch wichtig: Herr K. ist eigentlich mitverantwortlich dafür, dass ich heute Kampfsport betreibe. Von Herrn K. habe ich Boxen gelernt. Das war in Göttingen. Und zwar, als ich zur Schule gekommen und sofort rassistisch angegangen worden bin. Da bin ich vollkommen fertig nach Hause gekommen. Eva hat zu Herrn K. gesagt, er solle mir Boxen beibringen, damit ich mich wehren kann. Für Eva war es wichtig, dass ich mich wehren konnte. Und Eva hat auch gesagt, es ist okay, wenn du dich wehrst. Es ist auch in Ordnung, wenn du dann draufschlägst. Und Herr K. hat mir dann Boxstunden gegeben. Der ist eigentlich derjenige, der mich in den Kampfsport geführt hat. Er hat wohl in seiner Jugend mal geboxt. Dann hat er später mal Karate gemacht. Als ich sechs oder sieben war, als ich zur Schule gegangen bin, da hat Herr K. mir die Grundlagen des Boxens beigebracht, damit ich mich auf der Straße wehren kann. Da hat er einen guten Job gemacht.

Im Gegensatz zu Eva ist Herr K. mit meiner Hautfarbe sehr ignorant umgegangen. Er hat ja mitgekriegt, was passierte. Er hat ja mitgekriegt, dass ich Probleme mit Rassisten bekommen hatte. Dass es auch ein Identitätsproblem gibt, weil du in einer komplett anderen, in einer *weißen* Gesellschaft lebst, wo du keine anderen Kinder hast, die Schwarz sind. Aber Herr K. hat immer nur gesagt, ist vollkommen egal, ob Schwarz oder *weiß*. Das war sein Satz. Das ist ignorant. Einerseits könnte man jetzt sagen, okay, er hat ja recht, wir sind alle Menschen, blablabla. Nein, es ist nicht egal, ich muss mit der Sache zurechtkommen, ich muss damit leben, ich muss damit arbeiten. Also muss er mir auch das Rüstzeug an die

Hand geben und darf das nicht einfach wegignorieren. Man kann dann nicht einfach sagen: Es ist egal, ob du Schwarz oder *weiß* bist. Das war sein Standardsatz zu diesem Thema. Und sonst hat er es einfach ignoriert. Meine Probleme, die ich deshalb gekriegt habe, oder meine Kämpfe, die ich deshalb durchmachen musste, die hat er nicht ernst genommen.

An der Stelle finde ich den Begriff farbenblind sehr gut. Man kann wirklich sagen, er war farbenblind. Er hat es nicht ernst genommen. Und wenn ich nach Hause kam und Stress hatte oder auch Sprüche kamen, das hat er ignoriert. Rassismus findet ja nicht nur über die Körperlichkeit statt oder über die fiesen Sprüche. Das geht auch über solche Sprüche wie: „Ist der aber süß, der sieht ja aus wie ein Sarottimohr." Solche Dinge. Oder: „Gehört der Sarottimohr dazu?" Oder: „Das kann ja gar nicht Ihr Sohn sein." Eva ist dann abgegangen, hochgeschossen, und Herr K. hat es eigentlich mehr oder weniger ignoriert. Er ist aber sowieso einer, der gesellschaftlichen Realitäten ignorant gegenübersteht. Was er an meiner Geschichte von Anfang an bewiesen hat. Er hat Probleme einfach vom Tisch gewischt. Dabei war der Mann in New York groß geworden. Mir dann zu sagen, Schwarz und *weiß*, alles egal. So eine Farbenblindheit, das ist schon ganz großes Tennis. Der hat in seinem Elfenbeinturm gesessen. Und das ist der Grund, warum ich diesen Menschen nie wiedersehen wollte. Ich hätte ihn gesiezt. Ich hätte gesagt, wir haben uns nichts zu sagen, Herr K.

Zu einem meiner Brüder hat er gesagt: Wir haben immer versucht, das Beste für den Andy zu tun, und der war immer undankbar. Okay. Stimmt, Herr K., ich bin sehr undankbar. Ich habe das meiner Mutter erzählt: „What, grateful?" Wofür? In seiner Logik, das war das Problem bei ihm, hat er nichts falsch gemacht. In seiner Logik war ich „the bad boy". Weil ich nicht dankbar dafür bin, dass sie mich aus dem Heim geholt haben, mir den Arsch gerettet haben, mir das Leben gerettet haben. Das ist das Problem, damit lebst du lange. Mit diesen Dingen. Du merkst, das ist alles nicht in Ordnung, was da passiert ist. Und trotzdem hängst du da drin. Und auch bei Eva gab es diese Ambivalenz: Vielleicht solltest du ja dankbar sein, sonst wärst du im Heim groß geworden, und dann wärst du vielleicht in der Gosse gelandet, vielleicht wärst du in einer Gang gelandet oder sonst was. Sei doch froh, dass du nach Deutschland gekommen bist.

Ich hab früher nie darüber nachgedacht, dass es eigentlich ein Verbrechen ist, 20 Jahre nach dem Zweiten Weltkrieg ein Schwarzes Kind nach Deutschland zu holen. Diese Augen hat mir meine Mutter geöffnet. Das ist mir nie bewusst gewesen. Ich bin, denke ich, mein Leben lang schon politisch. Aber diese Dimension war mir nie klar. Und in dem Zusammenhang zu hören, okay, andere Schwarze, die hier in Deutschland geboren wurden, die mussten in die USA, und dich haben sie nach Deutschland geholt. Black Germans, die in Amerika leben, sagen: „Was haben die denn da gemacht? Was ist das denn? Das geht ja überhaupt nicht." Diese Dimension hat sich mir damals nicht erschlossen; meine Mutter hat sie mir erst eröffnet. Da hab ich dagesessen: Stimmt. In den USA wäre es vielleicht auch nicht lustig geworden. Ich hätte mich mit meiner Mutter wahrscheinlich auch gefetzt, vielleicht hätten wir heute nichts mehr miteinander zu tun. Vielleicht hätten wir uns auseinandergelebt. Aber das wäre meins gewesen, das wäre mein Leben gewesen. Und nicht von irgendeinem aufgedrückt. Und dann hast du ständig im Kopf: Du musst doch dankbar sein, dass sie dich da rausgeholt haben, obwohl sie dich so misshandelt haben. Das ist pervers.

Ich hätte Herrn K. nicht den Gefallen tun wollen, einen Fehler zu machen. Das hätte er genossen. Ich hab ihm gesagt: „Okay, verpiss dich, sonst knallt's." Aber es hat nicht geknallt. Er konnte mir nichts. Und dass ich das damals gesagt hab, dazu stehe ich. Und das war anscheinend so glaubwürdig, dass er mir danach nie wieder zu nahe gekommen ist. Aber mir zu sagen, ich sei undankbar – also bitteschön. Auf dieser Basis kann man doch nicht miteinander reden. Ein Gespräch hätte es nur gegeben, wenn ich wüsste, was damals wirklich passiert ist. Wusste er, wer mein Großvater war? Ist bei meiner Adoption Geld geflossen? Wenn ja – wie viel? Hat Catholic Charities meine Adoptiveltern bezahlt? Wenn ich diese Dinge beweisen könnte, dann ... Er war die Quelle, die mir eigentlich Antworten hätte geben können. Aber letztendlich hätte er mich sowieso belogen. Natürlich hätte der mich belogen. Ich gehe doch nicht davon aus, dass der mir ein wahres Wort gesagt hätte. Und ich hab eigentlich genug Kraft gelassen. Hätte ich mich mit dem Mann nochmal hinsetzen sollen? Er hat mir genug angetan. Ich bin jetzt der Wahrheit schon sehr nahegekommen, seit ich meine Mutter getroffen hab.

Aber natürlich beschäftigt mich das, was ich über meine Adoption nicht weiß, immer noch. Du kreist um die Frage: „Was ist damals eigentlich wirklich passiert?" Das beschäftigt mich. Und es wird mich immer beschäftigen. Gerade jetzt, wo ich mich mit allem auseinandersetze, was passiert ist: Opfer von Rassentrennung, von Rassismus, von Unmenschlichkeit, okay. Das ist amerikanische Geschichte, das ist deutsche Geschichte. Man hat mir die deutsche Geschichte aufgezwungen. Ich bin zwangsassimiliert oder zwangseingedeutscht worden oder was weiß ich. Ich hab mit Deutschland eigentlich nichts zu tun. Ich musste mich mit dem ganzen deutschen Rassismus auseinandersetzen, der aus dem Faschismus entstanden ist. Gerate in so eine Familie rein. Merkwürdigst.

Dann kommt noch afrikanische Geschichte dazu. Ich sehe mir die Sachen zu meinem leiblichen Vater an, der ja auch aus einer gebildeten Schicht stammen muss. Ich nenne es mal afrikanische Bildungselite. Muss ja so sein. Sonst wäre er nicht über den Libanon in die USA gegangen. Das heißt, er muss sich schon in gewissen Kreisen bewegt haben. Was ist mit dem passiert? Da kommt amerikanische, deutsche und afrikanische Geschichte zusammen. Und das alles auf meinen kleinen Knochen, um es mal ganz banal zu sagen. Ich finde es richtig, das in die Öffentlichkeit zu bringen.

Ich finde es richtig, ein Buch darüber zu schreiben. Ich finde es richtig, dass alles auf den Tisch kommt, um einfach Leute damit zu konfrontieren. Aber das ist so vielschichtig. Mein Großvater versuchte, Kontakt zu mir aufzunehmen, 1976. Da saß ich in der Kinder- und Jugendpsychiatrie. Da saß ich im Dreck. Das war die Spitzenzeit des Kampfes gegen Eva Kisselbach. Ich hab meine Mutter gefragt, was hättet ihr denn gemacht, wenn ihr mich da gefunden hättet? Wenn Joe Robbie mich da gefunden hätte? Was hätte der da gemacht? Der wäre ausgerastet. „Okay, my eldest grandson is in a mental hospital in Germany, has big problems with racism." Vielleicht ist es besser so, dass meine Mutter mich nicht früher gefunden hat. Das habe ich zu ihr auch gesagt. Wenn meine Mutter mich in den 1980er-Jahren gefunden hätte, ich wäre ausgetickt. Nicht ihr gegenüber. Zu ihr hatte ich nie ein schlechtes Gefühl. Aber bei Joe Robbie wäre ich auf den Tisch gesprungen. Wenn ich herausgekriegt hätte, was für eine Bedeutung dieser Mann hatte und dass er mich eigentlich in den Trash geworfen hat, aber selber ganz oben mitspielen und moralische Werte verkaufen wollte. Ich habe ein Bild hier, das hab ich bei meiner Tante in den USA abfotografiert. Da steht mein Großvater neben Truman und Hubert Humphrey. Hubert Humphrey war ein enger Freund von ihm und Vize-Präsident der USA.

Dieses Heuchlerische, Moral, Kirche und so weiter auf der einen Seite, das ist gerade für die USA schon oft beschrieben worden. Und dann diese dunkle Seite ... Wir haben früher immer über Rassismus und Revolution geredet und „du musst die Gesellschaft verändern". Und ich hab gar nicht gesehen, dass das alles auch auf meinen Knochen ausgetragen wurde. An mir kann man sehen, was das überhaupt für den Einzelnen bedeute. Und das ist für mich wirklich unheimlich hart zu begreifen. Wenn ich meinen Großvater in den 80ern gefunden hätte oder er mich – das hätte eine Auseinandersetzung gegeben. Ich war zu der Zeit häufig auf Demos gegen die USA, Antiimperialist. Das wäre lustig geworden,

Mister Robbie. Oder ich hätte das gar nicht ausgehalten, vielleicht hätte ich es gar nicht überlebt, weil ich bekloppt geworden wäre darüber. Jetzt bin ich über 50, kann Sachen sortieren, habe einen anderen inneren Stand. Kann besser Konfrontationen aushalten. Heute kann ich mir das alles besser ansehen. Herr K. ist nicht meine Familie. Herr K. ist einfach nur einer, der mich, wie meine Mutter gesagt hat, gekidnappt und in ein anderes Land verfrachtet hat. Und deswegen habe ich dem gegenüber einfach nur kalte Wut. Es wird ja immer gesagt, wenn du so eine Scheiße erlebt hast, musst du deinem Täter verzeihen. Ich muss überhaupt nichts. Das ist eine Frechheit. Es ist eine Unverschämtheit, von dem Opfer zu verlangen, dem Täter zu verzeihen. Es ist gut, wenn du es fertigbringst, mit dir selber Frieden zu schaffen. Das ist der Grund, warum ich mich mit Eva hingesetzt habe. Ich habe Eva nicht verziehen. Ich habe aber trotzdem mit ihr Frieden geschlossen, und das ist ein Unterschied. Aber mit Herrn K. habe ich noch nicht mal Frieden geschlossen. Und das finde ich auch unmöglich, dass man das in ganz vielen Zusammenhängen hört. Dir ist Leid angetan worden, du musst deinem Täter verzeihen, und dann wird das so esoterisch oder religiös verbrämt. Das verbindet sich für viele mit dieser Vorstellung von Loslassen. Dass man erst dann eine Sache loslassen kann, wenn man verziehen hat. Das ist zunächst einmal schön für den Täter. Und du musst halt auch beim Verzeihen aufpassen, dass du dich nicht selbst verrätst. Das ist das Problem. Du musst echt aufpassen, dass das nicht ein Selbstverrat wird. Und dazu bin ich nicht bereit.

Ledige Mütter und die US-amerikanische Adoptionspolitik der 1950er- und 1960er-Jahre
Marianne Bechhaus-Gerst

Am 18. Februar 2017 verstarb Norma Leah McCorvey, in der amerikanischen Öffentlichkeit besser bekannt unter dem Pseudonym „Jane Roe". McCorvey hatte Mitte der 1960er-Jahre unverheiratet bereits zwei Kinder geboren und zur Adoption freigegeben, als sie 1969, im Alter von 21 Jahren, zum dritten Mal schwanger wurde. Nachdem sie vergeblich versucht hatte, eine legale – wegen angeblicher Vergewaltigung – oder illegale Abtreibung durchführen zu lassen, lernte sie zwei junge Anwältinnen kennen, die auf der Suche nach schwangeren Frauen waren, die abtreiben wollten. McCorvey fungierte als anonyme Beschwerdeführerin unter dem Namen „Jane Roe" bei der Klage der Anwältinnen gegen die Abtreibungsgesetze des Staates Texas, vertreten durch den damaligen Bezirksstaatsanwalt von Dallas County, Henry Wade. Das Verfahren dauerte drei Jahre, bis es den Supreme Court, das oberste Gericht der Vereinigten Staaten, erreichte. Mit der Entscheidung „Roe v. Wade" wurde abschließend verfügt, dass eine Schwangere bis zu dem Zeitpunkt, an dem ein Fötus lebensfähig wird, die Schwangerschaft abbrechen darf. Als „Moment der Lebensfähigkeit" wurde damals die 28. Schwangerschaftswoche bestimmt.[15] Die bis heute in den USA umstrittene und mehrfach modifizierte Entscheidung legitimierte den Schwangerschaftsabbruch und veränderte das Leben von Millionen von Frauen, die sich nun entscheiden konnten, ein Kind auszutragen oder nicht.

15   https://caselaw.findlaw.com/us-supreme-court/410/113.html [18. 2. 2019].

"Gefallene Mädchen", englisch "fallen women", war noch die freundlichste Bezeichnung, die sich Mädchen und junge Frauen, die in den 1950er- und 1960er-Jahren unverheiratet und meist ungewollt schwanger wurden, gefallen lassen mussten. Rickie Solinger hat in ihrer wegweisenden Studie "Wake up little Susie. Single Pregnancy and Race before Roe v. Wade" von 1992 aufgezeigt, was auf unverheiratete Mädchen und Frauen im Falle einer Schwangerschaft zukam: Sie versuchten meist über Monate, die Schwangerschaft auf legalem oder illegalem Wege abbrechen zu lassen. Ein legaler Abbruch kam dann infrage, wenn medizinische Indikationen vorlagen, d. h. sogenannte therapeutische Gründe nachgewiesen werden konnten. In den meisten Fällen waren dies psychische Indikationen, für die sich die Schwangeren verzweifelt um eine entsprechende Diagnose bemühten. Dafür mussten sie sich erniedrigenden Untersuchungen von Psychiatern unterziehen, die schwere Neurosen oder gar Psychosen bescheinigten, was aber keinesfalls einen legalen Abbruch garantierte. Psychische Indikationen wurden in Krankenhäusern nicht durchweg anerkannt.[16] Solinger zitiert einen Arzt mit den Worten, der Antrag auf Bewilligung eines Schwangerschaftsabbruchs zeuge von der Unfähigkeit und dem Versagen der Antragstellerin, ihre Bestimmung als Frau zu erfüllen.[17] Ein anderer Arzt behauptete, die Frau werde durch den Abbruch zu einer sehr unangenehmen Lebenspartnerin und würde vermutlich ihren "Glamour" als zukünftige Ehefrau verlieren. Sie werde auch nach und nach ihre Überzeugung, die weibliche Rolle spielen zu müssen, verlieren.[18] Natürlich durfte auch der Aspekt der Bestrafung für das vermeintlich ungebührliche Verhalten nicht fehlen: "Jetzt, wo sie ihren Spaß gehabt hat, will sie, dass

16 Rickie Solinger, Wake up little Susie. Single Pregnancy and Race before Roe v. Wade. New York/London 1992, S. 4.
17 Ebenda, S. 5.
18 Ebenda.

wir ihre schmutzige Unterwäsche waschen. Aus meiner Sicht sollte sie das alleine ausbaden", zitiert Solinger einen weiteren Arzt im Krankenhaus.[19] Dass es für unverheiratete Schwangere relativ einfach war, sich eine psychische Erkrankung bescheinigen zu lassen, stand nicht zuletzt in Zusammenhang mit einem nach dem Zweiten Weltkrieg dominierenden medizinischem Diskurs, der Schwangerschaften bei unverheirateten *weißen* Frauen grundsätzlich mit einer bestehenden Geisteskrankheit erklärte.[20] Zwei Psychiater der Harvard University erklärten noch 1965, jede unverheiratete Mutter sei in gewissem Maße ein psychiatrisches Problem, sei das Opfer einer milden bis schweren emotionalen oder geistigen Störung.[21] Indem man seit Anfang der 1960er-Jahre die Frauen zu Kranken erklärte, wurde vordergründig um mehr Mitgefühl geworben. Tatsächlich unterstellte man aber nicht selten den Frauen, als Reaktion auf ihre jeweiligen psychischen Störungen, ausgelöst zum Beispiel durch dysfunktionale Familien, eine dominante Mutter oder eine vorhandene Schizophrenie, mit Absicht schwanger geworden zu sein. Sogenannte Experten verstiegen sich gar zu Thesen, dass „leichte Schwangerschaften", d. h. Schwangerschaften ohne Übelkeit oder andere Beeinträchtigungen, davon zeugten, dass junge Frauen mit Absicht schwanger geworden seien.[22]

Die Diagnose einer psychischen Erkrankung schützte die unverheirateten Schwangeren also keineswegs davor, von den Eltern, der Medizin und der Gesellschaft verunglimpft und verurteilt zu werden. Bis 1972 mussten Mädchen, die unverheiratet schwanger wurden, darüber hinaus die Schule verlassen. Standen

---

19 Ebenda.
20 Siehe zu diesem Thema, sofern nicht anders vermerkt: Solinger, Wake up little Susie, S. 86–102.
21 Ebenda, S. 87.
22 Ebenda, S. 89.

die jungen Frauen schon im Berufsleben, verloren sie ihren Job. Das bedeutete häufig Verarmung. Allein gelassen und einsam waren die meisten dieser Frauen – unabhängig von ihrer wirtschaftlichen und gesellschaftlichen Situation. Und es wurde ihnen mit aller Deutlichkeit vermittelt, dass sie sich zu schämen hatten, weil sie die Schuld an ihrer Situation ganz alleine trügen und dazu noch Schande über die Familie brächten. Von einer unverheirateten schwangeren Frau, so fasst es Solinger zusammen, wurde erwartet, dass sie die volle Verantwortung für die Verletzung der gesellschaftlichen Regeln gegen vorehelichen Sex und Empfängnis übernahm.[23] Dabei waren die meisten Mädchen und jungen Frauen wegen mangelnder Aufklärung durch Eltern oder Schule vollkommen unwissend, was Sexualität und Verhütung anbelangt. So schenkten sie häufig den Versicherungen ihrer meist erfahreneren Sexualpartner Glauben, sie könnten aus dem einen oder anderen Grund nicht schwanger werden, oder fühlten sich unter Druck gesetzt, jede Vorsicht in den Wind zu schreiben. Nicht wenige wurden nach dem ersten Geschlechtsverkehr schwanger.[24] Von den 1950er-Jahren bis 1973 stieg der Anteil der jungen Frauen, die vorehelichen Geschlechtsverkehr hatten, von 39 % auf 68 %. Wegen der genannten Unkenntnis und der Schwierigkeit, als unverheiratete Frau Verhütungsmittel zu bekommen, nahm dementsprechend die Zahl der vorehelichen Schwangerschaften zu.[25]

Eltern und andere Familienmitglieder, die Fürsorgeämter und die Kirche erklärten den Schwangeren in aller Deutlichkeit, dass die Freigabe ihrer Babys zur Adoption die einzig akzeptable Option darstelle. Wäre sie arm oder Schwarz gewesen, schreibt Janet

---

23 Ebenda, S. 6.
24 Ann Fessler, The Girls Who Went Away. The Hidden History of Women Who Surrendered Children for Adoption in the Decades Before Roe v. Wade, New York 2006, S. 29, 45.
25 Ebenda, S. 29 ff.

Mason Ellerby in ihrer Autobiografie „Following the Tambourine Man: A Birthmother's Memoir" von 2007, hätte sie entweder heiraten müssen, sobald ihre Eltern von der Schwangerschaft erfuhren, oder ihre Mutter oder Großmutter hätte ihr Kind großgezogen. Aber für intelligente, gesunde, *weiße* Mittelklasse-Mädchen waren „illegitime" Kinder oder sogenannte „shotgun marriages" – im Deutschen auch als „Mussheirat" oder „Heirat mit Rückenwind" bekannt –, auf die nach sechs oder sieben Monaten eine Geburt folgte, gesellschaftlich verpönt. Die Mädchen sollten das College erfolgreich abschließen und dann „gut" heiraten und Mutter werden. Die Freigabe zur Adoption war die einzige Lösung für sie, und es gab einen Markt für gesunde *weiße* Babys.[26]

Es waren vor allem jene Familien, die in der Nachkriegszeit aus bescheidenen Anfängen in die Mittelklasse oder gehobene Mittelklasse aufgestiegen waren, die sich durch die Schwangerschaften ihrer Töchter in ihrem Status ernsthaft bedroht sahen. Der Druck auf diese Familien, den Regeln und Standards der Mittelklasse gerecht zu werden, war enorm. Untersuchungen haben gezeigt, dass unverheiratete Mütter, die in dieser Zeit ihre Kinder zur Adoption freigaben, insgesamt einen höheren sozioökonomischen Hintergrund und bessere Bildungschancen hatten als solche, die sich entschieden, ihr Kind zu behalten.[27] Viele der Frauen, die Ann Fessler für ihr Buch interviewte, berichten, dass sie zu keinem Zeitpunkt das Gefühl hatten, eine Wahl zu haben. Die Eltern entschieden, was zu tun war, und bestanden auf einer Freigabe zu Adoption; Diskussionen darüber gab es nicht.[28] Vorherrschend war die Furcht vor dem gesellschaftlichen Abstieg, und nur unter diesem Aspekt

---

26 Janet Mason Ellerby, Following the Tambourine Man: A Birthmother's Memoir, Syracuse 2007, S. 120.
27 Fessler, The Girls Who Went Away, S. 101–132, insbesondere S. 102.
28 Ebenda, S. 103. In den meisten bei Fessler abgedruckten Interviews wird dieser Aspekt erwähnt.

kann man heute zumindest ansatzweise nachvollziehen, warum die Familien häufig äußerst hart und unerbittlich mit den jungen Frauen umgingen. Viele Familien drohten damit, die Tochter zu verstoßen, falls sie ihr Kind behalten würde, und übernahmen die komplette Kontrolle über das Leben der Schwangeren. Mitleid, Mitgefühl für das, was die eigenen Töchter durchmachten, war selten vorhanden. Die jungen Frauen, die ohnehin mit dem Gefühl leben mussten, Scham und Schande über die Familie gebracht zu haben, sahen sich meist nicht in der Lage, zu widersprechen oder gar eigene Wünsche zu äußern.

Es lohnt sich an diesem Punkt, einen Blick auf die sich ergänzenden Diskurse über uneheliche Schwangerschaften und die ideale Familie in den 1950er- und 1960er-Jahren zu werfen. Mitte der 1950er-Jahre bezeichnete ein Sozialwissenschaftler die außerehelich geborenen Kinder als „Silberstreif am Horizont" für Ehepaare, die ungewollt kinderlos blieben. Diese Situation, so konstatierte er, gelte für eine von zehn Ehen.[29] Tatsächlich gab es deutlich mehr Ehepaare, die ein *weißes* Baby oder Kleinkind adoptieren wollten, als Kinder, die zur Adoption freigegeben wurden. Gleichzeitig propagierte man die ideale Familie, die aus Vater, Mutter und Kind oder Kindern zu bestehen hatte. *Weiße* schwangere unverheiratete Frauen und ihre Babys hatten demnach einen hohen „Marktwert".[30] So kann es nicht verwundern, dass man versuchte, diesen Markt zu regulieren, die Nachfrage zu befriedigen, indem man die Adoption der „illegitimen" Kinder als die für alle Seiten beste Lösung propagierte. Die Babys wuchsen durch die Adoption in „normalen" Familien auf, und die jungen Frauen machten durch die Freigabe ihren „Fehltritt" wieder gut und fanden „Erlösung". Man ging sogar so weit, es geradezu als Pflicht der unverheirateten Schwangeren darzustellen,

---

29 Solinger, Wake up little Susie, S. 154.
30 Ebenda.

kinderlose verheiratete Paare mit dem ersehnten Nachwuchs zu versorgen. Eine Fernsehdokumentation zum Thema Adoptionen in den 1950er- und 1960er-Jahren unter dem Titel „Adopted oder Abducted" („Adoptiert oder entführt") von 2012 zitiert ein Pamphlet aus der Zeit, in dem es heißt: „Wenn ein Paar auf die Ankunft deines Babys wartet, stehe deinem Baby nicht im Weg. Gib es frei für ein normales Familienleben."[31]

Unverheiratete Mütter, die ihr Baby behalten wollten, wurden dagegen als unreif oder irrational diskreditiert. Die Adoptionsagenturen vertraten die Ansicht, „normale" Familien seien die „besten" Familien für alle Kinder.[32] Was als „normal" anzusehen war, versuchte man mehr oder weniger eng zu definieren. Die biologische Familie, bestehend aus Vater, Mutter und Kind, sollte als Modell dienen, und die zu adoptierenden Kinder sollten zu den Adoptiveltern passen. Bis zum Ende der 1950er-Jahre war man der Überzeugung, Adoptiveltern und Kinder sollten physisch, „ethnisch" und „rassisch" sowie von ihrem religiösen Hintergrund und ihren intellektuellen Kapazitäten her zueinander passen.[33] Hier kam es bis zum Beginn der 1960er-Jahre zu teilweisen Veränderungen, über die im Zusammenhang mit der Adoption von Schwarzen Kindern noch eingegangen werden soll. Normalität bedeutete aber auch, dass die Adoptiveltern traditionellen Geschlechterrollen entsprachen: Der Vater sollte der Ernährer der Familie sein und im Berufsleben stehen, die Mutter den Haushalt führen. Schließlich spielte die „Qualität der Ehe" eine Rolle.[34]

---

31 https://danratherjournalist.org/investigative-journalist/dan-rather-reports/adopted-or-abducted, Transkript S. 5 ff. [18. 2. 2019].
32 Brian Paul Gill, Adoption Agencies and the Search for the Ideal Family, 1918–1965, in: E. Wayne Carp (Ed.), Adoption in America: Historical Perspectives, Ann Arbor 2002, S. 160–180, hier S. 161.
33 Ebenda, S. 163.
34 Ebenda, S. 170–172.

Bis es aber zur Adoption kam, war es äußerst wichtig, die Schwangerschaft vor dem Umfeld der Familie zu verbergen. Zwischen 1945 und 1965 gab es rund 200 lizenzierte Heime für unverheiratete Schwangere.[35] Nach den nicht wenigen Beschreibungen erinnerten die Häuser, in denen die Frauen untergebracht waren, an die dunklen und wenig einladenden Gebäude aus Schauerromanen, deren Dachböden man nicht zu betreten wagte.[36] Wie die vermeintlich geisteskranken Protagonistinnen in den Romanen wurden die schwangeren Mädchen und jungen Frauen in den Heimen vor der Welt versteckt. Zwei Drittel dieser Heime standen unter der Schirmherrschaft der „Florence Crittenton Association of America", der „Catholic Charities" (Caritas) oder der „Salvation Army" (Heilsarmee).

Eine von fünf oder sechs unverheirateten Schwangeren verbrachte das letzte Trimester der Schwangerschaft in einem solchen Heim meist weit weg von zu Hause und dem vertrauten Umfeld.[37] War zur rechten Zeit kein Platz in einem Haus frei, wurden die Frauen zunächst bei einer Familie, in einem sogenannten *wage home* in der Umgebung untergebracht, wo für Kost und Logis bezahlt wurde oder entsprechende Arbeitsleistungen erbracht werden mussten. In jedem Fall mussten die Frauen ihr Zuhause verlassen, bevor die Schwangerschaft sichtbar wurde, was man durch das Tragen von engen Spandexgürteln oft hinauszuzögern versuchte. Die Unterbringung in den Heimen kostete für sechs Wochen einschließlich der Arzthonorare rund 200 Dollar, was heute einem Betrag von 1200 Dollar entspricht.[38] Die große Nachfrage nach *weißen* Babys verleitete die Träger der Mütterheime auch zum Missbrauch ihrer Position als „Lieferanten" der begehrten „Ware".

35 Solinger, Wake up little Susie, S. 103.
36 Siehe z. B. ebenda.
37 Ebenda, S. 103 ff., und Fessler, The Girls Who Went Away, S. 134.
38 Ebenda, S. 136 ff.

Solinger nennt hier vor allem Florence Crittenton Heime, die sich die Vermittlung eines Kindes von den interessierten Adoptiveltern bezahlen ließen.[39] In den Mütterheimen hatten die jungen Frauen Aufgaben wie Spülen und Putzen; für Schülerinnen wurde Unterricht angeboten. Bei der Ankunft sollten sich die Schwangeren in der Regel neue Namen geben oder bekamen diese zugewiesen, um ihre Anonymität zu wahren. Elaborierte Geschichten sollten dafür sorgen, dass sich zu Hause, im weiteren familiären und sozialen Umfeld, niemand wunderte, wenn die Schwangeren, die nicht selten noch zur Schule gingen, für Monate verschwanden. Da gab es plötzlich kränkliche Tanten in der Ferne, die versorgt werden mussten, oder fiktive Auslandsaufenthalte. Damit die Geschichten glaubwürdig waren, bedurfte es akribischer Planung. So wurden zum Beispiel vorab Ansichtskarten besorgt, beschrieben und über Verwandte oder Bekannte in gewissen Abständen von den jeweiligen Orten, an denen sich die Frauen angeblich aufhielten, an Freunde zu Hause verschickt. Die Karten erzählten Geschichten von Aktivitäten, Ausflügen und anderen Unternehmungen, die nichts mit der oft traumatischen Realität des Lebens in einem Heim für unverheiratete Mütter gemein hatten, sondern komplett erfunden waren.[40]

Wenn die Geburt bevorstand, wurden die jungen Frauen meist mit dem Taxi in das nächste Krankenhaus gefahren, wo sie – das berichten fast alle von Fessler befragten Frauen – in der Regel stundenlang alleine die Schmerzen der Wehen ertragen mussten.[41] War die Erfahrung, in dieser Situation alleine gelassen zu werden, ohnehin schon traumatisch, so kam bei den meisten Gebärenden

---

39 Solinger, Wake up little Susie, S. 168 ff.
40 Siehe Ellerby, Following the Tambourine Man, S. 116 ff., Fessler, The Girls Who Went Away, S. 8, 135.
41 Siehe hierzu auch Ellerby, Following the Tambourine Man, S. 103–106, https://danratherjournalist.org/investigative-journalist/dan-rather-reports/adopted-or-abducted, Transkript S. 15 ff. [18. 2. 2019].

hinzu, dass sie keine Ahnung von dem hatten, was da eigentlich mit ihnen und ihrem Körper passierte. Das bereitete den jungen Frauen oft große Angst.[42] Ob überhaupt und welchen Kontakt die jungen Mütter mit ihren Babys haben sollten, war nicht einheitlich geregelt. Einige durften ihre Kinder im Arm halten und sogar versorgen, bis sie das Krankenhaus verließen. Anderen wurde dies mit dem Argument, das sei gegen die Politik des Mütterheimes, verwehrt, und sie durften ihr Baby nur einmal, häufig noch durch eine Scheibe getrennt, sehen. Die Institutionen, die Kontakte verboten oder stark einschränkten, wollten verhindern, dass eine zu starke Bindung zwischen Mutter und Kind entstand. Auch hier wurde häufig vonseiten der Eltern der jungen Mütter Druck ausgeübt, jeden Kontakt zu unterbinden. Manche Mütter verzichteten von sich aus, da sie befürchteten, danach nicht mehr loslassen zu können.

Neun Monate lang hatten die Frauen ihr Kind ausgetragen und häufig schon eine Bindung aufgebaut. Nun sollten sie es abgeben. Sie erhielten keinerlei Beratung, keinerlei Hilfestellung, keinerlei juristische Beratung, sodass es den jungen Müttern an Informationen darüber fehlte, dass sie ihre Zustimmung zur Adoption noch eine Zeit lang widerrufen konnten. Vielen wurden die Papiere, mit denen sie ihre Kinder zur Adoption freigaben, unmittelbar nach der Entbindung zur Unterschrift vorgelegt. Offenbar machte man häufig die jungen Frauen glauben, ihr Baby werde direkt aus dem Krankenhaus von einer „guten Familie" adoptiert. Erkundigten sie sich einige Zeit nach ihrer Rückkehr nach ihrem Kind oder versuchten gar, es zurückzubekommen, wurde ihnen meist mitgeteilt, es sei längst in einem guten Zuhause und adoptiert worden, auch wenn dies nicht der Wahrheit entsprach. Dass sich ein Adoptions-

---

42 Fessler, The Girls Who Went Away, S. 175–205.

verfahren eine gewisse Zeit bis zum endgültigen Abschluss hinzieht, war den Frauen in der Regel nicht bekannt.[43]

Bei der Geschichte von Diane und Andreas finden sich, wie vor allem Dianes Erzählungen zeigen,[44] viele Parallelen zu den beschriebenen Vorgängen. Sie unterscheidet sich aber insbesondere dadurch, dass Andreas' biologischer Vater Äthiopier war, hier also eine *weiße* Frau ein Schwarzes Kind zur Welt gebracht hatte. Das war zwar kein Einzelfall, verschärfte aber die ohnehin schon schwierige Situation, in der sich die Familie sah. Die Tochter, Diane, hatte sich mit einem Schwarzen Mann eingelassen, drei Jahre bevor die Rassentrennung in den USA per Gesetz aufgehoben wurde. Zu der Schande der vorehelichen Schwangerschaft kam die fast noch schwerer wiegende Schande der Übertretung der „Color Line", der Trennlinie zwischen den „Rassen". Die *weiße* Gesellschaft stempelte solche Frauen mit herabwürdigenden Etiketten als für immer verloren ab. Sogenannte „bi-racial"-Kinder konnte man, selbst wenn man es gewollte hätte, in einer *weißen* Familie, in einem *weißen* Umfeld nicht verstecken. Sie waren aufgrund ihrer Hautfarbe immer sichtbar.

Der Druck, der ausgeübt wurde, diese Babys zur Adoption freizugeben, war demnach noch sehr viel größer. Gleichzeitig waren aber *weiße* Frauen, die in den 1950er- und 1960er-Jahren „bi-racial"-Babys zur Welt brachten, in permanenter Sorge darüber, dass die Adoptionsagenturen kein geeignetes Zuhause für die Kinder finden und diese in Heimen oder wechselnden Pflegefamilien dahinvegetieren würden.[45] Wie ein Schreiben von Catholic Charities, der für die Adoption zuständigen Agentur, vom 3. April 1998 an Andreas' Mutter Diane zeigt, waren diese Sorgen der Mütter durchaus berechtigt. Auch Andreas wurde bis zu seiner

---

43 Ebenda.
44 Siehe Kapitel 11: Diane spricht.
45 Fessler, The Girls Who Went Away, S. 109 ff.

> **THE CATHOLIC CHARITIES**
> OF THE ARCHDIOCESE OF DENVER — INC.
> 1665 GRANT STREET
> DENVER 3, COLO.
>
> November 29, 1962
>
> Miss Diane Robbie
> 339 West Elmwood Place
> Minneapolis 19, Minnesota
>
> Dear Diane,
>
> Monsignor Monahan asked me to answer your last letter, but because of being very busy, it was overlooked. However, we did take up the matter of amending the original birth certificate. This has been done through Mercy Hospital and now reads Ethiopian.
>
> Your baby is well and growing. He is cute baby and extremely active. He is still quite fair, although not so fair as he was at birth and his nose is somewhat Negroid in appearance.
>
> As yet, we have not found a suitable home for him. However, we are anticipating a few prospects soon. You might inquire again about him after the holidays. Maybe by then we can give you more definite information.
>
> We are most happy to hear from you and to learn that you are continuing your psychiatric therapy. Try not to think about the baby and worry about him, but do remember to pray for his welfare.
>
> We shall expect to hear from you later. In the meantime, have a happy holiday season with your fine family.
>
> Very truly yours,
>
> Mrs. W. F. Kelty
> Caseworker
>
> E. F. Owens
> Supervisor

Brief von Catholic Charities an Andreas' Mutter Diane von November 1962. Diane hatte darauf bestanden, dass in der Geburtsurkunde unter „Rasse" „Äthiopier" und nicht „N." eingetragen wurde. Die Sozialarbeiterin bestätigt die Änderung und bemerkt weiter, dass, obwohl Andreas recht hellhäutig sei, seine Nase doch „negroide" Züge aufweise.

endgültigen Adoption im November 1965 bei mehreren Pflegefamilien untergebracht, die ihn mit jeweils anderen Begründungen zurückgaben. Eine Familie erhielt für Andreas von einem Kinderarzt die – falsche – Diagnose eines vorliegenden Gehirnschadens, mit dem man offenbar nicht leben wollte. Eine andere wollte kein Kleinkind auf einen ausgedehnten Campingurlaub mitnehmen. Andreas war schon gut zwei Jahre alt, als er zu der Familie kam, die ihn tatsächlich adoptierte.[46] Dass er überhaupt von einer *weißen* Familie adoptiert werden konnte, hatte mindestens zwei Gründe. Zum einen spielte sicher seine mehrfach bescheinigte helle Hautfarbe eine Rolle, die ihn als „Halbägypter" durchgehen ließ.[47] Zum anderen hatten sich zu Beginn der 1960er-Jahre aber auch Vorstellungen davon, was man unter „zueinander passen" verstand, dahingehend verändert, dass man nun in verschiedenen Staaten und über verschiedene Adoptionsagenturen die Platzierung Schwarzer Kinder in *weiße* Familien zuließ oder diese gar propagierte. „Ist es fair, einem schwarzen Kind ein weißes Zuhause zu geben?", fragte die Louise Wise Adoptionsagentur in einer Pressemitteilung im November 1963, um diese Frage im selben Absatz zu beantworten: Es könne Probleme geben, wird zugegeben, aber man müsse gleichzeitig fragen, ob es fair sei, dem Schwarzen Kind das *weiße* Zuhause vorzuenthalten, wenn die Alternative gar kein Zuhause wäre.[48] Das „Los Angeles County Bureau of Adoptions" unterstützte 1964 die Ansicht, „nicht-ethnozentrische" Einstellungen würden ohnehin schon „gute Familien" noch besser machen. Eine *weiße* Familie, die bereit sei, ein Schwarzes Kind zu akzeptieren und zu lieben, lebe nach eigenen Normen, sei unabhängiger von

46 Brief von Lisa Madsen, Birth Parent Social Worker vom 3. April 1998.
47 Siehe hierzu auch Kapitel: Catholic Charities – Schweigen und Lügen.
48 Louise Wise Services, Press Release, November 12, 1963, Viola W. Bernard Papers, Box 162, Folder 7, Archives and Special Collections, Augustus C. Long Library, Columbia University. Zit. nach: http://pages.uoregon.edu/adoption/archive/LWSPRARWPBC.htm [22. 3. 2017].

der Meinung anderer und deshalb die bessere Familie. Die Agentur bilanzierte darüber hinaus, dass sich Familien mit Schwarzen Adoptivkindern durch einen hohen Bildungsgrad auszeichneten; die Väter seien zum Beispiel Professoren, Lehrer oder Manager.[49] Bis 1975 wurden rund 12 000 afro-amerikanische Kinder in *weiße* Familien vermittelt.[50]

Allerdings gab es ab 1972 eine Kehrtwende in der Adoptionspolitik, nachdem die *National Association of Black Social Workers* (Nationale Vereinigung Schwarzer Sozialarbeiter) in einer Erklärung forderte, Schwarze Kinder ausschließlich in Schwarze Familien zu vermitteln, wo sie „physisch, psychologisch und kulturell" hingehörten. Nur so könnten sie ein Selbstgefühl und eine Zukunftsperspektive entwickeln. Nur so könnten sie Praktiken lernen, in einer rassistischen Gesellschaft zu überleben. Explizit wandte man sich dabei gegen Versuche, gerade „bi-racial" Kinder als eher *weiß* bzw. „nicht richtig Schwarz" zu beschreiben, um ihre Chancen auf Adoption durch *weiße* Familien zu erhöhen.[51]

Die vielleicht folgenreichste Fehlinformation, die Eltern, Kirchen, Mütterheime und Adoptionsagenturen den schwangeren Mädchen und jungen Frauen mit auf den Weg gaben, betraf deren eigenes Leben „danach". Immer wieder hatte man ihnen eingeredet, die Freigabe zur Adoption stelle einen klaren Schnitt dar. Sie

---

49 Ethel E. Branham, „Transracial Adoptions: When a Good Family Is Not Good Enough", S. 1-4 (paper presented at the National Conference of Social Work, May 1964), Viola Bernard Papers, Box 162, Folder 7, Archives and Special Collections, Augustus C. Long Library, Columbia University. Zit. nach: http://pages.uoregon.edu/adoption/archive/LWSPRARWPBC.htm [22. 3. 2017].
50 http://pages.uoregon.edu/adoption/topics/transracialadoption.htm [22. 3. 2017].
51 Robert H. Bremner, Children and Youth in America: A Documentary History, Vol. 3, Parts 1-4, Cambridge, Mass. 1974, S. 777–780. Zit. nach: http://pages.uoregon.edu/adoption/archive/NabswTRA.htm [22. 3. 2017].

würden nach Hause zurückkehren und ihr altes Leben wiederaufnehmen können, als sei nichts geschehen. Sie würden alles vergessen, einen netten Mann treffen, heiraten, Kinder bekommen und sich nicht mehr an ihr erstes Baby erinnern.[52] Als wichtige Strategie auf dem Weg in die vermeintliche Normalität galt das Schweigen – nie mehr reden über das, was passiert war. Die „Sache" war vorbei und sollte verdrängt werden, was die jungen Frauen erneut dazu verdammte, mit ihren Gedanken und Gefühlen alleine fertigzuwerden.[53] Sie durften nicht trauern, da das Weggeben ihres Kindes nicht als persönlicher Verlust anerkannt wurde. Vielmehr sollten sie Dankbarkeit zeigen, dass andere sich um ihr „Problem" kümmerten.[54]

Fessler sieht in der Praxis, den jungen Frauen zu erzählen, sie könnten ihr Kind aufgeben und weiterleben, als sei nichts passiert, die Ursache für viele irreparable Schäden.[55] Tatsächlich überschattete der Gedanke an das weggegebene Kind bei nicht wenigen Frauen das ganze erwachsene Leben. „[…] du bist dir jeden einzelnen Tag bewusst, dass da draußen dieser kleine Mensch ist", zitiert Fessler eine der interviewten Mütter.[56] Viele der von Fessler befragten Frauen kämpften gegen Depression, Gefühle von Sinnlosigkeit und Leere, mangelndes Selbstwertgefühl, dauerhafte Schuldgefühle und ein Fülle anderer psychischer Probleme.[57] Der Geburtstag der Kinder wurde nicht vergessen, sondern wurde zu einem Tag besonderer Trauer, an dem manche Frauen Kerzen für das verlorene Kind anzündeten oder Glückwünsche in den Orbit schickten. Manche Frauen hatten das Gefühl, mit der Situation

---

52 Siehe Fessler, The Girls Who Went Away, verschiedene Interviews, bes. S. 89, 133.
53 Siehe z. B. ebenda, S. 82 ff.
54 Ebenda, S. 208.
55 Ebenda, S. 154.
56 Ebenda, S. 172.
57 Ebenda, S. 211.

gut fertiggeworden zu sein, hatten aber körperliche Probleme entwickelt, die in einigen Fällen erst verschwanden, als sie mit ihren inzwischen erwachsenen Kindern wieder zusammenkamen.[58] Und nicht wenige der von Fessler interviewten Mütter suchten schließlich nach ihren Kindern oder gaben den Adoptionsagenturen ihre Kontaktdaten, um von ihren Kindern, falls diese nach ihnen recherchierten, gefunden werden zu können. Mit dem Ausbau des Internets entstanden schnell entsprechende Foren, auf denen Mütter wie Adoptierte Suchanzeigen aufgeben konnten. Auf diesem Wege konnten viele Betroffene wieder zueinander finden.

Ann Fessler lässt eine Mutter zu Wort kommen, die die Situation, in der die schwangeren Mädchen und jungen Frauen sich in den 1950er- und 1960er-Jahren befanden, prägnant zusammenfasst: „Es ist tragisch. Wir wurden nicht über unsere Rechte aufgeklärt. Niemand sagte uns, dass wir das Recht hatten, unser Baby zu behalten. Niemand half uns, unser Baby zu behalten. […] Adoption war die einzige Option, die man uns anbot. Man informierte uns nicht darüber, dass wir Kindesunterhalt von den Vätern hätten bekommen können. Man informierte uns nicht darüber, dass wir Sozialhilfe oder Familienhilfe, die es damals gab, hätten beantragen können. […] Alle unsere Rechte wurden mit Füßen getreten. […] Wir wussten es nicht besser, weil wir jung waren und unseren Eltern als Autoritäten vertraut haben. Wir beugten uns unseren Respektspersonen, so wie man es uns beigebracht hatte. Sie würden wissen, was das Beste für uns ist. Und wenn das das Beste war, dann hatten wir dem zu folgen. Sie haben Millionen von Menschen verletzt und auf immer beschädigt."[59]

---

58 Ebenda, S. 221.
59 Ebenda, S. 161. Übersetzung durch die Autorin.

3 Brüder

" Aus der Zeit vor Göttingen habe ich kaum Erinnerungen an meine Brüder. Die ersten Erinnerungen habe ich an das Haus in Göttingen. Da krieg ich es dann auch hin zu sagen, ok, der eine hat das gemacht, der andere hat das gemacht. Da weiß ich dann auch noch, wer welches Zimmer hatte. Ich habe halt fünf Brüder und ich liege an vierter Stelle, wenn man mal die Reihenfolge durchgeht. Wir hatten immer geteilte Zimmer, also nicht jeder hatte ein eigenes Zimmer bei der Vielzahl, klar. Mein ältester Bruder hatte mit Matthias ein Zimmer. Das war im Prinzip altersmäßig gestuft. Also der älteste Bruder, Matthias der zweitälteste, die hatten ein Zimmer. Ich hatte mit Clemens ein Zimmer, teilweise auch mit meinem jüngsten Bruder. Der drittälteste Bruder hatte ein eigenes Zimmer. Das Thema, dass ich Schwarz bin, dass ich adoptiert bin, das ist von meinen Brüdern eigentlich nie aufgebracht worden. Das ist immer von Eva thematisiert worden: „Der ist genauso ein Bruder wie ihr alle anderen auch" oder „Du bist genauso ein Sohn wie meine anderen Söhne auch".

Dadurch, dass ich mit Clemens auf einem Zimmer war, hatte ich zu ihm natürlich die engste Bindung. Und auch zu meinem jüngsten Bruder. Als der auf die Welt gekommen ist, war ich fünf Jahre alt. Zu den anderen, zu meinen älteren Brüdern habe ich erst wirklich Kontakt gekriegt, als wir zusammen auf die Waldorfschule gekommen sind. Wir fuhren mit dem Schulbus von Göttingen nach Kassel. Morgens hat Eva uns zum Schulbus gebracht. Von Göttingen nach Kassel sind es 43 Kilometer. Das ist schon eine

Strecke. Die reißt du jeden Morgen und jeden Abend ab. Das werden so 40, 50 Kinder gewesen sein. Ein voller Schulbus Göttinger Kinder, und da waren wir halt als Familie, als Kisselbach-Familie mit drin. Fünf Brüder in diesem Schulbus, das fällt natürlich auf. Die Kisselbachs waren ein Begriff. Wir hießen auch einfach nur „die Kisselbachs". Ich erinnere mich gut an diese langen Busfahrten und an diese Schule. „Kisselbach! Kisselbach!", der Name Kisselbach wurde immer so schnodderig herausgerotzt. Das Thema Schwarzsein haben meine Brüder nicht thematisiert, sie waren aber sicher damit konfrontiert. Sie mussten irgendwie solidarisch mit mir sein. Nach dem Motto „Nee, das ist unser richtiger Bruder", aber mir gegenüber wurde das so nicht angesprochen von ihnen. Ich habe in Kassel an der Schule dann echt heftige Auseinandersetzungen gehabt. Man muss aber dazu sagen, dass ich von Anfang an eigentlich ein Schulverweigerer war. Ich habe von Anfang an keinen Bock darauf gehabt und mich von Anfang an mit allem möglichen Blödsinn und Provokationen Lehrern gegenüber verweigert, sozusagen Leistungsverweigerung betrieben. Und an der Waldorfschule hatte ich dann einen sehr, sehr heftigen Lehrer. Heute würde ich sagen, das war ein Alt-Nazi. Der ist später von der Schule runtergegangen oder geflogen oder entsorgt worden. Damit waren meine Brüder natürlich auch immer konfrontiert. Da waren alle mit konfrontiert.

Zu meinen älteren Brüdern hatte ich eigentlich gar keinen großen Kontakt. Die waren einfach weg von mir. Mein drittältester Bruder war der Einzige, der Probleme damit hatte, dass ich überhaupt in die Familie gekommen bin. Der hat das auch mal ausgesprochen. Clemens war in meinem Alter, und ich sagte immer spaßig: „Er ist mein Zwillingsbruder." Clemens und ich hatten unsere Konkurrenzkämpfchen, hatten aber zuerst nicht so viel miteinander zu tun. Wir haben später dann sehr viel zusammen gemacht. Wenn nach außen hin etwas passiert ist, also rassistische Anfeindungen gekommen sind, haben meine Brüder schon hinter mir gestanden. Nur haben sie es selten mitgekriegt. Dass ich die meisten Prügel kassiert hab, hat jeder gesehen, war jeder dabei, hat aber auch keiner was zu gesagt.

Es gibt bei uns in der Familie eine große Lüge unter uns Brüdern. Und die lautet: „Ja, wir waren doch alle so solidarisch miteinander." Großer Bullshit. Waren wir nicht. Es war ein absoluter Konkurrenzkampf. Die Gewalt, die von Eva und Herrn K. ausging, wurde unter den Brüdern genauso ausgetragen. Und die Brutalität auch. Wie wir uns gegenseitig verprügelt haben, geht auf keine Kuhhaut. Als Eva krank wurde und die ganze Familie auseinanderbrach, alles auseinandergerissen wurde, da waren dann ja teilweise mehrere Brüder zu Hause. Evas Mutter kriegte das nicht in den Griff. Herr K. kriegte das nicht in den Griff und wollte nichts in den Griff kriegen. Da ist die Gewalt unter den Brüdern heftig eskaliert. Mein ältester Bruder hat sich mit meinem zweitältesten Bruder geprügelt, Clemens mit meinem jüngsten Bruder. Und der Drittälteste hat von allen Seiten Feuer gekriegt. Er ist aber auch hingegangen und hat gesagt: „Ich bin der intelligenteste von uns." Das kam nicht gut an.

Herr K. und Eva haben die Gewalt, die unter uns herrschte, geduldet. Die sind nicht dazwischen gegangen. Was absolut nicht in Ordnung war. Das musst du eigentlich als Erwachsener; du hast so eine Horde Kinder, später Jugendliche, unter denen es Konkurrenzkämpfe ohne Ende gibt. Das war das Gesetz des Dschungels! Das lag aber vor allem daran, dass von oben das Prinzip „teile und herrsche" gefahren wurde. Eva und Herr K. sind hingegangen und haben die größeren Brüder dazu eingesetzt, auf uns Kleinere aufzupassen. Was hatten die Größeren gelernt? Die hatten gelernt, wenn dir was nicht passt, dann haust du aufs Maul. Das kannten sie ja. Kann man ihnen nicht vorwerfen. Die hatten gelernt, wenn was nicht so läuft, wie es laufen soll, wird das mit drakonischen, brutalen Mitteln durchgesetzt. Und das ist genau das, was unter uns stattfand. Es herrschte heftige Brutalität. Als wir dann wegen Evas Krankheit auseinandergerissen wurden, bedeutete das immer

Kampf, wenn wir zu Hause wieder aufeinandertrafen. Clemens und ich haben in dieser Zeit angefangen, zu Hause viele Dinge zusammen zu machen. Und wir haben viel Blödsinn gemacht. Wir hatten Fantasie. Wir hatten viel Fantasie, was Blödsinn angeht. Ob das Klauengehen war, ob das Auseinandernehmen der Nachbarsgärten war. In der Zeit, als Eva im Krankenhaus war und Herr K. sich verpisst hatte, haben wir die Nachbarschaft tyrannisiert. Wir waren auf hohem Level – heute nennt man sowas auch Wohlstandsverwahrlosung –, wir waren hochgradig asozial. Punkt. Kann man nicht anders beschreiben.

Da hat sich natürlich auch einiges entladen – dieses Hinundhergezerre, die Gewalt. Du hast in der Familie Angst, also muss der Druck irgendwo hin, und den lässt du raus. Indem du Blödsinn machst und Freunde findest, die mit Scheiße bauen. Das war für mich ein Fest. Ein großer Teil meines Lebens bestand darin, zu Hause oder in der Schule Blödsinn zu machen. Du stehst sowieso da als jemand, der, weil er Schwarz ist, mit einem Stigma behaftet ist. Und dann kannst du dich auch so benehmen. Und dann ist es auch in Ordnung. Ich muss das ehrlich sagen. Da steh ich auch zu. Ich find das auch teilweise lustig.

Aber meine Brüder haben mich nicht groß angepackt. Zum einen wusste jeder, Andy geht ab wie eine Rakete. Das war aber nicht der wesentliche Punkt. Ich glaube, meine Brüder hatten ein schlechtes Gewissen. Die wussten, der Andy kriegt so viel Dresche von dieser blöden Alten. Keiner konnte da was gegen machen. Die haben sich im Prinzip hinter mir versteckt. Die wussten auch, dass ich für Dinge Prügel bekam, die ich nicht getan hatte, sondern irgendeiner von ihnen. Ich war es nicht, aber die Schuld hing bei mir. Das wussten die. Ich denke, es ist ein starkes Motiv, dass ich für sie Strafen übernahm. Na, und ich wurde ihnen ja auch aufgezwungen. Für meine Brüder war das auch eine schwierige Situation. Auf einmal hast du einen Bruder, der ist Schwarz. Für die ganze Umgebung in Denver muss das die Hölle gewesen sein.

Das wusste ich gar nicht. Ich hab erst später erfahren, dass meine Brüder wegen mir wirklich auch mit den Nachbarkindern nicht mehr spielen durften. Dass die Familie bedroht worden ist, das hab ich so am Rande mitgekriegt. Das war schon Thema. Also mein Schwarzsein war immer Thema. Das hatte Auswirkungen auf meine Brüder. Und ein Bruder, Matthias, hat vor Kurzem noch gesagt, er würde das so sehen, dass die anderen Brüder mehr für mich hätten tun müssen. Ich hab ihm dazu nur geschrieben: „Hey komm, bitte tu mir einen Gefallen, mach dir darüber keinen Kopf, ihr wart selber Kinder. Ihr habt selber unter dem Terror gelitten." Alle meine Brüder waren Opfer von Gewalt. Es sind Sachen auf mich abgewälzt worden, aber das kann ich ihnen nicht vorwerfen. Aber mit einigen will ich nichts mehr zu tun haben. Einer meiner Brüder sieht zum Beispiel das Problem Rassismus gar nicht. Er hat eine ganze Zeit lang in den neuen Bundesländern gelebt. Da sagt er zu mir, ich soll ihn doch mal besuchen. Ich sag: „Ich komm nicht in die neuen Bundesländer. Bin ich denn bescheuert oder was? Ich bin doch nicht lebensmüde. Da fahr ich nicht hin!" Der ist mit mir groß geworden! Der muss doch wissen, dass es für mich vielleicht nicht so angenehm ist, dahin zu fahren; aber das sieht der gar nicht.

Ich weiß, dass viele *weiße* Menschen große Schwierigkeiten haben, sich diesen alltäglichen Rassismus vorzustellen. Aber mein Bruder ist mit einem Schwarzen groß geworden. Er ist mit mir groß geworden. Er hat es mitgekriegt! Das verstehe ich nicht. Mit einem anderen Bruder hab ich gebrochen, weil für ihn mein Schwarzsein immer wieder ein Problem war. Als Kind fand ich irgendeinen Musiker gut, da meinte er: „Den findest du ja nur gut, weil der Schwarz ist." Da hätte ich ihn schon für aufhängen können. Als ich von der Schule geflogen bin, kamen ziemlich dumme Sprüche, die sich auch auf meine Hautfarbe bezogen. Er war eigentlich der Erste, der den Tabubruch gebracht hat, mir klar zu sagen: „Du gehörst nicht zu meinen Brüdern." Das war schließlich immer so ein unausgesprochenes Gesetz: Andy ist einer von uns. Das musste man immer wieder bestätigen. Und ich konnte es nicht mehr hören. Heute denke ich, es gab oder gibt immer noch so eine Opferkonkurrenz zwischen uns Brüdern. Wer hatte es schlimmer gehabt? Das geht mir auf den Nerv. Darauf hab ich keinen Bock. Ich haue nicht permanent raus, wie beschissen es mir gegangen ist. Jeder hängt da irgendwo in seinem Ding drin, und ich hab versucht, mich sehr früh davon zu lösen und versucht, da rauszugehen. Ich hab mir immer gesagt, halt dich nicht daran fest, was alles so Scheiße war, sondern guck, wo du Möglichkeiten hast. Letztendlich konnte ich ja immer sagen „Ich gehöre da nicht wirklich hin."

Natürlich habe ich als Kind immer gedacht: Ok, es ist meine Familie. Wenn dann jemand gesagt hat: du gehörst da nicht hin, war das ein Problem, ein Thema. Aber innerlich war anscheinend eine Abkapselung da, die mich dazu geführt hat, es so weit zu treiben, dass ich mit 16 rausgeflogen bin. Als es zum Bruch kam zwischen mir und Eva, hat auch ein Bruch zwischen mir und meinen Brüdern stattgefunden. Ich hatte zu keinem Kontakt mehr. Außer zu Clemens. Das liegt am Alter – Clemens und ich haben als Kinder so viel zusammen gemacht, wir haben Blödsinn angestellt, wir haben gelacht, wir haben geweint, wir haben alles gemacht, was Kinder so zusammen tun. Und viele Dinge gemacht, die sehr außergewöhnlich waren. Clemens ist ein Künstler. Der ist in eine Fantasiewelt geflohen. Ich habe mich der Konfrontation draußen gestellt. Das war nicht Clemens Sache. Clemens hat gemalt. War unheimlich kreativ. Wenn ich zu Hause war, war es schwer, mich aus dem Bett zu kriegen. Das hat Clemens tierisch genervt, weil wir ein Zimmer hatten. Die letzte Auseinandersetzung mit Eva, die haben wir ja zusammen geführt. Da war er dann auch auf meiner Seite. Clemens und ich sind auf die Gesamtschule Höhenhaus in Köln gegangen. Er war auch bei den Falken, wir sind zusammen ins Falkenzeltlager, die erst Reise ging nach Schweden. Das heißt, wir hatten einen gemeinsamen Freundeskreis. Dadurch hatten wir auch noch eine Verbindung, nachdem ich bei Eva rausgeflogen bin. Für Clemens war es immer wichtig, dass ich die Verbindung zur Familie nicht komplett verliere. Es ist nie irgendwas dafür getan worden, dass wir Brüder ein gutes Verhältnis entwickeln konnten. Wir wurden sogar noch gegeneinander aufgehetzt. Im Prinzip ist diese Familie zerbrochen an der Brutalität meiner Adoptiveltern. Ich hab lange gedacht: „Das tut mir nicht gut, da reinzugehen." Dieses ganze System war so hochgradig krank, dass ich nur eines wollte: „Grenze, Stop, aus!" Meine Brüder sind natürlich auch traumatisiert; alleine schon der Akt, mich da reinzuadoptieren und mich ihnen aufzuzwingen. Ihnen ist ein Schwarzer Bruder aufgedrängt worden, und sie wurden in gewisser Weise zur Solidarität mit einem Schwarzen Bruder genötigt. Aber das Thema Rassismus wurde nie wirklich angesprochen. Die waren einfach damit konfrontiert. Und der eine konnte besser, der andere weniger gut damit umgehen. Und ich sage, ganz klar, am besten konnte ich, der davon direkt betroffen war, damit umgehen. Das kann man eigentlich so sehen. Ein Problem war sicher, dass nichts wirklich diskutiert wurde, nichts wirklich offen ausgesprochen wurde. Kinder haben ja ein sehr feines Gespür für Spannungen und Probleme. Die Situation, dass plötzlich ein fremdes Kind in die Familie kommt, ist ja an sich schon schwierig, aber dazu dann noch ein nicht-*weißes* Kind. Für meine Brüder war das eine traumatische Situation. Du bist ein kleines Kind, und auf einmal wird dir gesagt: „Das ist jetzt dein Bruder. Der ist zwar Schwarz. Der sieht zwar anders aus als du. Aber egal, du musst ihn jetzt als deinen Bruder anerkennen. Du musst!" Stell ich mir für meine Brüder nicht lustig vor.

4 Tante und Onkel

„ Evas Schwester, meine Tante Christa, und mein Onkel Heribert waren die Erwachsenen in meinem Leben, die mich akzeptiert und respektiert haben. Christa ist in Göttingen in mein Leben getreten, in der Herzberger Landstraße. Vorher hab ich gar keine Erinnerung an Christa. Heribert gab es zu der Zeit noch nicht in meinem Leben und auch nicht in Christas. Sie hatte eine kleine Wohnung in Göttingen. Da waren wir ab und zu und haben dort geschlafen. Christa hat einen Sohn, den Klaus, der war umgekehrt auch öfter bei uns in der Familie. Christa war jünger als Eva und hat in Göttingen als Ärztin in der Radiologie gearbeitet. Sie ist eigentlich erst wirklich präsent geworden in meinem Leben, also wirklich eine wichtige Person für mich geworden, als Eva krank wurde. Da haben Christa und ihre Mutter, meine Adoptivgroßmutter, versucht, den Karren aus dem Dreck zu ziehen. Meine Großmutter war dann oft bei uns, hat den Haushalt geschmissen, sich um die Kinder gekümmert, das absolute Chaos ausgehalten. Christa war auch öfter da. Wir sind dann in Pflegefamilien aufgeteilt worden. Und ich bin – nachdem ich aus der zweiten Pflegefamilie raus musste – wieder in die Herzberger Landstraße. Und da ging der Punk ab, sag ich mal so. Da hab ich das erste Mal Heribert gesehen, mitgekriegt, dass Christa mit ihm zusammen war. Und Heribert hat einfach aus Intuition heraus – was weiß ich warum – mit ihr zusammen die Entscheidung getroffen, mich nach Parensen zu holen. Parensen liegt direkt um die Ecke von Göttingen. Heribert hat zu der Zeit Medizin studiert. Der war Anfang 20, also verdammt jung. Er ist eine ganze Ecke jünger als Christa – zehn Jahre sogar.

Ich hatte eine besondere Beziehung zu Heribert. Für den war meine Hautfarbe nie ein Thema. Aber im Positiven. Ich meine das wirklich im Positiven. Das hat den nicht interessiert. „Das ist Andy, mit dem komm ich klar." Der mochte, dass ich gerne anpacke. An der Stelle hatten wir eine Verbindung. Er hat mich als Kind einfach so genommen, wie ich bin, er wusste, ok, der kommt aus einer verdammt schwierigen Situation. Ich hab ihn kürzlich auch noch mal gefragt, als ich mit meiner Mutter bei ihm war: „Sag mal, war ich in deiner Gegenwart schwierig?" Und er meinte: „Nee, da war alles in Ordnung." Und das war wirklich so. Klar haben wir uns manchmal gefetzt: „Mach das nicht." – „Leck mich, ich mach das trotzdem." Das hast du mit deinen Eltern gemacht, macht jeder mit seinen Eltern, das gehört zur normalen Entwicklung. Aber Heribert war es wirklich in einem positiven Sinne egal, dass ich Schwarz bin. Der fand mich als Mensch in Ordnung, fand die Situation einfach beschissen und hat beschlossen: „Ich will dem helfen." Nicht mehr und nicht weniger. Und so sieht er das auch.

Er hat mich bei sich aufgenommen, da war er sehr jung. Das musst du erst mal bringen. Da hast du andere Dinge zu tun als so einen halbwüchsigen, nicht einfachen Jungen zu versorgen. Aber er konnte einfach gut mit mir umgehen. Wenn man mit mir vernünftig umgegangen ist, war ich normal, wenn man mit mir beschissen umgegangen ist, war ich auch Scheiße. Es war bei Heribert auch nie Thema: „Du bist adoptiert". „Du bist Afrikaner". Nichts. Ich war einfach da.

Heriberts Leidenschaft waren Pferde, und er ist mit Freunden Jagden geritten. Das war für mich super spannend. Er hat mich immer mit auf die Jagd genommen. Heribert hat mit einem Freund zusammengewohnt, einem Studienkollegen. Ich hab dann bei Heribert gewohnt, eine Zeit lang sogar mit ihm zusammen auf einem Zimmer. Er hat mich einfach aus diesem ganzen Bullshit rausgezogen. Und dann ist er nicht nur Jagden geritten, sondern auch Reitturniere, Springturniere, irgendwelche Dressurgeschichten oder Military. Alles ums Pferd rum. Das war sein Ding. Und da bin ich immer mitgefahren. Wochenenden. Das war wunderbar. Das war total geil. Das hat total Spaß gemacht. Ich hab mich gerne um die Pferde gekümmert und Spaß mit ihnen gehabt. Hab mich um sie gekümmert. Und ich durfte sie dann immer trocken reiten, wenn Heribert Turniere geritten oder einfach ausgeritten ist. Ich kann eigentlich überhaupt nicht reiten. Heribert hat mir auch nie Reiten beigebracht. Ich hab auch nie nachgefragt, sondern mich einfach draufgesetzt, „Hier reit das Pferd trocken", und dann ging's noch ein bisschen in der Halle rum. Das waren spannende Zeiten.

Heribert hat mit mir immer sehr viel für die Schule geübt, weil ich ein grottenschlechter Schüler war. Ich hatte eine Rechtschreibschwäche. Ich hab's geschafft, im Diktat auf einer Seite 50 Fehler reinzuhauen. Ich kann es auch heute noch nicht gut. Es war eine Katastrophe. Heribert hat sehr viel mit mir geübt für die Schule und hat versucht, mich irgendwie in die Spur zu kriegen. Das war eine sehr schöne Zeit.

Eine Zeit lang hab ich auch bei Christa in der Wohnung gelebt. Das war eine unbeschwerte, normale, ruhige Zeit. Das war ein Paradies. Das war geil. Das ist für mich einfach so eine Phase der normalen Kindheit. Du kannst normal Kind sein. Angstfrei. Christa tut dir nix, Heribert tut dir nix. Mehr noch – die respektieren dich. Vor allem Heribert, der geht gut mit dir um. Einfach eine Phase der Ruhe. Einer, der dich auch nicht für krank erklärt. Was andere permanent getan haben: „Ja, der Andy ist so schwierig, weil er im Heim war." Solche Dinge kamen ja permanent. Die haben das dann immer Hospitalismus genannt. Und das war es ja auch – im Nachhinein kann ich das so sehen –, was es Eva so einfach gemacht hat, mich in die Psychiatrie zu stecken. Das ist natürlich ein ganz einfacher Schritt. „Der ist daran zerbrochen. Oder krank geworden." Das hat Heribert nie gemacht. Er hat mich nie pathologisiert. Ich war Andy, Ende. Andy hat gespielt und Andy hat Blödsinn gemacht und Andy war da. Bei Christa war es ein bisschen ambivalenter. Heribert hat mich unabhängig kennengelernt. Der hat den ganzen Bullshit vorher nicht gesehen. Der hat mich aber rausgeholt und als den genommen, der vor ihm stand. Trotzdem hatte ich auch mit Christa und Heribert zunächst keinen Kontakt mehr, nachdem ich mit Eva, Herrn K. und meinen Brüdern gebrochen hatte. Ich hatte lange ein sehr schlechtes Gewissen deswegen. Das Ganze hat mich auch gequält, weil ich wusste, die haben was für mich getan. Das war schön, aber ich musste trotzdem gehen. Irgendwann später waren wir zusammen unterwegs, und da hab ich ihnen gesagt: „Ich weiß, dass ich euch mit meiner Entscheidung zu gehen sehr verletzt habe." Ich hab das dann als „Kollektivstrafe" bezeichnet. Es ging nicht anders. Aber Heribert und Christa haben in ihrer einfachen und klaren Art gesagt: „Nee, Andy, das ist vollkommen in Ordnung. Das ging nicht anders. Das musstest du." Meine Entscheidung war ja auch insofern logisch, als Heribert und Christa Teil des Familienverbandes waren. Was ich dabei immer noch mit einem weinenden Auge wahrnehme: dass Christa sich nie gegen ihre Schwester gestellt hat.

Wenn Eva nicht ins Krankenhaus gekommen wäre, hätte sie mich auf keinen Fall bei Christa und Heribert wohnen lassen. Das hätte sie auf jeden Fall unterbunden. Aber sie war nicht handlungsfähig. Das war ja auch die Zeit, als ich gedacht habe: „Hoffentlich stirbt sie." Ich hab wirklich gehofft, dass sie den Abgang macht. Ich hatte die heimliche Hoffnung, bei Christa bleiben zu können. Der Gedanke war: „Dann ist es vorbei, dann bleib ich hier." Das wäre auch so gekommen. Ich hätte mit Christa und Heribert bestimmt auch meine Auseinandersetzungen gehabt, später, als ich mich politisiert und andere politische Meinungen vertreten habe; aber das wäre eine andere Sache gewesen. Ich wäre normal auf die

Schule gegangen. Vielleicht hätte ich auch erst einmal eine Handwerksausbildung gemacht. Wäre auch in Ordnung gewesen. Das war keine heimliche Hoffnung. Das war meine echte Hoffnung: „Ja, Eva stirbt." Das darfst du natürlich nicht aussprechen. Und als ich dann hörte, sie ist nicht gestorben, das war bitter. Es ist hart, aber es ist, wie es ist. Die ruhige Zeit kam dann jäh zu einem Ende. Ich musste wieder zurück zu Eva. Für Christa und Heribert war das, glaube ich, ziemlich schlimm, dass ich wieder zu Eva musste. Darüber redet Christa auch manchmal noch und immer mit einer gewissen Bitternis. Und dann war der Kontakt erstmal weg. Ich hatte keinen Kontakt mehr. Gar nichts. Null. Ich hatte zu Heribert keinen mehr, ich hatte zu Christa keinen mehr. 1997 ist Eva gestorben. Bei der Beisetzung haben wir uns einfach nur gesehen. 1999, 2000 oder so hat Christa mich angerufen, weil sie in Düsseldorf war. „Ich möchte dich sehen.". „Gerne", hab ich gesagt und bin nach Düsseldorf gefahren. Und da gab es dann eine Aussprache. Sie hat mich damit konfrontiert. „Ich hab gehört, du willst mit der Familie nichts mehr am Hut haben". Und ich hab versucht zu erklären, dass ich keine Probleme mit ihr und Heribert habe, dass ich ihnen im Gegenteil dankbar bin für das, was sie für mich getan haben; aber dass ich nicht mehr kann, dass ich einfach aus der ganzen Sache raus muss, dass mir das nicht guttut. Und hab ihr dann auch erzählt, was Eva mit mir gemacht hat. Sie konnte nicht viel dazu sagen, weil sie ja wusste, was da passiert ist.

    Einige Jahre später hab ich bei einer Gelegenheit Heribert angesprochen: „Lass uns mal reden, alleine." Dann hab ich Heribert deutlich und klar gesagt: „Ich habe Eva Kisselbach gehasst." Da hat er nur geantwortet: „Das kann ich verstehen, die hat dich auch gequält." Und dann hab ich ihm versichert: „Ich hab nie Probleme mit euch gehabt, gar nicht. Ich musste mit der Familie brechen, ich musste gehen zu der Zeit." Das Gespräch war gut. Jetzt haben wir sporadisch Kontakt. Man telefoniert mal, man sieht sich mal. Jetzt haben wir eigentlich so eine Beziehung, wie sie viele zu ihrer Familie haben. Die wissen auch – mir war es ganz wichtig, es ihnen zu sagen –, dass ich meine Mutter gefunden habe. Meine Mutter hat die beiden auch kennengelernt. Denn ich habe mit ihr natürlich über mein Leben geredet und auch deutlich gemacht: „Die beiden waren gut zu mir, das war wichtig für mich." Da hat meine Mutter gesagt: „Oh, die möchte ich gerne kennenlernen". Was dann auch geschehen ist. Und das war schön. Es war schwierig, aber es war in Ordnung. Also eigentlich waren diese beiden für mich – ganz speziell Heribert – sehr sehr wichtige Bezugspersonen.

Zwang und Rebellion

5 Schule

„ Ich war insgesamt auf acht Schulen. Immer wieder habe ich Erfahrung mit Rassismus gemacht. Als wir aus den USA über die Türkei nach Deutschland gekommen sind, war ich in Göttingen zunächst in der Vorschule. Meine Adoptiveltern sprachen gut Deutsch. Herr K. war deutscher Abstammung, er hatte einen deutschen Vater. Bei Herrn K. hörte man einen amerikanischen Akzent heraus, aber er sprach perfekt deutsch. In den USA haben wir noch so eine Mischform geredet, also englisch und deutsch. Daran habe ich keine großen Erinnerungen mehr. In Europa haben wir, soweit ich das weiß, immer deutsch geredet. Und in Deutschland sowieso. Die Sprache war also kein Problem, als ich in die Schule kam.

Mit sieben Jahren bin ich dann in eine ganz normale Grundschule eingeschult worden. Ich hab sofort Ärger mit anderen Kindern gekriegt, weil sie mich beleidigt haben. Die haben das wiederholt, was sie zu Hause gehört haben; ob es jetzt das N-Wort war oder anderes. Darauf habe ich knallhart reagiert, indem ich zugeschlagen habe. Anfangs war ich wohl noch ziemlich schockiert wegen der Beleidigungen. Dann hat Eva mich darin bestärkt, dass ich mich wehren kann. Herr K. hat mir ein paar Grundlagen im Boxen beigebracht. Und das hab ich auf dem Schulhof umgesetzt. Ich hab schon damals keinen Bock auf die Schule gehabt und auch nicht auf die Lehrer. Ich hab die Schule verweigert, wollte nicht mitarbeiten. Da ist es zwischen mir und den Lehrern sofort eskaliert.

Von Anfang an hat man mir signalisiert, dass ich nichts kann und schlecht bin. Beschützt hat mich auch keiner. Ich bin von älteren Schülern und von Schülern aus meiner Klasse beleidigt worden. Das hat dazu geführt, dass ich zugeschlagen hab. Und die Lehrer haben dann die Schuld bei mir gesucht, anstatt etwas gegen die Ursachen zu tun. Ich hab dann nur noch Blödsinn gemacht. Heute nennt man das Schulverweigerung. Auf dieser Grundschule war ich ein Jahr und bin dann nach Kassel auf die Waldorfschule gekommen, wo meine Brüder auch waren. Ich bin wieder von meinen Mitschülern rassistisch angegangen worden, was ich mit Gewalt beantwortet habe. Für Herrn Keller, meinen Klassenlehrer, war ich der Buhmann der Klasse. Immer wenn etwas passierte, war ich schuld. Mein Klassenlehrer hat mir sehr deutlich signalisiert, dass er mich nicht mag, nicht schätzt und dass ich für alles, was an Schlechtem passierte, verantwortlich war. Ich hab die Rolle dann auch übernommen und sehr viel Blödsinn gemacht, mit viel Fantasie. Dadurch habe ich meinen Status in der Klasse erhöht, weil die anderen das witzig und cool fanden.

Herr Keller hat mich nie wegen meiner Hautfarbe angesprochen. Was seine Motivation war, mich herabzusetzen – darüber kann man nur spekulieren. Die Hautfarbe war nie ein Thema zwischen uns. Er war sehr autoritär. Und ich habe widersprochen. Dadurch war ich der Bad Boy. Dann gab es ein riesiges Problem zwischen uns wegen meines Namens. Wir hatten noch einen anderen Andreas in der Klasse, und er hat mich deshalb immer Andreas Christoph genannt. Das konnte ich gar nicht ab. Mein Name ist Vincent Andreas Christoph. Ich hab ihm klar signalisiert, dass ich das nicht mag, dass ich das nicht will und dass ich nicht darauf hören würde. Und das ist eskaliert.

Herr Keller hat immer merkwürdige Erziehungsmethoden praktiziert. Er hat zum Beispiel vor der Klasse Konservendosen aufgereiht, und wenn du Blödsinn gemacht hast, solltest du dich nicht in die Ecke, sondern mit dem Rücken zur Klasse auf die Konservendosen stellen. Total merkwürdig. Ich bin dann immer mit den Konservendosen nach vorne gerutscht, hab so einen kleinen

Moonwalk gemacht. Die Klasse hat sich halb totgelacht, alle hatten Spaß. Herr Keller hatte keinen Spaß. Was dazu geführt hat, dass die Konservendosen wegkamen. Zu Hause habe ich immer erzählt, dass Herr Keller mich ungerecht behandelt. Ich sei immer an allem schuld. Das fand Eva nicht in Ordnung; sie hat sich deswegen mit ihm angelegt und Unterstützung bei anderen Eltern gesucht. Vor allem bei den Eltern eines anderen Jungen, der auch immer Stress mit ihm hatte. Ich hab erst kürzlich erfahren, dass der Lehrer einen ganz schlechten Ruf hatte. Er musste auch frühzeitig gehen. Dafür war Eva Kisselbach mit verantwortlich. Sie hat überhaupt an der Schule viel Stress gemacht. Ich hatte sehr viel Kloppereien, und Herr Keller hat immer zu mir gesagt: „Steck deine Fäuste in die Tasche." Ich hab geantwortet: „Ich stecke erst dann die Fäuste in die Tasche, wenn ich nicht mehr beleidigt werde."

Täglich habe ich das N-Wort gehört. Jeder wusste, wenn man das N-Wort ausspricht, flippt Andreas aus. Das haben die anderen ausgenutzt. Weil es ja Spaß macht zu sehen, wie der andere tickt, und um sich zu freuen, wenn der andere Ärger kriegt. Im Endeffekt hatte ich immer den Ärger, die Arschkarte gezogen. Keiner meiner Lehrer hat etwas gesagt oder etwas gegen die rassistischen Übergriffe unternommen. Kein Lehrer ist jemals dazwischengegangen. In der Schule war mein Ruf versaut. Als Eva Kisselbach krank geworden ist, mussten wir dann schließlich alle die Waldorfschule verlassen.

In der Waldorfschule war ich zwei Jahre, von der 2. bis zur 4. Klasse. Am Anfang der 5. Klasse bin ich ausgeschult worden. Für mich war das super, für meine Brüder war das anders, weil die sich da zum Teil sehr wohlgefühlt haben. Sie hatten aber auch kein Problem mit Rassismus. Ich bin einmal in der Waldorfschule von einer ganzen Gruppe Kinder mit Weidenkätzchen verprügelt worden, bis mein ganzes Gesicht zerschlagen war. Ich hab mich gewehrt wie ein Kesselflicker, aber ich konnte nichts machen. Ich hab immer nach meinen Brüdern geschrien. Die waren nicht greifbar, haben das nicht mitgekriegt. Ich bin dann mit blutverschmiertem Gesicht in die Klasse reingekommen. Herr Keller hat mich gefragt, wer das gewesen ist, und ich hab geantwortet: „Das sage ich nicht." Ich wollte einfach nicht petzen. Das war für mich einfach ein No Go. Das wollte ich mit denen selber klären. Herr Keller wollte mich dann zwingen, die Schuldigen zu nennen. Die Jungs aus meiner Klasse haben gesagt, dass das welche aus der Parallelklasse gewesen seien. Herr Keller hat mich dann in die andere Klasse gebracht. Da stand ich vor dieser Klasse mit meinem blutverschmierten Gesicht und wurde gezwungen auszusagen. Das habe ich auch gemacht. Und das war die heftigste Auseinandersetzung, die ich an der Waldorfschule hatte. Aber ähnliche Konflikte hatte ich tagtäglich. Und ich war immer der Schuldige.

Von der Waldorf- bin ich dann auf eine Regelschule gekommen. Weil wir im Unterrichtsstoff hinterherhingen, bin ich beim Wechsel eine Klasse zurückgestuft worden. So musste ich wieder die 4. Klasse besuchen. In der Zeit war ich entweder bei Heribert oder in der Herzberger Landstraße im Haus meiner Adoptiveltern. In der neuen Schule hatte ich einen recht vernünftigen Lehrer. Der hat sich hinter mich gestellt, wenn ich rassistisch angegangen worden bin. Diese Auseinandersetzungen hatte ich auch wieder permanent in der Klasse und auf dem Pausenhof. Ich hatte desaströse Noten, und das lag daran, dass bei uns zu Hause alles auseinander gebrochen ist. Heribert hat versucht, mir zu helfen, hat mit mir geübt, damit ich in der Schule auf die Spur komme. Das hat aber nicht funktioniert. Hab die 4. Klasse dann fertiggemacht. Bin versetzt worden mit einem horrormäßigen Notendurchschnitt mit vielen Fünfen und Sechsen. Aber mein Klassenlehrer hat gesagt: Der muss versetzt werden, weil der schon zu alt ist, nochmal die 4. Klasse zu wiederholen. Das hat Eva aber nicht eingesehen, weil sie wollte, dass alle ihre Kinder aufs Gymnasium gehen. Sie hat die Zustimmung verweigert und mich nochmal auf eine andere Schule versetzt, wo ich mich zum dritten Mal durch die 4. Klasse gequält habe. Mit der Klassenlehrerin kam ich absolut nicht klar, was aber an meinem Verhalten lag. Es war nicht so, dass ich dort der liebe Junge geworden wäre. Ich hatte eine Strategie entwickelt und meinen Status in der Klasse gegenüber den kleinen Kindern erhöht, indem ich Gewalt anwendete. Und das ist ein Selbstläufer gewesen. Ich war auch selbst inzwischen überzeugt, dass ich nichts kann. Das hatte man mir lange und oft genug eingeredet. Im Sport war ich immer gut, da war ich Klassenbester. Das hat mir einen gewissen Status gegeben. In den anderen Fächern habe ich mir nichts mehr zugetraut. Ob das Mathe, Deutsch oder sonst was war. Das war alles eine Katastrophe. Ich hab dauernd Sechsen kassiert. Ich hatte überhaupt kein Selbstvertrauen mehr. Ich bin dann auf der nächsten Schule in Göttingen gelandet. Dann ist Eva aus dem Krankenhaus gekommen und hat im Rheinland, in Overath-Heiligenhaus, ein Haus gekauft, hat alle ihre Söhne eingesammelt und uns dorthin gebracht. Warum sie gerade dahin wollte, weiß ich nicht. Meine Vermutung ist, dass sie da eine soziale Anbindung hatte. Eva war insgesamt drei Jahre im Krankenhaus wegen ihrer Darmgeschichten. Wenn sie aus dem Krankenhaus kam, ist sie zur Rehabilitation gebracht worden. Da hat sie Menschen kennengelernt, die in dieser Ecke lebten. Damals war ich schon knapp zwölf Jahre und ging immer noch in die 4. Klasse.

Ich hab die 4. Klasse dann in Overath-Heiligenhaus zu Ende gemacht. Wieder mit keinem besonders guten Schnitt, aber ich bin versetzt worden. Denn nochmal hätte man mich nicht die 4. Klasse machen lassen. Dann bin ich in die Hauptschule in Steinbrück gekommen, wo die Auseinandersetzungen wieder losgingen. In einer neuen Schule ging es immer in den ersten Tagen ab. Außerhalb der Schule bin ich von anderen Kindern rassistisch beleidigt worden und hab das immer mit Gewalt beantwortet. Man muss sagen, dass der Teil von Overath, in dem wir gelebt haben, klein und dörflich war. Und da zieht eine alleinerziehende Frau mit 6 Jungs hin. Die Nachbarn haben entsprechend reagiert. Auf mich haben sie wieder speziell reagiert. Ich hatte aber schnell einen ganz kleinen Freundeskreis, der klar sagte: „Andy gehört dazu. Wir finden Andy toll und spielen zusammen." Ich hab dann im Fußballverein gespielt und bin regelmäßig zum Training gegangen. Das war noch in der D-Jugend, und als ich in die C-Jugend kam, hatte ich einen Trainer, der eine Katastrophe war. Ich konnte immer prima Fußball spielen und habe gut trainiert. Aber der hat mich nicht eingesetzt. Ich konnte machen, was ich wollte. Das führte dazu, dass ich aufhören wollte. Wir haben dann mit Freunden selbstorganisiert Fußball gespielt. Wir gingen von einem Dorf zum anderen und haben Spiele mit anderen Kids organisiert. Das war lustig, das war toll! Nach den Spielen kam es zu Raufereien, die aber nicht wild waren. Einmal gab es wieder eine Rauferei mit einem Jugendlichen. Dessen Vater sah von oben, dass ich dem Jungen hinterhergelaufen bin. Der Vater kam angerannt, hat mich festgehalten und zu seinem Sohn gesagt: „Tritt dem Nigger einen rein!" Dann hat der mir mit Fußballschuhen voll auf die Rippen getreten. Meine Freunde konnten gar nichts machen. Die standen daneben. Ich konnte nichts machen. Ich hab das zu Hause nicht erzählt, weil das Vertrauen zu Eva zerstört war. Ein paar Wochen später hab ich diesen Jungen auf dem Fahrrad wiedergesehen. Ich bin vom Fahrrad runtergesprungen, bin auf den Jungen zugerannt und hab ihn zusammengeschlagen.

Eva wollte eigentlich, dass ich auch auf das Gymnasium gehe. Das hat aber nicht funktioniert. Sie hat dann versucht, mich auf Biegen und Brechen auf die Realschule zu bringen. Das hat aber wegen meiner Noten auch nicht funktioniert. Meine Noten waren ein Desaster. Das hatte nichts mit Rassismus zu tun. Ich wäre auf keinem Gymnasium oder keiner Realschule mitgekommen. Heute würdest du mit solchen Noten in der Förderschule landen. Eva hatte sich massiv dagegen gewehrt, dass eines der Kinder auf die Förderschule, damals nannte man es noch Sonderschule, geht. Was ich gut finde; da war sie ganz bestimmt. Auf jeden Fall bin ich dann nicht auf die Realschule, sondern auf die Hauptschule gekommen. Da hatte ich einen Lehrer, mit dem herrschte von Anfang an Krieg. Der Mann hat mir mal gesagt ich sei nicht mehr wert als eine Rolle Klopapier. Der war einfach Hardcore. Und ich hab ihn dann im Unterricht beleidigt. Ich habe mir nichts gefallen gelassen. Und hatte wieder Auseinandersetzungen und Kloppereien mit anderen, oft größeren Kindern.

Ich hatte da zwei gute Freunde, Jacki und Jochen. Jacki war Sinto oder Rom. Wir haben dann – ich nenne es mal lapidar – Rock'n'Roll aufgezogen. Ich sehe es heute so: Wenn man dir signalisiert, du bist scheiße, dann kannst du dich auch scheiße benehmen. Und du sagst dir, okay, ist mir doch egal. Ich kann eh machen, was ich will. Ich krieg eh keine Anerkennung. Also fährst du dann diese Linie, dann finden dich wenigstens deine Mitschüler witzig, cool und toll. Auf dieser Schule ist es auch sofort superschnell eskaliert zwischen mir und dem Herrn Bultrowic, meinem Klassenlehrer. Das war eine Katastrophe. Das führte dann sogar dazu, dass er mir in Sport eine Drei gegeben hat. Mir waren schlechte Noten eigentlich immer ziemlich egal. Aber nicht in Sport. Da bin ich ausgeflippt. Die Klasse hat zu ihm gesagt: „Herr Bultrowic, das können Sie nicht machen, der Andreas ist der Beste in der Klasse." Er hat aber nicht nachgegeben. Ich bin dann mitten im Unterricht aufgestanden und rausgegangen, hab die Tür zugeknallt und ihn beleidigt. In der Zeit ist auch die Auseinandersetzung zwischen Eva und mir eskaliert. Ich bin ständig abgehauen, hab auf der Straße gepennt, bin tagelang nicht nach Hause gekommen. Eva hat versucht, meine Freundschaft mit Jacki zu torpedieren. Das hat aber nicht funktioniert. Es gab dann eine Schulkonferenz, nach der Jacki und ich von der Schule geflogen sind.

Aufgrund der Gutachten, die von der alten Schule vorlagen, wollte mich danach keine Schule mehr aufnehmen. Es gab auch ein paar Schreiben von der Hauptschule, die mich runtergeschmissen hat, in denen stand: „Andreas ist eine Gefahr für seine Mitschüler.

Deswegen müssen wir ihn aus der Schule entfernen oder suspendieren." Ich würde mitten im Unterricht andere Kinder schlagen. Ich muss sagen, das hab ich auch gemacht. Manche Kinder glaubten immer, sie seien geschützt, wenn sie das N-Wort oder andere rassistische Beleidigungen im Beisein der Lehrer von sich gaben. Dann macht der Andreas nichts. Das haben sie mitten im Unterricht gemacht. Und da meine Lehrer nicht geholfen haben, bin ich mitten im Unterricht aufgestanden und hab ihnen eine geknallt. Das war mir egal. Das hat mich nicht interessiert. Von daher war es keine Lüge, was die Schule da geschrieben hat. Nur stand da nicht drin, was der Grund für mein Verhalten war.

Eva ist gegen den Schulverweis vorgegangen. Sie hat argumentiert, ich sei seelisch krank, und hat sich das von Ärzten bestätigen lassen. Die Schule hat dann den Schulverweis aufgehoben, aber mich trotzdem nicht wieder aufgenommen. Eva wollte unbedingt, dass das gelöscht wird, damit ich noch eine Chance bekomme, auf eine andere Schule zu gehen. Sie hat es schließlich irgendwie geschafft, mich auf der Gesamtschule Höhenhaus unterzubringen. Clemens hat sie da auch hingebracht, und wir sind nahe zusammengerückt. Wir hatten viel miteinander zu tun und einen gemeinsamen Freundeskreis. Clemens war geschockt, was mit mir abgegangen war, und hat eine echte Solidarität zu mir entwickelt, eine Bruderbeziehung.

Es waren sechs Monate, in denen ich gar nicht zur Schule gegangen bin. Da war ich komplett ausgeschult. Höhenhaus hat das locker genommen, denen war das egal. Sie haben mich in die 7. Klasse gesteckt, obwohl ich gar keine Versetzung hatte. Das war mein Glück, weil die einfach einen ganz anderen Lernansatz hatten. In Höhenhaus hab ich auch rassistische Anfeindungen erlebt, aber nicht mehr so starke. Zumindest kam es mir so vor. Allerdings hat mir kürzlich ein ehemaliger Mitschüler auf einem Schulfest etwas anderes erzählt. Als ich meinte, hier sei es ja nicht so krass gewesen mit dem Rassismus, hat er mir direkt widersprochen. Damals gab es die Serie „Roots", und die Schwarze Hauptfigur hieß Kunta Kinte. Meine Mitschüler haben danach angefangen, mich Kunta Kinte zu nennen. Nach dem Motto: „Wir haben einen Mitschüler, der sieht genauso aus wie der Hauptdarsteller." Das war keine gute Idee. Ich hab wieder direkt zugeschlagen. Er hat mir erzählt, dass das sogar bei ihm zu Hause Thema war. Das hat er mir mehr als 30 Jahre später erzählt, was ich total toll von ihm fand. Aber ich hab an der Schule einen anderen Status gehabt. Ich weiß nicht warum, es war irgendwie anders.

Die Lehrer haben auch nicht mitgekriegt, was zwischen uns gelaufen ist. Wenn dann mal was war, haben wir das untereinander geklärt. Ich hatte da auch nie so große Probleme und nicht so viele Kloppereien. Wenn etwas passierte, haben sich meine Mitschüler vor mich gestellt. Es hatte sich, warum auch immer, verändert. Außerdem hatte ich einen guten Freund. Der Michael kam aus Mülheim. Mit dem war ich oft unterwegs, auch bei den Falken.

Insgesamt war Schule für mich der reinste Horror. Schule war für mich Katastrophe. Da krieg ich heute noch Gänsehaut. Allerdings gab es da noch eine andere Seite. Ich bin gern hingegangen, weil ich dann weg von Eva war. Ich hatte natürlich auch Freunde, die hinter mir standen. Deswegen bin ich gleichzeitig auch gerne in die Schule gegangen. Um meine Freunde zu sehen, um zu spielen, Blödsinn zu machen. Und zu Hause war ich einfach nicht gerne. Ich bin nach Hause gekommen und sofort rausgegangen. Aber Schule an sich – hinsetzen und lernen – war nichts für mich. Ich hab Schulverweigerung betrieben, hab keine Hausaufgaben gemacht. Ich kann mich nicht mal daran erinnern, dass ich jemals Hausaufgaben gemacht habe. Darin lag natürlich auch ein permanentes Konfliktpotenzial, wenn du einen Schüler hast, der nie Hausaufgaben macht.

Ich denke, das war ein Teil meines Widerstandes, Teil der Weigerung. Ich konnte vieles aber auch nicht. Meine Rechtschreibung war eine totale Katastrophe. Jedes Mal 70 Fehler, egal, was ich geschrieben hab. Bei Heribert habe ich zum Beispiel sehr viel Deutsch geübt. Er hat mit mir Diktate geschrieben noch und noch. Wenn er mich gefragt hat: „Wie wird das Wort geschrieben?", konnte ich das mündlich buchstabieren. Sobald es aufs Papier ging, war es eine Katastrophe. Bei einem meiner Brüder wurde Legasthenie diagnostiziert. Bei mir aber nicht. Ich bin allerdings nie darauf getestet worden. Ich glaube auch nicht, dass ich das habe. Ich glaube, der Grund lag woanders. Ich bin nach Deutschland gekommen, meine Erstsprache war aber Englisch. Ich kam aus dem Englischen, musste auf einmal Deutsch reden. In der Waldorfschule wurde damals schon in der 1. oder 2. Klasse Englisch unterrichtet. Das Englisch, das ich kannte, war aber kein Oxfordenglisch, sondern das gesprochene amerikanische Englisch. Dann wurde mir gesagt, das sei falsch. Das war also auch falsch. Alles, was ich gemacht habe, war falsch. Ich konnte nichts richtig machen. Mathe ging noch einigermaßen. Darin war ich gar nicht so schlecht. Ich war durchaus in der Lage, Aufsätze zu schreiben; ich machte das eigentlich auch gerne. In der Waldorfschule legte man sehr viel Wert auf künstlerische und musische Betätigungen. Auf einmal wurde mir gesagt, dass meine Bilder alle schlecht seien, weil ich die falschen Farben gewählt hätte. Du durftest nicht mit einem knalligen Rot malen, das war zu aggressiv. Das war Brainwashing! Ich bin immer noch sauer. Das war für mich der blanke Horror.

Ich war noch sehr jung, als ich zur Waldorfschule ging. Es gab diese lange Anfahrt, bei der ich mich gefragt habe: „So, was passiert denn heute?" Es war ja klar, es passierte immer etwas. Schule war für mich von Anfang an ein einziger Spießrutenlauf. Spießrutenlauf ist der richtige Begriff. Meine Mitschüler haben das ausgenutzt. Zumindest die, die mit mir nicht zurechtkamen, und das auch Klassen übergreifend. Da konnte mich keiner schützen. Ständig gab es diese Sprüche: „Der sieht doch gar nicht aus wie ihr. Der gehört nicht zu euch. Er kommt doch von woanders her. Der sieht aus wie ein Sarottimohr."

Mein Bruder Clemens hat das einmal so richtig mitbekommen. Das war im Falkenzeltlager in Schweden. Und da ist es zwischen uns Falken und den Dorfjugendlichen zu einer Auseinandersetzung gekommen. Warum, weiß ich überhaupt nicht mehr. Auf jeden Fall ist mir dann ein Jugendlicher, der deutlich älter war als ich, mit den Worten „Du Nigger" in die Brust gesprungen. Da war Clemens schwer schockiert. Meistens hat das aber keiner richtig mitbekommen. Im Schwimmbad haben ältere Kinder mir den Arm festgehalten und eine Kippe darauf ausgedrückt. Absoluter Horror! Absolute Katastrophe! Die Kids haben das umgesetzt, was sie von ihren Eltern gelernt haben. Das kommt einfach so, dass die dich rassistisch beleidigen. Das lernen die ja von irgendwoher. Und das wusste ich schon sehr früh. Warum auch immer. Es war Horror, einfach nur Horror. Nackter blanker Horror! Das alles im gesellschaftlichen Zusammenhang zu sehen, hab ich bei aller Politisierung nicht wirklich verstanden. Das hab ich erst reingekriegt, als meine leibliche Mutter mich gefragt hat: „Was haben die da gemacht? Die haben 20 Jahre nach dem Zweiten Weltkrieg ein schwarzes Kind nach Deutschland geholt? Das muss ja der absolute Horror gewesen sein." Sie hat mir erst die Augen geöffnet. Und wegen all dieser Erfahrungen habe ich mir viele Jahre nichts mehr zugetraut.

6 Die Adoptivmutter II

„Ich habe sehr große Angst vor Eva Kisselbach und ihren Gewaltausbrüchen gehabt. Das hat sich aber geändert. Ich habe irgendwann einfach angefangen, die Strategie zu entwickeln: Wenn sie mich schlägt, lache ich sie aus. Ich habe sie ausgelacht und gesagt: „Mach doch mehr, hau doch stärker, hast du nicht mehr drauf?" Ich habe sie einfach provoziert in dieser Situation. Das ist einmal so weit eskaliert, als ich sie ausgelacht und heftig provoziert habe, nachdem sie mich geschlagen hatte, dass sie heulend zusammengebrochen ist. Ich bin in mein Zimmer gegangen, und eine oder zwei Stunden später kam sie zu mir, hat sich bei mir ausgeheult und im Prinzip bei mir entschuldigt. Danach hat sie mich nicht mehr geschlagen.

Die Veränderung hatte aber eigentlich schon vorher stattgefunden, als ich eine Zeit lang bei Heribert und Christa gelebt hatte. Da wurde ich nicht geschlagen, da ist vernünftig mit mir umgegangen worden, das war ein gutes Verhältnis, das war eine gute Zeit. Als ich dann zurückkam, hatten diese Prügelexzesse von ihrer Seite aus schon aufgehört – warum auch immer. Diese richtigen Misshandlungen, die sie in Göttingen durchgezogen hat, diese Kellersituationen, wo sie mich mit dem Gürtel geschlagen hat, die gab es da schon nicht mehr. Sie hat mich zwar noch verprügelt, aber nicht mehr in dieser Heftigkeit, in dieser Brutalität, in diesem Ausmaß. Es kam aber immer mal wieder vor, und dann ist die Situation zwischen Eva und mir recht schnell explodiert. Ich hatte schon früh die Strategie wegzulaufen; bin immer von zu Hause weg. Das erste

Mal war ich sieben Jahre alt, und da bin ich natürlich am Abend noch nach Hause zurückgekommen. Sie war danach sehr freundlich zu mir, sehr nett, weil sie anscheinend Angst gehabt hatte. Ich hatte aber mit absolutem Terror gerechnet, was nicht passiert ist. Als ich dann in Heiligenhaus war, habe ich das weitergemacht. Immer wenn es Probleme gab in der Schule oder zu Hause, bin ich weggelaufen. Ich bin abgehauen, bin nächtelang nicht nach Hause gekommen, habe auf der Straße oder auf einem Autoschrottplatz gepennt. Eva hat ein paar Mal die Polizei rufen müssen, um mich zu suchen. Die haben mich aber nicht gefunden, weil ich wusste, wo ich mich verstecken kann. Alle paar Tage bin ich nach Hause gegangen, weil ich Hunger hatte, weil ich mich waschen musste. Du kannst nicht komplett auf der Straße leben.

Zwischen Eva und mir bestand die Kommunikation nur noch aus Schreien, aus Anbrüllen wegen kleinster Kleinigkeiten – vor allem von meiner Seite aus. Ich hatte mir nämlich überlegt: „Okay, du musst das jetzt so lange treiben, bis die dich rausschmeißt, bis die dich zurück in ein Heim gibt." Ich wollte wirklich zurück in ein Heim. Eines Morgens, als Eva bei der Arbeit war, habe ich mir von der Terrasse einen Stein genommen und eine Fensterscheibe eingeschlagen, damit ich in ihr Zimmer einsteigen und meine Papiere, meinen amerikanischen Pass rausholen konnte. Zu der Zeit hatte ich noch keine deutsche Staatsbürgerschaft. Das haben aber Nachbarn mitgekriegt und Eva informiert. Eva kam dann wutentbrannt in die Schule. Ich sah sie kommen, die Tür ging auf, sie stand da und wollte, dass ich rauskomme, mit ihr rede. Ich bin mit meinem Klassenlehrer rausgegangen und sofort losgerannt, ihr weglaufen, damit sie mich nicht kriegt. Sie hätte mich auch nicht gekriegt. Dann ist aber ein Freund von mir hinter mir hergerannt, und ich war so in Rage, in Wut, voller Adrenalin, dass ich mich einfach rumgedreht und ihm in den Unterleib getreten habe. Das war natürlich ein Versehen. Eigentlich wollte der mich nur festhalten, nach dem Motto: „Andreas, mach keinen Blödsinn!" Das war kein toller Auftritt für die Lehrer, die danebenstanden. Eva wollte mich dann zum Psychiater bringen.

Als ich angefangen habe zu lachen, wenn sie mich geschlagen hat, war das für mich ein absolutes Vergnügen, die Verzweiflung dieser Frau zu sehen, nicht nur zu sehen, sondern zu fühlen: So – ich habe das Heft des Handelns hier in der Hand. Sie ist nur noch ausgerastet. Das war ein Fest. Zu sehen, wie sie austickt. Und gleichzeitig konnte sie mir nichts anhaben. Für mich war klar, wenn ich zurückschlage, werde ich ein Problem kriegen. Also habe ich diese Frau nie angepackt. Ich hätte über die Jahre genug Gründe gehabt, und die körperliche Kraft hatte ich auch. Die nötige Entschlossenheit, jemanden zu schlagen, hatte ich bis dahin schon oft genug in meinem Leben bewiesen. Aber für mich war klar, ich werde sie nicht anpacken. Für mich war ganz wichtig: „Mach keinen Fehler", weil die mich platt gemacht hätte. Und es war wirklich schön zu sehen, wie sie mehr und mehr die Kontrolle verlor, wie sie mich nicht mehr in den Griff kriegen konnte. Es war für sie die absolute Katastrophe.

Meine Reaktion, dieses Lachen, damit kann man zunächst einmal gar nicht umgehen. Du rechnest mit allem, aber du rechnest nicht damit, dass dein Opfer dich auslacht und sogar noch auffordert, weiter zu schlagen: „Schlag doch weiter, du hast doch nichts drauf, mach doch!" Ich habe ihr im Prinzip ihre Waffe aus der Hand genommen. Ihre Waffe war, mich zu misshandeln, mich zu verprügeln. Und diese Waffe habe ich ihr aus der Hand genommen, indem ich einfach gesagt habe: „Du kannst machen, was du willst; das klappt nicht!" Heute würde ich sagen, dass das Momente waren, an denen ich Handlungsmacht und Selbstermächtigung gespürt habe. Da hat sich auch etwas innerlich für mich geändert.

Aber zu dieser Selbstermächtigung gehörte auch das Abhauen. Abhauen war ganz wichtig. Ich musste immer viel zu Fuß gehen. Wir haben ja nicht direkt in Heiligenhaus gewohnt, sondern drei bis vier Kilometer von dort weg. Es gab keine Busverbindung. Das heißt, du hattest immer einen Fußweg von mindestens einer halben Stunde. In dieser Zeit kannst du denken, und da habe ich mir immer etwas ausgemalt. Meine Fantasie war: Ich will da weg, ich will da raus, ich will da ausbrechen. Ich habe mir den Plan ausgedacht, es so weit zu treiben mit dem Schuleschwänzen, mit dem Abhauen, bis sie aufgibt und mich rausschmeißt.

Ich hatte in meiner Schulklasse ein paar Freunde, die waren im SOS-Kinderdorf. Die habe ich mal besucht und fand die Situation da von außen als Besucher sehr nett. Die hatten Wohngruppen, und das war so eine nachgespielte Familiensituation. Es gab die Betreuer, die mit den Jugendlichen zusammenlebten. Die hatten ihr Taschengeld, was immer ein Riesenthema zwischen meinen Brüdern und mir auf der einen und Eva auf der anderen Seite war. Wir bekamen nämlich kein Taschengeld. Ich fand also die Situation im Kinderdorf total toll. Dann habe ich mich selber bei diesem Heim vorgestellt und gefragt: „Könnt ihr mich hier aufnehmen?" Das haben die aber nicht ernst genommen. Die hätten doch zumindest mal hingehen und nachprüfen müssen, warum ich da hinwollte. Warum will ein Junge freiwillig in ein Kinderheim? Das ist aber nicht passiert, das ist auch nicht überprüft worden. Einfach mal vorbeigehen, Jugendamt hinschicken. Es gab eine Frau beim Jugendamt in Heiligenhaus, die mit Eva zusammengearbeitet hat. Aber sie hat sich nie mit mir unterhalten: „Warum bist du so unterwegs? Warum schwänzt du die Schule? Warum verprügelst du andere Kinder?" Da ist niemals bei mir nachgefragt worden.

Als Eva dann das Ruder immer weiter entglitt und es in der Schule immer dramatischer wurde, hat sie mich zu einem Psychiater geschleppt. Ich habe mich natürlich am Anfang dagegen gewehrt, weil ich dachte: „Leute, ich bin nicht krank, ich gehe nicht zum Psychiater." Das ist natürlich auch erst mal so ein Ding, einem Jugendlichen zu sagen: „Du musst zum Psychiater, du musst zum Therapeuten." Das wehrst du erst mal ab – nach dem Motto: „Ich bin nicht verrückt, ich bin normal, ich bin gesund!".

Ich bin dann aber zu diesem Psychiater gegangen, zuerst, weil ich musste, und irgendwann sogar freiwillig, weil ich ein ganz gutes Gefühl bei ihm hatte. Ich konnte mit ihm reden. Wenn ich heute im Nachhinein darüber nachdenke, dann sehe ich das alles etwas anders; aber damals bin ich freiwillig und regelmäßig zu diesem Menschen gegangen. Der hat daraufhin – was du als Jugendlicher oder als Kind nicht begreifst – irgendwelche Gutachten über mich geschrieben.

Die Situation ist dann weiter eskaliert. Ich bin zur Schule gegangen oder hab vielmehr geschwänzt und bin dann mit meinem guten Freund Jacki zusammen von der Schule geflogen. Er hat immer gesagt: „Ich bin Zigeuner." Für ihn war das keine Beleidigung, und zu der Zeit wusste ich auch noch nicht, dass das eine Beleidigung ist. Das hat uns irgendwie verbunden, dass wir uns beide als Outsider in dieser Schule, in dieser Gruppe, auch in diesem kleinen Kaff gefühlt haben. Was Eva sofort versucht hat zu hintertreiben. Eva war sehr intrigant, würde ich heute sagen. Sie hat Sachen behauptet, die dieser Freund angeblich über mich erzählt hatte, die nicht stimmten. Das hat dann zwischen uns Jungs zum Streit geführt, den wir aber wieder in den Griff gekriegt haben. Wir hatten noch einen dritten, *weißen* Freund, Jochen. Wir drei waren schon schwierig für Lehrer.

Es gab dann diese Schulkonferenz, auf der darüber entschieden wurde, ob wir aus der Schule rausgeschmissen würden oder nicht. Das war im Nachhinein fast schon witzig, weil wir in einem Klassenzimmer gesessen haben, während die Konferenz stattfand. Wir beiden „Anderen" haben zu Jochen gesagt: „Jochen, mach dir keine Sorgen, du wirst nicht von der Schule fliegen." Jochen daraufhin: „Wieso? Natürlich werde ich genauso wie ihr rausgeschmissen." Aber wir meinten nur: „Nein, nein, mach dir keinen Kopf, dir passiert nichts, wir werden fliegen. Du bist Deutscher, und wir nicht, und so wird's passieren." Und genauso ist es dann auch gekommen. Jochen hat die Chance gekriegt, wir haben sie nicht gekriegt. Ich muss allerdings ehrlich dazu sagen, dass ich so weitergemacht hätte, auch wenn sie mir die Chance gegeben hätten. Ich bin weiter abgehauen von zu Hause, hatte keinen Unterricht, keine Schule. Eva hat zwischendurch immer wieder versucht, meine Brüder auf mich zu hetzen; was ihr teilweise auch gelungen ist. Für meine Brüder, die zu Hause waren, war das natürlich auch eine schwierige Situation zu sehen, wie zwischen ihr und mir alles immer mehr eskalierte. Dann gab's einen Morgen, ich war 14 Jahre alt, an dem hat Eva mich sehr früh, so um halb sechs, geweckt und zu mir gesagt: „Andreas, steh bitte auf." Mich zum Aufstehen zu bringen war schwierig. Ich schlief gern, ich schlief viel, und Schlafen war für mich auch ein Fluchtpunkt. Im größten Stress, im größten Terror konnte ich immer noch schlafen, und das war sehr, sehr gut.

An dem Morgen musste man mich aber nur einmal wecken, weil Eva mir sagte: „Andreas, steh bitte auf, wir wollen uns ein Internat angucken." Ich bin sofort aufgestanden, weil es eigentlich genau das war, was ich wollte. Ich wollte da weg, und ein Internat wäre mir recht gewesen. Ich bin aufgestanden, zum Frühstück gegangen; einige meiner Brüder waren auch da. Und dann kam ein Mann rein, den ich nicht kannte; später hat sich herausgestellt, das war Evas Rechtsanwalt. Wir sind ins Auto gestiegen, und ab dann weiß ich nicht mehr viel. Wir sind stundenlang Auto gefahren, mir war ganz nebelig im Kopf, bis wir irgendwann in Mannheim angekommen sind. Wir standen vor einem riesigen Haus, einem Flachbau, einem Plattenbau: Kinder- und Jugendpsychiatrie Mannheim. Das habe ich irgendwie gecheckt beim Reingehen, aber noch nicht wirklich. Ich war noch nicht wirklich da und komme dann in dieses Haus rein und sitze auf einmal in einem Behandlungsraum vor einem Menschen mit weißem Kittel. Der sagte mir dann in freundlichem Ton: „Du musst jetzt erst einmal ein bisschen hierbleiben." Und ich wusste sofort, irgendwas stimmt hier nicht, irgendwas läuft hier falsch. Das ging für mich gar nicht, und ich bin ausgeflippt, bin aufgesprungen, zur Tür gerannt und aus dem Behandlungsraum raus zur nächsten Tür, die abgeschlossen war. Ich bin richtig abgegangen. Dann kam ein Jugendlicher, der war 17, 18, legte mir die Hand auf die Schulter und meinte: „Ey, mach keinen Fehler." Und ich hab gecheckt, ich bin in der Psychiatrie. Ich bin mit dem Jugendlichen eine Zigarette rauchen gegangen und hab mich langsam beruhigt.

In der Psychiatrie gab es zwei Abteilungen, eine für Kinder, eine für Jugendliche, und mich haben sie in die Kinderabteilung gesteckt. Die Kinder dort waren zwischen sieben und zwölf Jahre alt. Da passte ich eigentlich nicht mehr rein. Mich haben die aber da reingepackt. Im Prinzip war das wie Knast. Ich hab mich total gewundert, dass mein Koffer schon da war. Ich hatte immer noch nicht kapiert, was passiert war, wie ich dort hingekommen bin. Ich hab dann mit denen geredet, und sie haben mir versprochen: „Sobald ein Platz in der Jugendlichenabteilung frei wird, verlegen wir dich, weil du hier eigentlich nicht reinpasst." Das haben sie aber nicht gemacht. Ich durfte schließlich teilweise rüber in die Jugendlichenabteilung, musste aber in der Kinderabteilung schlafen und essen. Aber die Leute, mit denen ich mich verstanden habe und die in meinem Alter oder ein bisschen älter waren, die waren in der Jugendlichenabteilung. Man muss dazu sagen, dass ich von meiner Entwicklung her auch einfach zu weit war. Ich hatte zu viele Sachen erlebt, gesehen und erfahren, die nicht kindgerecht waren. Deshalb war ich ganz anders als die Kinder in dieser Abteilung, die z. B. mit zehn Jahren noch Bettnässer waren. Auf jeden Fall haben sie mich mit diesen Versprechen immer hingehalten, es aber nicht eingehalten.

Das Ganze war wie ein Knast, weil du eigentlich immer eingeschlossen warst. Du konntest zum Beispiel Tischtennis spielen, warst aber unter Beobachtung, du konntest da nicht raus. Ich wollte aber abhauen. Nach zwei Wochen bin da eingeschult worden. Zum Unterricht bist du morgens von deinem Lehrer abgeholt worden. Er hat sich mit dir in den Fahrstuhl gesetzt, ist mit dir und den anderen Kindern und Jugendlichen, die unterrichtet wurden, runtergefahren. Du bist dann unten durch eine Vorhalle, in der die Rezeption war, marschiert, ganz kurz aus dem Haupthaus raus und in ein Nebenhaus reingegangen. Mittags ging's den umgekehrten Weg wieder zurück. Das war die Lücke für meinen Weg nach draußen. Nach zwei Wochen bin ich abgehauen, indem ich mir morgens einen Plan gemacht habe: „Okay, du fährst mit runter und lässt dich zurückfallen, wenn die Gruppe aus dem Fahrstuhl rausgeht. Der Lehrer sieht das nicht, der geht ja schön vorne; und dann lässt du die in den Flachbau gehen und machst den Abgang." Das hat hervorragend funktioniert.

Ich bin dann erst zum Bahnhof gegangen und dann mit dem Zug schwarz bis nach Köln zurückgefahren. Ich kannte zwar den Weg nicht, aber ich hatte ja einen Mund zum Reden. Mit Fragen hatte ich nie ein Problem. Ich habe mich zum Bahnhof durchgefragt, bin zum Bahnhof gegangen, habe mich ohne Fahrkarte in einen Zug nach Köln gesetzt. In Ludwigshafen haben sie mich aber erwischt, und das bedeutete, dass die mich zur Bahnhofspolizei bringen würden. Ich bin dann erst mal im Zug ganz ruhig geblieben, aber sobald die Tür aufging, bin ich losgerannt und weggelaufen. Dann bin ich ein Stück weit getrampt; ich weiß gar nicht mehr, wie weit. Habe mich dann wieder in den Zug gesetzt, weil ich den ganzen Tag durch die Gegend gelaufen bin und müde war. Ich weiß gar nicht mehr, wie ich mich orientiert habe ohne Karte. Natürlich bin ich wieder erwischt worden, aber dann haben sie mich mit nach Köln genommen. In Köln habe ich das Gleiche gemacht. Ich bin wieder von den Schaffnern erwischt worden, die waren ganz freundlich, ich war ganz nett, ganz lieb. Die Tür ging auf, und Andreas ist weggerannt. Ich bin nach Overath getrampt bzw. mit der Bahn nach Bensberg gefahren.

Irgendwann in der Nacht bin ich in Heiligenhaus angekommen und in unser Haus eingestiegen. Meine Brüder und ich wussten immer, wie man in das Haus reinkommt, ohne dass Eva das merkt.

Und das habe ich gemacht und war dann ganz verunsichert, was ich da tue. Ich bin einfach nur verzweifelt nach Hause gegangen, weil ich nicht wusste, wohin. Woher bekomme ich Essen und Trinken? Du musst irgendwo hin. Ich habe mich oben im Wohnzimmer unter die Couch gelegt, um zu überlegen: „Was tust du jetzt?" Ich wusste nicht mehr weiter. Das hat Eva aber irgendwie gecheckt und war dann sehr freundlich zu mir. Sie hat mir versprochen, mich nicht zurück nach Mannheim zu bringen, was ich ihr natürlich nicht geglaubt habe.

Am nächsten Tag, als ich ausgeschlafen war und etwas gegessen hatte, bin ich wieder abgehauen und habe Freunde besucht. Das waren Schausteller auf der Kirmes. Eva hat natürlich die Polizei informiert, und die hat mich vier Tage gesucht. Meine Freunde und ich haben uns Zelte organisiert und in der Nähe gezeltet. Ein anderer Freund, der auch Sinto oder Rom war, ist mit abgehauen. Den haben sie aber gekriegt, und die Polizei ist überall rumgefahren und hat Leute gefragt, ob sie wüssten, wo ich bin. Einer hat der Polizei verraten, wo ich war, und sie haben mich abgeholt und auf die Polizeiwache nach Bensberg gebracht. Da waren alle sehr freundlich zu mir. Ich war vollkommen fertig, platt. Es war Abend, und die Polizisten haben mir ihre Pausenbrote gegeben und mich vor meinem Freundeskreis gewarnt. Ich hatte zu der Zeit schon angefangen, mich in so einem Kleinkriminellenmilieu zu bewegen. Irgendwie musst du dich durchschlagen. Ich habe geklaut, um mir mein Essen zu organisieren, bin aber nie erwischt worden. Die Polizisten haben mir lange ins Gewissen geredet und waren mir gegenüber auch nicht rassistisch, womit ich nicht gerechnet habe. Die behandelten mich eher nach dem Motto „armer Junge".

Sie haben Eva angerufen, und sie hat mit mir gesprochen. Ich wollte zurück nach Hause. Eva hat aber gesagt: „Nein, du gehst zurück nach Mannheim!" Das wollte ich auf keinen Fall, und habe ihr versprochen: „Ab jetzt benehme ich mich und versuche, mich an alle Regeln zu halten." Aber sie hat mir nicht mehr geglaubt und mich noch in der Nacht mit einem Krankenwagen nach Mannheim zurückbringen lassen, wo ich insgesamt fünf Wochen geblieben bin. Eine Betreuerin dort hat mich gewarnt: „Wenn du jetzt nicht aufpasst, wenn du noch einmal abhaust, dann hast du ein Problem! Dann müssen wir ganz anders mit dir umgehen." Das hat mir hochgradig Angst gemacht, denn als Kind hast du Dinge im Kopf wie Gummizelle usw. Für mich war eines klar: „Ich will nicht in der Psychiatrie landen. Ich gehe lieber in den Knast als in eine Psychiatrie." Ich war überzeugt, in der Psychiatrie machen sie dir das Gehirn zu Suppe. Das war meine Vorstellung.

Während der fünf Wochen haben die mich untersucht. EEG, Hirnströme gemessen. Permanent. Ich habe ein paar Mal diese Dinger am Kopf gehabt, als sie mir die Hirnströme gemessen haben. Morgens habe ich ein paar Stunden Unterricht gehabt und sonst einfach nur meine Zeit abgesessen. Eine Art Therapie gab es nicht. Bei den Untersuchungen haben sie dann wohl festgestellt, dass ich ein Nierenproblem habe. Das hätte gut sein können, weil ich tage- und nächtelang auf der Straße verbracht habe, gepennt oder mich dort rumgetrieben habe. Aber diese permanenten Untersuchungen an meinem Kopf haben mich schier bekloppt gemacht. Dann haben sie noch Reaktions- und Reflextests mit mir gemacht, mich also neurologisch durchgecheckt. Sie haben versucht, eine medizinisch-biologische Erklärung für mein Verhalten zu finden. In meiner Erinnerung ist es so, als hätte ich permanent diese Intelligenztests machen müssen oder Tests, in denen es um Logik ging. Irgendwann saß ich da und hatte ein schockierendes Gespräch mit einer Psychologin. Ich hatte die Tests gemacht mit so einer Keinen-Bock-Haltung – wie es bei Jugendlichen halt so ist. Ich war nicht doof und habe das auch ganz gut hingekriegt.

Das Fazit der Psychologin war: „Ja, der ist intelligent, aber irgendwas stimmt mit dem nicht." Und zu mir hat die Frau dann gesagt: „Das Einzige, was dir noch hilft, ist die Betreuung in einem heilpädagogischen Heim. Sonst wird aus dir nichts." Das war der

Standardrat, den Eltern dort bekamen. Das war schon fast witzig. Immer wenn die Kinder rauskamen, habe ich sie gefragt: „Und, was ist gewesen?" „Die haben gesagt, ich muss in ein heilpädagogisches Heim." Das war Standard, das wurde jedem empfohlen. Als Eva dann kam, gab's diesen Rat auch wieder. Mit mir hat sich keiner unterhalten: „Wieso bist du so drauf, warum haust du permanent ab?" Man hätte ja mal nachfragen können, dann wäre vielleicht rausgekommen, dass Eva mich massiv misshandelt hat. Du gehst als Kind nicht hin und bläst das in die Welt rein, das ist dir superpeinlich.

Es gab in der Zeit eine Situation mit Eva, die zeigte, wie ambivalent ihr Verhältnis zu mir war. Manchmal wollte sie mir auch zeigen, dass sie mich wirklich mag. Ich galt in Mannheim als besonders schwierig, als besonders gefährlich. Eva wollte mit mir in Mannheim spazieren und alleine was essen gehen. Da haben die gesagt: „Nein, das geht nicht, der läuft Ihnen weg." Sie hat erwidert: „Nein, der läuft mir nicht weg!". Eva hat sich auch von Ärzten nie etwas sagen ließ. Also schlugen die vor: „Wir geben Ihnen einen Betreuer mit." Sie hat das abgelehnt: „Nein, ich gehe nicht mit einem Betreuer raus. Entweder gehe ich mit meinem Sohn alleine raus, oder das läuft nicht." „Dann aber nur auf eigene Gefahr, das müssen Sie unterschreiben." „Klar, auf eigene Gefahr." Ich bin dann auch nicht weggelaufen, weil ich nicht blöd war. Ich wusste: Wenn ich jetzt noch irgendeinen Fehler mache, habe ich ein Problem, dann machen die mich fertig. Mannheim war wirklich Bedrohung. Wir sind dann nachmittags weggegangen, und das war auch ein netter Nachmittag, das war in Ordnung, da ist sie nett mit mir umgegangen. Abends hat sie mich zurückgebracht, und ich habe meine Zeit abgesessen.

Als ich rauskam aus der Psychiatrie, hat mir mein Bruder Matthias erzählt, dass der Arzt vor der Abfahrt nach Mannheim Eva eine Tablette gegeben hat, die sie mir morgens in den Tee tun sollte. Er hat das mitgekriegt und meinte, er sei ausgeflippt, als er gesehen

Andreas kurz nach seiner Entlassung
aus der Psychiatrie in Eschwege

hat, dass Eva mir was in den Tee geschmissen hat. So hat sie mich nach Mannheim verfrachtet. Sie hätte mich nie dahin gekriegt, wenn sie mir gesagt hätte: „Ich fahr dich in die Kinder- und Jugendpsychiatrie." Da wäre ich weg gewesen. Ich habe Eva später gefragt: „Stimmt das?". Und sie hat geantwortet: „Ja. Ich hätte dich sonst nicht da reingekriegt." Letztendlich ist die ganze Sache vermutlich so gelaufen, dass der Psychiater die Einweisung in die Psychiatrie empfohlen hat. Das eigentliche Gutachten für die Einweisung hat aber ein Internist geschrieben, der mich nie gesehen, der sich nie mit mir unterhalten hat. Es gab ein Gutachten nach Aktenlage. Aber ich war kein toter Gegenstand, man hätte sich mit mir unterhalten können. Der Psychiater hat mit mir geredet, aber ich weiß nicht, was der geschrieben hat. Der hätte sich die Situation in der Familie Kisselbach genauer ansehen müssen, schauen, was da nicht stimmt. Der hat an der Stelle einen fahrlässigen Job gemacht. Da ist nie die Familie als Ganzes betrachtet worden. Eigentlich war ich derjenige, auf den alles projiziert wurde. Jahre später dachte ich: „Ich hab sogar noch ‚Glück' gehabt!" Also „Glück" in fetten Anführungsstrichen. Meine Brüder sind alle durch die Bank schwer traumatisiert worden, von ihrer Familie, von ihrer Mutter und von ihrem Vater. Die haben ja auch schlimme Dinge erlebt. Sie haben es am eigenen Leib erfahren und mussten auch zusehen, was da mit mir, dem Adoptivbruder passiert. Ich hatte letztendlich das Glück, später sagen zu können: „Das sind nicht meine Eltern." Ich konnte mich anders abgrenzen. Das ist nicht meine Mutter und das ist nicht mein Vater. Bei Herrn K. habe ich viel schneller begriffen, dass er nicht mein Vater ist, weil er sich nie so benommen hat. Eva hat sich auch nicht so benommen, aber Eva in ihrer Ambivalenz... Da wirst du bescheuert drüber. Aber ich war zumindest in der Lage, in die innere Emigration zu gehen, mich in mich zurückzuziehen. Ich konnte mich später einfacher als meine Brüder davon lösen. Ich hatte immer meinen Plan, da auf Biegen und Brechen wegzukommen.

Auch als ich dann zu Christa und Heribert gezogen bin, zeigte sich Evas gespaltenes Verhältnis zu mir. Sie hätte doch eigentlich froh sein können, ihr Hauptproblem – aus ihrer Sicht – loszuwerden. Zuerst hat sie mich auch selber zu Christa und Heribert geschickt, damit ich aus den alten Strukturen hier rauskomme. Als ich mich da dann sicher und wohl fühlte und Christa mich zur Schule angemeldet hat, holte Eva mich unter Androhung von Polizei wieder raus. Ich bin dann unter Tränen nach Köln gefahren. Dass Christa und Heribert viel besser mit mir zurechtkamen, hat sie als herben Prestigeverlust empfunden. Sie hätte in aller Öffentlichkeit vor ihrer Schwester sagen müssen. „Du kommst besser mit dem Andreas klar als ich." Und diese Schmach, diese Niederlage, hätte sie sich nie verziehen. Das war ein Konkurrenzding zwischen ihr und ihrer Schwester.

Vermutlich konnte sie mich auch nicht loslassen. Sie hätte mich in Denver loslassen müssen. Als sie mich nach Deutschland gebracht haben, bin ich entwurzelt worden, die haben mich ausgerissen, die haben mir meine Wurzeln gestohlen. Eva hat mich auf einen fremden Kontinent geschleppt. Und ich glaube, dass sie eigentlich wusste, dass es nicht richtig war, was sie gemacht hat. Ich glaube, sie war da zutiefst ambivalent. Einerseits erzählte sie mir den ganzen Tag: „Ich liebe dich wie meine anderen Söhne. Du bist genauso viel wert wie meine anderen Kinder. Bla, bla, bla." Wie ein Mantra! Man hört es und hört es und man glaubt es nicht, weil es auch nicht so ist. Aber das Verhalten war definitiv anders. Dennoch musste sie es mir immer wieder sagen.

Und ich war ein 14-Jähriger, der nicht wusste, wo er hin soll. Auf der einen Seite gab es den absoluten Hass auf Eva; aber nach außen hin hat sie mich geschützt. Ich bin mal beim Klauen erwischt worden; hab eine Packung Zigaretten geklaut. Die Polizei hat dann in meiner Tasche einen Schlagring gefunden. Den Schlagring hatte ich nur, das ist wirklich wahr, weil wir immer getrampt sind. Ich bin oft nachts sehr spät nach Hause gekommen. Zu der Zeit war ich schon Schülersprecher und abends noch auf Schulkonferenzen. Als ich einmal nachts nach Hause getrampt bin, hat mich einer mitgenommen und mir einfach mitten bei der Fahrt in den Schritt gefasst – ein absolut heftiger sexueller Übergriff. Mehr ist nicht passiert, aber danach hatte ich Schiss, dass so was noch mal passieren würde, und habe aus dem Wasserkran von einem Feuerlöscher in der Schule einen Schlagring gesägt. Den hatte ich immer in der Tasche, wenn ich getrampt bin. Wenn mich einer angepackt hätte, hätte ich durchgezogen. Als sie mich beim Klauen erwischt haben, haben sie diesen Schlagring bei mir gefunden. Ich hatte damit mal irgendwo gegengehauen, aber nie einen Menschen damit berührt. Aber die Polizei meinte: „Ha, du hast damit schon mal was gemacht, du bist kriminell." Sie haben da ein Riesending draus gemacht und mich nach Hause gebracht. Da hat Eva denen erst mal gesagt: „Sie kommen mir nicht mit Maschinenpistole ins Haus. Die können Sie wieder ins Auto packen. Sie kommen in mein Haus, aber nicht damit.". Da war sie sehr tough. Kurze Zeit später gab's eine Vorladung zur Polizei, und sie ist mit mir hingefahren. Da war ich völlig perplex, als sie angefangen hat, die Polizei zu belügen. Ich bin fast umgefallen. Sie hat sich hingesetzt und hat gesagt: „Okay, Diebstahl war nicht in Ordnung." Aber dann hat sie den Polizisten gesagt: „Ja, das mit dem Schlagring, das wusste ich; den habe ich meinem Sohn sogar erlaubt. Die machen damit Bruchtests, spalten damit Bretter; deswegen ist der auch angekatscht." Log, bis sich die Balken bogen, die Bullen an. Der Polizist hört sich das alles an und gibt mir den Schlagring sogar noch zurück. Sagt: „Okay, den kannst du wiederhaben." Ich meinte dann nur: „Nee, nee, ich will keinen mehr, ich habe keine Lust auf Ärger." Das waren diese anderen Botschaften, die Eva mir rüberbrachte. Nach außen hin hat sie mir immer klargemacht: „Du bist Schwarzer, aber du musst dir nichts gefallen lassen. Und das werde ich auch mit Zähnen und Klauen verteidigen." Ich glaube, sie wusste, dass sie Scheiße gebaut hatte mit der Entscheidung, mich nach Europa zu verpflanzen. Bei ihr war immer diese Haltung mir gegenüber zu spüren: Ich habe jetzt dieses Kind hier, ich kann es nicht ab, ich mag es nicht. Das hat sie mir Jahre später gestanden. Ich würde sagen, Eva und Herr K. haben mit meiner Adoption ein Verbrechen begangen.

Mit sechzehn bin ich dann endgültig raus – mein Befreiungsschlag –, und mit siebzehneinhalb ist die Entscheidung gefallen, Eva das Aufenthaltsbestimmungsrecht zu entziehen. Als ich von Christa und Heribert wegmusste, habe ich mir mit Eva zusammen ein heilpädagogisches Heim im Bergischen angeguckt. Die haben mir dort dieses Haus gezeigt, alles sehr idyllisch im Wald. Ich habe mich da aber einfach nicht wohlgefühlt, ich wollte da nicht hin. Uns wurde dann erklärt: „Also, das läuft hier so: Er wird erst mal aus der Schule rausgenommen, wir machen Arbeitstherapien. Und irgendwann, wenn wir meinen, er ist wieder beschulbar, dann kann er wieder in den Unterricht, dann kann er irgendwann seinen Abschluss nachmachen."

Aber das wollte ich nicht, ich wollte wieder normal zur Schule gehen, wollte meinen Abschluss haben. Und dann hieß es: „Ja, der braucht eine Therapie." Ich habe sofort geantwortet: „Nein, mache ich nicht." Sie haben auf mich eingeredet. „Du musst doch mit irgendjemandem reden, Du hast doch so eine schwere Vergangenheit und Biografie." Dazu meinte ich nur: „Das stimmt, ich muss auch mit jemandem reden. Aber nicht mit Ihnen, weil ich Ihnen nicht vertraue. Ich rede mit Leuten, denen ich vertraue." Das war so meine direkte Antwort. „Aber wir wollen dir doch nichts." Anscheinend habe ich in dem Moment die richtigen Worte gefunden. Ich bin nicht aggressiv geworden, bin nicht wütend geworden, ruhig geblieben.

Dann hat die Psychologin dort den größten Fehler gemacht, den sie machen konnte, als sie sagte: „Dass du so aggressiv und so schnell wütend wirst, liegt an deinem Temperament. Du bist ja halber Araber, halber Ire." Ich dachte nur: „Häh, was hat das mit Araber oder Ire zu tun?" Ich hatte über Rassismus noch nichts gehört, kannte diesen Begriff auch nicht. Aber an diesem Punkt war die Frau mir zutiefst unsympathisch. Da war für mich klar, mit der arbeite ich nicht. Die konnten mich nicht zwingen, weil ich nicht kriminell oder straffällig geworden war. Es wurde dann entschieden: Okay, du kriegst noch mal eine Chance in der Familie, normale Schule, aber die ganze Familie muss an einer Familientherapie teilnehmen. Die Idee war gar nicht dumm, das mal systemisch zu betrachten. Zu der Zeit habe ich nicht begriffen, dass das der erste vernünftige Ansatz war. Für mich war damals klar: Man macht keine Therapie, Therapie ist scheiße. Bin ich krank? In dieser Zeit ist es dann auch passiert, dass ich auf dem Weg zum Therapeuten beim Klauen erwischt wurde. Ich war zwei oder drei Mal bei dieser Therapie, nicht öfter. Meine Familie ist da jahrelang hingegangen. Aber ich habe in der Zeit keinen Scheiß mehr gebaut und dann schließlich meine Emanzipation erkämpft. Eva war es irgendwie ein Dorn im Auge, dass ich in der Schule mit den Lehrern so gut klarkam. Immer wenn ich mich wohlgefühlt habe oder mit anderen gut auskam, hat sie das nicht ausgehalten. Die Situation ist dann wieder eskaliert; dieses Mal war mein Bruder Clemens auf meiner Seite gegen Eva. Sie kam auf die Idee, uns wieder von der Schule abzumelden. Aber wir wollten das beide nicht. Wir waren auf so vielen Schulen, das ging nicht. Wir sind so oft rausgerissen worden. Es kam so weit, dass wir uns jeden Morgen am Frühstückstisch schon angeschrien haben. Mein Bruder und ich auf der einen, Eva auf der anderen Seite. Aber ich war nicht mehr allein. Als ich eines Nachmittags nach Hause kam, sagte sie: „Ich schmeiße dich raus!" Sie wollte mich nicht mehr im Haus haben. Es reiche. Ich hätte den Bogen überspannt. Ich hätte es zu weit getrieben. Sie könne nicht mehr, sie wolle nicht mehr, und ich müsse weg. Ich darauf: „Gut, alles klar, kein Thema. Nichts lieber als das!". Ich bin in mein Zimmer gegangen, habe einen Koffer gepackt, bin runtergegangen und dann hat sie mich noch zum Bus gefahren.

Ich glaube, sie hat gedacht, dass sie mir jetzt Angst macht. Das war der Schritt in ihre Niederlage. Das sage ich ganz knallhart. Sie hat nicht damit gerechnet, dass ich so ein gutes soziales Umfeld habe. Ich hatte die Falken auf meiner Seite. Das waren erwachsene Menschen. Meine Lehrer waren auf meiner Seite. Die Eltern meiner Freunde waren auf meiner Seite. Sie hat nicht damit gerechnet, dass ich von denen aufgefangen werde. Das hat sie gnadenlos unterschätzt. Sie hat gedacht, ich schmeiße den jetzt raus, er kriegt Angst und dann kommt er brav nach Hause. Sie würde mich damit in die Knie zwingen. Die Frau hat unterschätzt, mit wem sie es zu tun hat. Sie hat mich nicht wirklich begriffen. Sie hat geglaubt, ich würde kriminell werden, und sie könnte mich wieder in die Psychiatrie bringen.

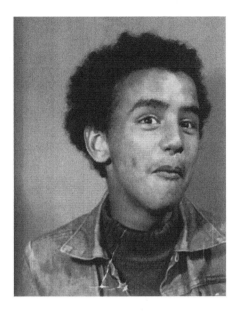

Der 16-jährige Andreas kurz nach seinem Rauswurf
aus dem Familienheim durch seine Adoptivmutter

Ich hatte zwar kein Geld, wusste aber, wie ich ohne sie überleben konnte. Ich bin bei Freunden untergekommen, bin brav zur Schule gegangen und habe meinen Job als Schülersprecher sehr ernst genommen. Ich war bei den Falken eingebunden. Die Lehrer meinten: „Du bist gut, du könntest besser in der Schule sein." Und Eva konnte gar nichts mehr machen. Das hat sie in den Wahnsinn getrieben. Für mich war klar, ich stelle nichts mehr an. Ich bin dann in Köln zum Jugendamt gegangen, weil Eva gedroht hatte, mich von der Polizei abholen zu lassen. Ich habe der Frau vom Jugendamt erzählt, was zwischen mir und Eva passiert ist. Sie war die Erste, die mir auch mal zugehört hat, die erste Person auf einer Amtsstelle, bei der ich das Gefühl hatte, dass ich offen mit ihr reden kann und sie mich nicht für krank oder irre hält. Sie hat mir geglaubt. Sie hat mir erklärt: „Wenn du allein wohnen willst, brauchst du eine Unterschrift von Frau Kisselbach, also von deiner Mutter. Wir zahlen dann Jugendhilfe, für Miete und Unterhalt." Ich habe Eva angerufen und gesagt: „Eva, ich brauche von dir die Unterschrift." Eva hatte immer mir versichert: „Du kannst eine eigene Wohnung nehmen, kein Problem." Das war ihr Angebot gewesen. Aber jetzt fing sie an, mich zu erpressen. Sie meinte, ich bekäme die Unterschrift nur, wenn ich bei meinen Freunden ausziehen würde. Ich habe geantwortet: „Ich kann nicht, wenn ich kein Geld habe. Ich kann keine Wohnung anmieten, wenn du mir nicht die Unterschrift gibst. Das ist die Voraussetzung, um an Geld zu kommen." Aber sie hat mich genau damit weiter erpresst. Ich habe nicht mehr gewusst, was ich tun sollte, und versucht, irgendwo anders unterzukommen. Dann kam Eva auf die Idee, dass ich mir ein Zimmer in ihrer Nähe angucken sollte. Das wollte ich auf keinen Fall. Sie hat mir mit der Polizei gedroht. Daraufhin hat die Mutter eines Freundes, die Juristin war, Paragrafen gewälzt. Sie hat mir erklärt, dass ich nur eine Chance habe, wenn ich gegen Eva Kisselbach eine Klage auf Entzug des Aufenthaltsbestimmungsrechts einreiche. Das habe ich mir dann überlegt. Klar hatte ich nicht das Gefühl, dass es meine Mutter ist. Aber du kommst davon auch nicht los. Und es ist deine Mutter in diesem Moment. Und gegen sie sollte ich eine Klage einreichen? Das ist ein verdammt harter Schritt für mich gewesen. Nachdem sie mir dann gedroht hatte, mich mit der Polizei abholen zu lassen, bin ich für zwei Tage abgetaucht und dann zum Gericht gegangen und habe die Klage eingereicht.

Es kam dann zu einem Treffen zwischen mir und Eva und der Richterin beim Amtsgericht Bergisch Gladbach. Ich war vor Eva da und saß schon im Raum mit der Richterin. Eva kommt rein und geht gleich ab wie eine Furie. Sie hat mich nicht angepackt, aber ist völlig ausgeflippt. „Undankbar, keiner meiner Söhne hat mich jemals verklagt, das geht ja gar nicht", macht sie die totale Szene vor der Richterin. Ich habe nur dagesessen, und das war gut so. Das war das Beste, was mir passieren konnte. Ich habe nicht zurückgeschrien, gar nichts. Auf jeden Fall war die Klage eingereicht. Das Witzige war: Sie konnte von einem Moment zum nächsten umswitchen. Wir sind raus aus dem Gericht gegangen, und sie hat mich mit dem Auto zur Straßenbahn gebracht, damit ich wieder nach Köln fahren kann. Im Auto haben wir uns auch nicht angebrüllt. Sie war wie Jekyll und Hyde.

Die Sache mit der Klage hat ewig gedauert. Ich war in der Zeit vollkommen abhängig von den Freunden, bei denen ich gewohnt habe. Das war mir peinlich, unangenehm. Mein Anwalt hat mich total im Regen stehen lassen, der hat wirklich nichts gemacht. Eine gute Freundin kam schließlich auf die Idee: „Du gehst morgen zum Richter (es war nicht mehr die Richterin zuständig), gehst in den Raum, redest ganz freundlich mit ihm und sagst ihm: ‚Ich gehe hier nicht raus, bis eine Entscheidung gefallen ist.' Du bleibst dabei aber ruhig und erklärst ihm deine Notlage." Das habe ich dann gemacht. Ohne Anmeldung. Durch Zufall hatte der dann anscheinend Zeit für mich. Ich habe ihm alles geschildert und erklärt, dass ich unbedingt diese Entscheidung brauche, jetzt. Ich müsste sonst kriminell werden. Ich habe ihm meine Notlage mit meinen eigenen Worten geschildert. Er hat noch versucht zu vermitteln. Wir haben gefühlt Stunden geredet. Irgendwann hat er sich die alten Unterlagen geholt und gemeint: „Stimmt, in einem halben Jahr sind Sie 18." Dann hat er mir die Unterschrift gegeben und gesagt: „Halbes Jahr, dann sind Sie 18; das macht ja eh nichts mehr aus, dann sind Sie volljährig." Das war für mich enorm wichtig. Eva hatte mir immer gedroht, dafür zu sorgen, dass ich gleichzeitig mit meiner Volljährigkeit entmündigt werde. Sie wollte, dass ich erst mit 21, 22, 23 volljährig werde. Zu der Zeit wusste ich gar nicht, ob sowas möglich ist oder nicht. Aber diese Drohung stand für mich im Raum und war für mich ein Horror. Warum die nicht hat loslassen können – ich weiß es nicht.

Ich war dann offiziell frei von ihr. Aber trotzdem war da noch was. Ich frage mich auch, warum da was war. Warum habe ich das noch zugelassen? Das begreife ich bis heute noch nicht so ganz. Es war nicht nur so, dass sie nicht loslassen konnte. Auch ich habe sie nicht loslassen können. Das muss man auch selbstkritisch so sehen. Da war irgendwas, das mich davon abgehalten hat zu sagen: „Weißt du was, für immer und ewig, leck mich, ich will dich nie mehr wiedersehen." Zuerst hatte ich tatsächlich gar keinen Kontakt mehr. Den hat sie dann wieder gesucht und kam bei meinem ersten besetzten Haus vorbei. Sie war vollkommen schockiert, wie ich da lebte, schlimmste Zustände und so weiter. Aber sie ist dann mit mir losgegangen, was einkaufen, und hat mir immer wieder signalisiert, dass sie Kontakt zu mir haben will. Ich habe das erstmal blockiert. Wenn sie kam, habe ich sie aber nicht rausgeschmissen. Dann sind wir mal Kaffee trinken gegangen, haben gequatscht. Eines Abends kam sie plötzlich zu Besuch. Ich meinte: „Hallo, ich habe jetzt eigentlich Training. Ich kann das aber auch ausfallen lassen." Und sie meinte: „Wieso, was trainierst du denn?" „Ich mache Kickboxen." Das fand sie total gut. Eva war sehr kampfsportbegeistert. Dann hat sie mich zum Training gefahren. Fand das einfach gut zu sehen, dass ich jemand bin. Sie hat ja immer rumerzählt, ich sei ein Junkie. Das habe ich alles erst später erfahren. Was die so in der Familie gestreut hat über mich, was alles nicht stimmte! Ich habe mal gekifft, aber ich war nie auch nur in der Nähe einer Drogenabhängigkeit. Das hat sie aber in der Familie verbreitet. Sie musste natürlich auch irgendwie eine Erklärung dafür liefern, warum zwischen ihr und mir absolute Funkstille herrschte und warum ich mich nirgendwo mehr blicken ließ.

Ich bin dann nach einiger Zeit nochmal mit ihr in Kontakt getreten. Ich habe ihr einen Brief geschrieben. Und zwar habe ich eine absolut dumme naive Aktion gebracht. Da frage ich mich heute noch: „Wie blöd kannst du gewesen sein?" Der WDR hat einen Film gedreht, in dem es um Generationskonflikte zwischen Eltern und den Jugendlichen, die in besetzten Häusern lebten, ging. Ich wollte mitmachen, denn es ging dabei auch um Geld. Jeder Cent, an den du damals rankamst, war wichtig. Die haben dann bei uns im besetzten Haus gedreht. Und die Eltern sollten unabhängig von uns interviewt werden. Ich Vollidiot hab mich darauf eingelassen. Wir haben aber ausgehandelt, dass wir den Film nochmal sehen würden, bevor er gesendet wird. Wir sind in dieses Vierscheibenhaus vom WDR gegangen und haben den Film angeschaut. Und da ist mir alles aus dem Gesicht geknallt. Ich hatte mich da hingesetzt, mit nichts Schlimmem gerechnet. Wirklich absolute Naivität! Ich guck mir diesen Film an und sehe, wie Eva Kisselbach total über mich abhetzt, aufs Übelste, Dinge erzählt aus meiner frühen Kindheit, als sie mich adoptiert hat. Ich sei so traumatisiert und krank gewesen. Ich sei noch nicht mal in der Lage gewesen zu lachen und zu spielen. Und sie machte dann auch so Bewegungen nach, wie ich dagesessen hätte. Ich war wirklich in Schockstarre! Ich stand da mit einer guten Freundin, die mich in den Arm genommen und gesagt hat: „Andy, was ist das denn?" „Ich weiß es nicht, ich weiß es nicht." Dann ist die Regisseurin zu mir gekommen und hat mich getröstet „Mach dir keine Sorgen, ich schneide die Frau raus." Sie hat Eva komplett rausgeschnitten. Eva Kisselbach ist in diesem Film nicht drin. Herr K. ist auch rausgeschnitten. Dann habe ich ihr einen langen Brief geschrieben, den ich leider nicht mehr habe. Darin hieß es aber: „Was willst du eigentlich von mir? Kämpfen habe ich von dir gelernt, du wolltest immer, dass ich kämpfe. Dass ich mich für meine Rechte einsetze. Und jetzt tue ich es. Das habe ich von dir gelernt." Das hat sie kapiert.

Von ihrer Seite kamen dann immer wieder Annäherungsversuche, die ich halbherzig zugelassen habe. Einmal war sie bei mir zu Hause und stand vor meinem Bücherregal, guckte sich meine ganze Literatur an. Da war viel zu Afroamerika, viel zu Afrika. Sie wusste, dass ich politisch aktiv war. Sie wusste auch, dass es das linksradikale Spektrum war. Damit hatte sie nicht wirklich Probleme. Sie stand vor dem Regal und brach in Tränen aus. Brach voll in Tränen aus. Ja, Entschuldigung und so weiter. Und da hat sie mir erzählt, dass sie mir einfach nicht zugetraut hat, mich zu bilden. Nicht geglaubt hat, dass mir Bildung wichtig ist. Bei der Gelegenheit hat sie mir dann das erste Mal gesagt, dass sie mich gehasst hat, dass sie mich als Kind gehasst hat. Ich habe das nicht wirklich an mich herangelassen, wie ich das oft mache in Situationen, die schwierig sind. Der Schock kommt dann später. Diesen Satz werde ich nie vergessen. Ich habe in der Situation auch nicht weiter nachgefragt, wollte nicht mehr wissen. In dem Gespräch hat sie auch gesagt, dass sie Hochachtung vor mir hat, weil ich mich da durchgekämpft habe. Die Frau konnte nur mit starken Persönlichkeiten umgehen. Das war also ein bitteres Kompliment. Einerseits ist es ja schön, wenn dir jemand sagt, dass du stark bist. Aber wenn dich jemand nur akzeptiert, weil du stark bist, ist das Dreck, finde ich. Das ist unmenschlich, das ist inhuman, das kann ich nicht ab. Eva hat mich offenbar bewundert, weil ich ihre Misshandlungen überstanden habe und stärker war als sie. Weil ich durchgehalten habe. Sie hat ihre Niederlage irgendwann gecheckt.

So war dieser Kontakt mal da, mal nicht da. Sie wusste, dass sie an mich nicht mehr richtig herankommt. Ich habe sie aber auch nicht komplett weggestoßen. Dann ist sie sehr, sehr krank geworden, hat Krebs gekriegt. War dann in allen möglichen Kliniken. Diese Krankheit hat sich über ein paar Jahre hingezogen. Wir hatten zum Schluss so ein Verhältnis, dass wir uns irgendwie respektiert haben. Ich habe ihr nie verziehen, was passiert ist. Ging nicht. Weil es einfach in mir arbeitet, das kommt hoch, das hat mein Leben geprägt, das hat mein Leben bestimmt, mich zu dem gemacht, der ich bin. Und das war einfach zu viel.

Zwei Wochen vor ihrem Tod, das war 1997, hat sie mich angerufen: „Andreas, ich werde sterben. Ich möchte dich sehen, ich möchte mit dir reden." Ich bin dann zu ihr gefahren und habe sie gefragt: „Was ist passiert, warum habt ihr mich adoptiert? Ich verstehe es nicht. Ich will es wissen, ich will jetzt einfach wissen, was Sache ist." Und da kam dann die ganze Sache raus, dass sie eigentlich ein Mädchen haben wollte. Dass ich ihr als hoffnungsloser Fall vorgestellt worden bin. Da brach auch die Lüge weg, dass ich angeblich so süß war. In Wahrheit hat man ihr einfach gesagt: „Das Mädchen ist nicht mehr zu haben." Und dann bin ich ihnen als hoffnungsloser Fall vorgestellt worden.

Sie hat mir in diesem Gespräch auch empfohlen, meine Mutter zu suchen. Ich habe gefragt: „Warum? Warum sollte ich das tun?" Sie meinte: „Back to the roots! Du brauchst Wurzeln." Dieses Gespräch war sehr hart für mich. Ich war vollkommen fertig. Ich bin morgens hingefahren und abends wieder zurück. Ich konnte keine Nacht in diesem Haus pennen, mit ihr unter einem Dach. Das war für mich nicht mehr drin, gerade nach diesem Gespräch. Sie hat mir nämlich nicht nur erzählt, dass sie mich gehasst hat. Sie wurde dann auch detaillierter und hat gemeint: „Ich konnte deinen Körpergeruch nicht ab; er war einfach widerlich, einfach ekelhaft." Ich habe ihr nur entgegnet: „Okay, stirb in Ruhe." Bin dann gegangen, bin einfach aus dem Haus gegangen. Sie ist gestorben, da war ich 34 Jahre alt. Ich habe damals immer versucht, sie als meine Mutter zu betrachten. Jetzt muss ich einfach erkennen, dass das von meiner Seite ein Fehler war. Heute frage ich mich, ob ich mich da nicht selbst verraten habe. Ich stand am Totenbett und habe mich gefragt: Du Arschloch, warum hast du mit der Frau deinen Frieden gemacht?

Ich habe meine richtige Mutter gefragt: „Warum habe ich der verziehen, wie naiv war ich eigentlich?" Da hat meine Mutter mich in den Arm genommen und gesagt: „Andy das war gut, das hast du für dich gemacht. Damit zeigst du, dass du nicht verbittert bist, dass du in der Lage bist, Menschen zu lieben, dass du nicht daran kaputtgegangen bist."

Afrodeutsch sein im Deutschland der 1950er- und 1960er-Jahre
Marianne Bechhaus-Gerst

Als Deutschland sich im Zuge seiner kolonialen Bestrebungen gegen Ende des 19. Jahrhunderts Gebiete auf dem afrikanischen Kontinent angeeignet hatte, kamen vermehrt Menschen afrikanischer Herkunft ins Land. Sie kamen zu Ausbildung und Studium, als Handwerker, Artisten und Musiker, als Darsteller/innen für Völkerschauen, als Seeleute und Hafenarbeiter, als politische Aktivist/innen und Besatzungssoldaten. Gerne gesehen waren sie zu keinem Zeitpunkt. Ihre Einreise sollte möglichst verhindert werden, und wenn diese gelang oder Afrikaner/innen von Kolonialbeamten, Missionaren oder Geschäftsleuten mitgebracht wurden, ging man in aller Regel davon aus, dass sie sich nur vorübergehend im Land aufhalten würden. Die Wirklichkeit sah aber anders aus.

Vor allem afrikanische Männer aus den deutschen Kolonialgebieten Togo, Kamerun und Deutsch-Ostafrika, vereinzelt aber auch aus anderen Regionen Afrikas ließen sich in Deutschland nieder, heirateten *weiße* deutsche Frauen und gründeten Familien. Für diese Menschen war es nicht einfach, ein Auskommen zu finden und damit die Existenz ihrer Familien zu sichern. Einigen wenigen gelang es, sich als Handwerker niederzulassen. Gerade die Akademiker unter ihnen konnten ihren erlernten Beruf nicht ausüben. In der Regel fanden sie nur dort eine Anstellung, wo sie wegen ihrer vermeintlichen „Exotik" gefragt waren. So arbeiteten sie häufig als Artisten, Tänzer oder Musiker im Zirkus und Varieté.

Viele waren aber auf finanzielle Unterstützung durch die Behörden angewiesen.[60] Mit dem Ende des Ersten Weltkrieges verschlechterte sich das ohnehin nicht günstige politische und gesellschaftliche Klima für Menschen afrikanischer Herkunft dramatisch. Deutschland hatte nicht nur seine Kolonien verloren, 1919 besetzten zudem französische Truppen das Rheinland, und mit diesen Besatzungstruppen kamen auch afrikanische Soldaten ins Land. Im Zuge einer beispiellosen rassistischen Propagandawelle wurden diese Soldaten als „Seuchenträger" und die ihnen zugeschriebene zügellose Sexualität als Bedrohung der *weißen* Frauen und der *weißen* „Rasse" konstruiert. Die „Schwarze Schmach" am Rhein wurde zu einem Dauerthema deutscher Politik und trug nicht wenig zu dem sich verstärkenden Rassismus bei, der sich schließlich gegen alle Menschen afrikanischer Herkunft richtete.[61]

Trotz der negativen Propaganda gab es zwischen *weißen* deutschen Frauen und afrikanischen Soldaten Beziehungen, aus denen auch Kinder hervorgingen. Schon in den 1920er-Jahren diskutierte man darüber, was mit diesen Kindern geschehen sollte. Im April 1933, also nur wenige Wochen nach der „Machtergreifung" durch die Nationalsozialisten, wies der Preußische Minister des Innern, Hermann Göring, die Regierungspräsidenten in Düsseldorf, Koblenz, Aachen und Wiesbaden an, Statistiken über Anzahl und Alter der von afrikanischen Besatzungstruppen im Rheinland mit *weißen* deutschen Frauen gezeugten Kinder zu erstellen. Wolfgang Abel, Assistent Eugen Fischers am Kaiser-Wilhelm-Institut für

60 Siehe z. B. Marianne Bechhaus-Gerst, „Treu bis in den Tod." Von Deutsch-Ostafrika nach Sachsenhausen – eine Lebensgeschichte, Berlin 2007; dies., Menschen afrikanischer Herkunft in Berlin 1918–1945, in: Oumar Diallo/Joachim Zeller (Hrsg.), Black Berlin. Die deutsche Metropole und ihre afrikanische Diaspora in Geschichte und Gegenwart, Berlin 2013, S. 89–111.
61 Ebenda.

Anthropologie, wurde noch im selben Jahr beauftragt, anthropologische Untersuchungen an den als „Rheinlandbastarde" verunglimpften Kindern und Jugendlichen vorzunehmen.[62] Wie nicht anders zu erwarten, gaben die Ergebnisse der Untersuchungen vor, eine körperliche und geistige Schwäche bei den Kindern feststellen zu können. Diese „Befunde" reichten aber nicht aus, um nach den bestehenden Gesetzen, vor allem nach dem „Gesetz zur Verhütung erbkranken Nachwuchses" vom Juli 1933 Maßnahmen zur Verhinderung der Fortpflanzung der Kinder zu ergreifen. 1935 diskutierte man in geheimer Sitzung die Möglichkeiten ihrer Aussiedlung nach Afrika, befürchtete aber neben den zu hohen Kosten einer solchen Aktion ein negatives Echo im Ausland. Die mit der Angelegenheit betrauten Behörden stellten schließlich fest, dass diese unehelichen Kinder die Staatsangehörigkeit der Mutter besäßen, also Deutsche seien, mit denen man nach Zweckmäßigkeit verfahren könne. Man entschied sich schließlich für eine illegale Aktion. Ärzte untersuchten die erfassten Kinder und stellten fest, dass diese Merkmale „außereuropäischer Rassen" zeigten. Die Zwangssterilisation wurde daraufhin angeordnet. Die oft alleinstehenden Mütter wurden unter Druck gesetzt oder bedroht, bis sie einer Sterilisation zustimmten. Die meisten Kinder wurden in einer geheimen Sonderaktion mithilfe der Gestapo in Krankenhäuser verschleppt und dort zwangssterilisiert.[63]

Auch für die schon lange in Deutschland lebenden Afrikanerinnen und Afrikaner, Schwarzen Deutschen und ihre Familien brach 1933 eine schwere Zeit an. Zwar gab es im nationalsozialistischen Rassestaat zu keinem Zeitpunkt einen Plan zu ihrer systematischen Vernichtung, jedoch war die Haltung des Regimes

---

62 Rainer Pommerin, „Sterilisierung der Rheinlandbastarde". Das Schicksal einer farbigen deutschen Minderheit 1918–1937, Düsseldorf 1979.
63 Ebenda.

gegenüber diesen Menschen von Beginn an durch Ambivalenz gekennzeichnet. Auf der einen Seite wollte man Schwarze Menschen nicht mehr in Deutschland dulden, auf der anderen Seite hoffte man immer noch auf eine Rückgewinnung der Kolonien und befürchtete spätere Nachteile, wenn man die Afrikanerinnen und Afrikaner aus den ehemaligen „Schutzgebieten" schlecht behandelte. Für die Betroffenen spielte sich das Leben in den Jahren nach der nationalsozialistischen Machtübernahme auf einem extrem schmalen Grat zwischen Anpassung und Auflehnung ab. Wer sich absolut unauffällig verhielt, konnte die Jahre der Schreckensherrschaft überleben. Zu Opfern wurden alle, weil ein normales Leben mit Schule, Ausbildung oder Studium und Beruf nicht möglich war. Eheschließungen zwischen Schwarz und *weiß* wurden unterbunden, und Männern und Frauen in nicht-ehelichen Beziehungen drohte das Konzentrationslager. Auch wenn genaue Zahlen immer noch nicht vorliegen, so ist inzwischen bekannt, dass Schwarze Frauen und Männer in Gefängnisse und Konzentrationslager überstellt wurden und zum Teil schon dort oder nach dem Krieg an den Spätfolgen starben. Andere wurden in willkürlichen Aktionen zwangssterilisiert, um eine „rassische Degeneration" zu verhindern.[64]

Vor diesem Hintergrund erscheint es verständlich, dass Andreas' Mutter Diane vor allem ungläubiges Erstaunen empfand, als ihr kurz nach dem ersten Kontakt so richtig klar wurde, in welches Land ihr Sohn durch die Adoption gelangt war. Hatte man ihn nicht von einer rassistischen, segregierten Gesellschaft in die nächste, noch viel rassistischere verfrachtet, die den gerade zwanzig Jahre zurückliegenden Holocaust nicht wirklich aufgearbeitet hatte?

Will man die Lebenswirklichkeit afrodeutscher Kinder und Jugendlicher im Deutschland der 1960er-Jahre verstehen, so muss

64 Bechhaus-Gerst, „Treu bis in den Tod", vor allem S. 126–150.

man vor allem in die unmittelbare Nachkriegszeit zurückblicken. Mit dem Ende des nationalsozialistischen Rassestaates war keineswegs automatisch der Rassismus aus der Gesellschaft verschwunden, auch wenn man das gerne glauben machen wollte. Dies zeigte sich auch, als mit der Siegermacht USA wieder Schwarze Männer – dieses Mal afroamerikanische Soldaten, GIs – als Besatzer ins Land kamen. Allerdings war die Haltung der Deutschen gegenüber diesen Schwarzen Soldaten zunächst durchaus positiv, schließlich kamen die Amerikaner – ob Schwarz oder *weiß* – als Befreier. Auch wenn in unzähligen Zeitzeugenberichten von der zunächst vorherrschenden Angst vor den plötzlich auftauchenden Schwarzen Männern erzählt wird, so dominieren doch in den Berichten die stereotypen stets „fröhlichen", „Augen rollenden", Kinder liebenden Soldaten, die Schokolade und Strümpfe verteilten. Die afroamerikanischen GIs, die aus einer segregierten, rassistischen Gesellschaft in das Nachkriegsdeutschland kamen, konnten sich ihrerseits relativ frei bewegen, hatten Zugang zu allen Geschäften und Restaurationsbetrieben und gingen zum Teil bei deutschen Familien ein und aus. Dass also eine Stationierung in Deutschland für sie eine durchaus positive Erfahrung darstellte, liegt auf der Hand. Und den eigenen Rassismus verdrängend, gab es nicht wenige deutsche Stimmen, die die US-amerikanische „Rassen"politik scharf kritisierten und als unmoralisch verurteilten.

Als eine Reaktion auf diese anti-amerikanische Stimmung in Teilen der Öffentlichkeit gab der U.S. Archiv-Dienst in Frankfurt in deutscher Sprache die Broschüre „Der N. im amerikanischen Leben" heraus.[65] Darin erklärte man den Deutschen, dass Sklaverei zwar schlecht gewesen sei, aber aus der Zeit heraus verstanden werden müsse. Nun sei aber alles besser, und zahlreiche afroamerikanische Familien seien in die Mittelklasse aufgestiegen, gut ausgebildet oder hätten sogar studiert. Das „Märchen vom ‚armen,

---

65 O. A., Der Neger im amerikanischen Leben, Frankfurt a. M. 1952.

ausgebeuteten N."' werde böswillig von der amerikafeindlichen, vor allem der kommunistischen Presse verbreitet.

In einem Punkt allerdings unterschied sich der öffentliche Diskurs in Deutschland nicht von dem in der Weimarer Zeit. Es sollte keine Beziehungen zwischen Schwarzen Besatzungssoldaten und *weißen* deutschen Frauen geben.[66] Auch in der Alltagskultur dieser Zeit wurde das Thema aufgegriffen, so z. B. in sogenannten Trivialromanen, in denen man die Leserschaft dahingehend aufzuklären versuchte, dass man durchaus afroamerikanische GIs in der Familie willkommen heißen könne, aber sexuelle Beziehungen mit der Tochter des Hauses ein Tabu sein sollten.[67]

Doch genau wie nach dem Ersten Weltkrieg sah die Wirklichkeit anders aus. Nach neueren Schätzungen gingen zwischen 1945 und 1955 aus Beziehungen zwischen US-amerikanischen GIs und deutschen Frauen knapp 40 000 Kinder, sogenannte Besatzungskinder, hervor.[68] Von diesen Kindern hatten rund 5000 afroamerikanische Soldaten als Väter. Und auch hier wiederholte sich die Geschichte insofern, als man bald diskutierte, was mit diesen Kindern geschehen solle. Hatte man in der Weimarer Zeit den durchaus ernst gemeinten Vorschlag, die Kinder „nach Afrika" zu bringen, in Erwägung gezogen, so waren es nun die USA, Heimatland der Väter, die die Kinder aufnehmen sollten. Diese „anderen" Kinder wurden als Problem konstruiert, für das eine „Lösung" gefunden werde musste. Im März 1952 etwa diskutierte der Bundestag über diese Frage: „Eine besondere Gruppe unter den Besatzungskindern bilden die 3093 N.mischlinge, die ein menschliches und

---

66 Zu „Besatzungskindern" siehe z. B. Yara-Colette Lemke Muniz de Faria, Zwischen Fürsorge und Ausgrenzung. Afrodeutsche „Besatzungskinder" im Nachkriegs-Deutschland, Berlin 2002.
67 Rosemarie K. Lester, Trivialneger. Das Bild des Schwarzen im westdeutschen Illustriertenroman, Stuttgart 1982.
68 Silke Satjukow/Rainer Gries, „Bankerte!" – Besatzungskinder in Deutschland nach 1945, Frankfurt a. M./New York 2015.

rassisches Problem besonderer Art darstellen. [...] Die verantwortlichen Stellen der freien und behördlichen Jugendpflege haben sich bereits seit Jahren Gedanken über das Schicksal dieser Mischlingskinder gemacht, denen schon allein die klimatischen Bedingungen in unserem Land nicht gemäß sind. Man hat erwogen, ob es nicht besser für sie sei, wenn man sie in das Heimatland ihrer Väter verbrächte."[69]

Dabei dachte man weder auf deutscher noch auf amerikanischer Seite darüber nach, die Kinder zu ihren tatsächlichen Vätern zu schicken. Das Schwarze Amerika schien einfach am besten geeignet zu sein, diese ungeliebten, nicht-*weißen* und damit stets sichtbaren und ob ihrer unehelichen Herkunft identifizierbaren Kinder loszuwerden. Und wieder wurden die meist alleinstehenden und ohnehin stigmatisierten Mütter unter Druck gesetzt. Mit dem Argument, ein Zuhause unter „ihresgleichen" sei doch die beste Lösung für die Kinder, sollten sie von einer Einwilligung in eine Adoption nach Übersee überzeugt werden. Bis 1954 waren offenbar bereits mehr als 500 Schwarze deutsche Kinder zur Adoption in die USA freigegeben worden.[70]

Der Verweis auf die angeblich für Schwarze Kinder ungeeigneten „klimatischen Bedingungen" in Deutschland zeigt weitere Parallelen im Umgang mit den afrodeutschen Kindern in der Weimarer Republik und in der frühen Bundesrepublik. Auch in den 1950er-Jahren wurden wieder anthropologische Untersuchungen vorgenommen, die „rassische" Merkmale der Kinder festzuschreiben suchten, die soziale Auffälligkeit und angeblich mindere Intelligenz der Kinder und Jugendlichen beweisen sollten.[71]

69 Das Parlament, 2. Jg., Nr. 12, 19. März 1952.
70 Christian Führer, Von Besatzungs- und Mischlingskindern, in: Memories of Mannheim. Die Amerikaner in der Quadratstadt seit 1945, Mannheim 2013, S. 199.
71 Vgl. u. a. Lemke Muniz de Faria, Zwischen Fürsorge und Ausgrenzung. S. 44–47.

Bücher und Filme versuchten, „Lösungen" für das „Problem" der Schwarzen Kinder anzubieten. Der bekannteste dieser Filme hieß „Toxi – die Geschichte eines Mulattenkindes" und kam 1952 in die Kinos. „Toxi" wurde gespielt von Elfie Fiegert, selbst Tochter einer *weißen* Deutschen und eines afroamerikanischen GI. Für Toxi findet sich am Ende des Films die vermeintlich beste Lösung, als nämlich genau am Weihnachtsabend der amerikanische Vater – „ein großer brauner Tankstellenbesitzer" – auftaucht, um sein Kind zu sich zu holen. In einem anderen Film mit Elfie Fiegert, „Der dunkle Stern", lebt das afrodeutsche Mädchen in Oberbayern und möchte gerne Bäuerin werden. Man lacht sie aus: „Eine schwarze Bäuerin!" – so etwas hat es ja noch nie gegeben. Ihre Zukunft, das macht man ihr deutlich, liegt beim Zirkus, und dort wird sie auch schließlich abgegeben.[72]

Die Adoption der Kinder wurde als humanitärer Akt dargestellt – die Kinder kamen angeblich nur in gute, passende Familien, was erwiesenermaßen nicht der Realität entsprach –, tatsächlich aber sollte ein „Problem" aus der Welt geschafft werden. Dies zeigt nicht zuletzt die Tatsache, dass Anfang der 1960er-Jahre die Zahl der Adoptionen in das *weiße* Dänemark die der Adoptionen durch Schwarze Familien in den USA überschritt. Hier spielten die „klimatischen Bedingungen" offenbar keine Rolle.[73] Rosemarie Peña hat zu Recht darauf hingewiesen, dass zumindest, was die USA anbelangt, nicht wenige der adoptierten Kinder in liebevolle Familien kamen, eine schöne Kindheit hatten und ein erfülltes Leben führen.[74] Sie kritisiert in diesem Zusammenhang vor allem

---

72 So in etwa die Zusammenfassungen in entsprechenden Programmheften.
73 Marion Kraft, Re-Präsentationen und Re-Definitionen. Zur Geschichte und Gegenwart Schwarzer Menschen in Deutschland, in: dies. (Hrsg.), Kinder der Befreiung, S. 20–62, hier S. 36.
74 Rosemarie Peña, Bedeutsame Geschichten: Kontextualisierung der Erfahrungen Schwarzer deutsch-amerikanischer Adoptierter, in: Kraft (Hrsg.), Kinder der Befreiung. S. 223–259, hier S. 251.

zwei Dokumentarfilme, die die „vielfältigen Erfahrungen dieser Menschen in negativen und stigmatisierenden Darstellungen" verallgemeinern.[75] Man muss sich in der Tat vor Verallgemeinerungen, was Lebensläufe und Lebensidentitäten anbelangt, hüten. Fest steht, wenn wir wieder nach Deutschland blicken, dass es geteilte Erfahrungen gibt.

Niemand kann die Lebensverhältnisse Schwarzer Kinder und Jugendlicher im Nachkriegsdeutschland mehr versteh- und nachvollziehbar machen als diejenigen, die die Zeit selbst durchlebten, ihre Lebensgeschichte als Erwachsene niederschrieben und der Öffentlichkeit in Buchpublikationen zugänglich machten. Ob noch in den 1940er-Jahren oder zu Beginn der 1960er-Jahre geboren, ob im Heim, bei Adoptiveltern oder bei der leiblichen Mutter aufgewachsen, zeigen sich – bei allen Unterschieden – bemerkenswerte Parallelen in der Erfahrung von Rassismus in einer Gesellschaft, die Deutschsein zumindest implizit mit *Weißsein* gleichsetzt. Dies ist wichtig festzuhalten, da fast alle Autorinnen und Autoren sich über weite Strecken von Kindheit und Jugend alleine und isoliert gefühlt haben. Die wichtigste Gemeinsamkeit aber, auf die gleich zu Beginn hingewiesen werden soll, ist eine durch diese Erfahrung bedingte Entwicklung von „bestärkenden Überlebensstrategien",[76] von Selbstermächtigung. Es ist die Aneignung von Handlungsmacht, die Befreiung aus der Opferrolle – bei den einen früher, bei den anderen später –, die nahezu alle Autorinnen und Autoren beschreiben.

Eine der ersten Afrodeutschen, die den Mut hatte, ihre Geschichte als Schwarzes „Besatzungskind" in der *weißen* deutschen Mehrheitsgesellschaft zu erzählen, war Helga Emde, die 1946 in Bingen am Rhein geboren wurde. Erschienen sind ihre Erinnerungen 1986 in der nicht nur für Schwarze Deutsche wegweisenden

75 Ebenda.
76 Kraft, Re-Präsentationen und Re-Definitionen, S. 37.

Publikation „Farbe bekennen. Afro-deutsche Frauen auf den Spuren ihrer Geschichte",[77] durch die zum ersten Mal eine breitere Öffentlichkeit auf die lange afrodeutsche Geschichte aufmerksam gemacht wurde.

Helga Emde wuchs mit ihrer leiblichen Mutter und einer *weißen* Schwester auf. Ihr Umfeld war für sie, wie für viele in der Nachkriegszeit, vor allem in kleineren Städten oder Dörfern geborene afrodeutsche Kinder ein rein *weißes*, und sie erzählt, wie ihr die gelegentlich auftauchenden afroamerikanischen GIs Angst machten. „Diese Furcht", so berichtet sie, „zeigt deutlich, daß ich schon sehr früh die Vorurteile und den Rassismus meiner Umgebung verinnerlicht haben muß. Schwarz gleich beängstigend, fremd, unheimlich und animalisch."[78]

Sie sah sich selbst nicht als Schwarz, wurde aber von ihrer Umgebung einem permanenten Veranderungsprozess unterworfen. Als Teenager versuchte sie, sich *weißer* zu machen, da nur *weiße* Menschen als „schön, edel und perfekt"[79] galten. Neben der Hautfarbe waren die Haare ein deutlicher Indikator ihres „Andersseins". Daher beginnt sie mit 13 Jahren, ihre Haare zu glätten, um *weißen* Schönheitsidealen zu entsprechen.[80] Die krausen und damit „anderen" Haare spielen in fast allen autobiografischen Erzählungen eine große Rolle. Häufig sind es die eigenen Mütter, die die Haare glätten, um ihr Kind an die *weiße* Umwelt anzupassen. So schreibt der 1961 in Schwäbisch Gmünd geborene John Reed, ebenfalls Sohn einer *weißen* Deutschen und eines afroamerikanischen GI, dass ihm bis in seine Teenager-Jahre nicht bewusst war, krause Haare

---

77 Helga Emde, Als „Besatzungskind" im Nachkriegsdeutschland, in: Katharina Oguntoye/May Opitz/Dagmar Schultz (Hrsg.), Farbe bekennen. Afro-deutsche Frauen auf den Spuren ihrer Geschichte, Frankfurt a. M. 1992 (1. Auflage 1986), S. 103–112.
78 Ebenda, S. 104.
79 Ebenda, S. 105.
80 Ebenda.

zu haben, da seine Mutter sie von klein auf stets glattgekämmt hatte. Er selbst behielt das Glätten bis ins späte Jugendalter bei, um *weißer* zu erscheinen.[81] Zu den ersten Afrodeutschen, die ihre Lebensgeschichte im Rahmen einer ausführlichen Monografie erzählten, gehört zweifellos die 1947 in einer bayerischen Kleinstadt geborene Ika Hügel-Marshall.[82] Ihre *weiße* Mutter hatte 1946 einen US-amerikanischen GI kennen- und lieben gelernt.[83] Im Gegensatz zu Andreas Nakic verbrachte Ika Hügel-Marshall ihre ersten Lebensjahre bei der leiblichen Mutter, wurde dann aber mit sieben Jahren in ein Kinderheim gesteckt, wohingegen ihre *weiße* Halbschwester – die Mutter hatte in der Zwischenzeit einen *weißen* deutschen Mann geheiratet – bei Vater und Mutter aufwachsen durfte. Eindrucksvoll erzählt sie in ihrer Autobiografie vom alltäglichen Rassismus und von der permanenten physischen und psychischen Gewalt, der sie im Heim ausgesetzt ist. Jegliche Form des Widerstands gegen die ungerechte und unmenschliche Behandlung wird mit unerbittlicher Härte bis hin zur versuchten Teufelsaustreibung bestraft.[84] „Du bist dumm, Schwarze Menschen sind nichts wert, unabhängig davon, was sie leisten und was sie können",[85] wird ihr von allen Seiten so lange eingebläut, bis sie es selber glaubt. Die Ausbildung zu machen, die sie sich wünscht, wird ihr nicht erlaubt, und sie muss lange für ihre Handlungsmacht und ihren eigenen Weg kämpfen.

Wie andere Afrodeutsche beschreibt Ika Hügl-Marshall die Isolation, die sie als einzige Schwarze Person in einem rein *weißen* Umfeld empfindet. Erst mit 39 lernt sie andere afrodeutsche Frauen

---

81 John Reed, It's Not Always Black and White. Caught Between Two Worlds, Denver 2013, S. 13.
82 Ika Hügel-Marshall, Daheim unterwegs. Ein deutsches Leben. Berlin 1998.
83 Ebenda, S. 16.
84 Ebenda, S. 35.
85 Ebenda, S. 30.

und Männer kennen, wodurch sich ihr Leben entscheidend verändert. Die Erfahrungen von Gewalt und Isolation, Selbstentwertung sowie der schwere Weg zu selbstbestimmter Ausbildung und erfüllendem Beruf finden sich auch bei Andreas Nakic beschrieben. Und es gibt weitere Gemeinsamkeiten: Beide werden zum/zur Schülersprecher/Schülersprecherin an ihren Schulen gewählt, weil man ihnen offenbar den Kampf für Gerechtigkeit aufgrund der Lebenserfahrungen und Streitbarkeit zutraut. Beide entdecken irgendwann den Kampfsport und finden hier ein respektvolles Umfeld, das frei von Rassismus und Sexismus ist. Beide werden politisiert, müssen aber erfahren, dass auch hier das ausschließlich *weiße* Umfeld nicht bereit ist, sich mit Rassismus und den eigenen *weißen* Privilegien auseinanderzusetzen.[86]

Mit dem Geburtsjahr 1960 altersmäßig näher an Andreas Nakic ist der aus Idar-Oberstein stammende Thomas Usleber, der unter dem Titel „Die Farben unter meiner Haut" 2002 seine Lebenserinnerungen veröffentlichte.[87] „Vaterlos", „Schwarz" und „arm" – mit diesen Merkmalen charakterisiert er sich in seinen frühen Jahren und beschreibt seine Ohnmacht gegenüber der „*weißen* Macht" um ihn herum.[88] Thomas Usleber macht darauf aufmerksam, wie wenig die Gesellschaft, „informiert" durch pseudo-wissenschaftliche Studien, den afrodeutschen Kindern und Jugendlichen zutraute. Als zum Ende der Volksschulzeit die Lehrerin fragt, wer von den Kindern auf eine Realschule oder ein Gymnasium gehen wolle, lacht man ihn aus, als er sich meldet. Ähnliche Erfahrungen, was Schulkarriere und Berufsweg anbelangt, finden sich auch in anderen Autobiografien. Glücklicherweise gibt es hier häufiger Rückendeckung durch die eigene Familie, so auch bei Thomas

---

86 Ebenda, S. 82 ff.
87 Thomas Usleber, Die Farben unter meiner Haut. Autobiographische Aufzeichnungen, Frankfurt a. M. 2002.
88 Ebenda, S. 13 und 23.

Usleber. Aber das Lachen der anderen, so vermerkt er, habe er nie vergessen. Es habe ihn „angespornt zu kämpfen und zu beweisen, dass man es auch gegen alle Widerstände schaffen kann".[89] Vor allem die alltäglichen rassistischen Übergriffe in Schule und Freizeit beschreibt Usleber eindringlich. Wenn irgendwo Kinder etwas anstellten, sei er als Erster verdächtigt worden. Abstreiten habe selten alle Zweifel zerstreut, denn ihm als nicht-*weißem* Kind habe man alles Schlechte zugetraut. Als Schwarze Person war er immer sichtbar, konnte sich nicht verstecken, auch wenn er es wollte.[90] Auf Ferienfreizeiten mit der Caritas musste er erleben, dass auch die katholische Kirche offene Diskriminierungen und Übergriffe „legitimierte" und Schutz durch Betreuer und Betreuerinnen nicht zu erwarten war. Im Gegenteil trafen ihn besonders harte Strafen – er wurde in dunkle Kammern eingesperrt und musste stundenlang Strafe stehen.[91]

Afrodeutsche Kinder, die in den 1950er- und 1960er-Jahren zur Schule gingen, trafen auf Lehrerinnen und Lehrer, von denen nicht wenige in der NS-Zeit ausgebildet worden waren und die ihren offenen oder subtilen Rassismus an ihnen auslebten. Bei Thomas Usleber war es schließlich die Musik, vor allem die Songs von Bob Marley und Stevie Wonder, die ihm halfen, eine Identität zu finden.[92] Denn obwohl er sich als Deutscher fühlte und de facto auch Deutscher war, hatte man ihm von klein auf diese Zugehörigkeit abgesprochen. „Zu den Deutschen schien ich wegen meiner Hautfarbe nicht zu gehören und zu keiner anderen Gemeinschaft wegen meiner deutschen Erziehung und meiner deutschen Sprache", beschreibt Usleber seine Suche nach Identität.[93] Durch

89 Ebenda, S. 25.
90 Ebenda, S. 22 ff.
91 Ebenda, S. 26 ff.
92 Ebenda, S. 44 ff.
93 Ebenda.

die Musik lernte er zu verstehen, dass nicht er das Problem war, „sondern [dass es] bei den Mitmenschen [lag], die mit Leuten, die nicht so aussehen wie sie, nicht umgehen können".[94]

Auf Englisch verfasst und deshalb im deutschsprachigen Raum weniger bekannt ist die bereits erwähnte kurze Autobiografie des Afrodeutschamerikaners John Reed „It's not always black and white. Caught between two worlds". Reed bezeichnet seine Geschichte als Lebensreise „from a lost child, to becoming a man who found his legitimate place in this world".[95] Das Reiseelement spielt in seiner Biografie auch ganz real eine große Rolle, da sein Lebensmittelpunkt in seinen Kinder-, Jugend- und frühen Erwachsenenjahren immer wieder freiwillig oder unfreiwillig zwischen Deutschland und den USA hin und her wechselte. Reed wurde in den ersten elf Monaten seines Lebens von Nonnen betreut, bis seine Eltern heirateten und ihn zu sich nahmen. Seine traumatischsten Kindheitserinnerungen scheinen in Zusammenhang mit der permanenten physischen Gewalt zu stehen, die seine Mutter ausübte. Hier findet sich zweifellos eine Parallele zu Andreas' Erfahrungen, nur dass es sich in John Reeds Fall nicht um eine ihn ablehnende Adoptivmutter, sondern um die leibliche Mutter handelte. Von klein auf, so erzählt er, habe ihn seine Mutter mit Ledergürteln, Schuhen, Stöcken, hölzernen Kochlöffeln und den bloßen Händen geschlagen. Eines Tages reißt er ihr den Kochlöffel aus der Hand und zerbricht ihn, ein Akt des Widerstandes, der für ihn wichtig ist, aber letztendlich dazu führt, dass sie sich das nächste Mal mit einem dickeren Löffel bewaffnet, den er nicht durchbrechen kann.[96] Fast noch folgenschwerer sind die psychischen Misshandlungen, die er erfährt. Solange er sich erinnern kann, schreibt er, habe seine Mutter abfällig über Schwarze Menschen gesprochen. Sie taugten zu

---

94 Ebenda, S. 51
95 Reed, It's not always black and white, S. iii.
96 Ebenda, S. 6.

nichts, habe sie im stets erzählt. In einem Umfeld lebend, das zum großen Teil nicht weniger rassistisch eingestellt war, entwickelte Reed eine ablehnende Einstellung zu sich selbst und verinnerlichte solche negativen Behauptungen. Er kommt zu dem Schluss, dass seine Mutter sich seiner von Anfang an geschämt und ihn verachtet habe. Nach der Trennung von ihrem Mann habe sie ihn nur behalten, um den Vater zu strafen.[97]

Nach der Trennung der Eltern leidet er unter dem fehlenden männlichen wie Schwarzen Rollenmodel. Seine Erfahrungen mit rassistischen Anfeindungen in Deutschland gleichen in vieler Hinsicht denen anderer Afrodeutscher seiner Generation. Er fühlt sich einsam und isoliert, ist gleichzeitig stets sichtbar und derjenige, dem alle beim kleinsten Zwischenfall die Schuld zuweisen. Zwei von ihm beschriebene Zwischenfälle betreffen öffentliche Schwimmbäder, aus denen er, nicht aber seine *weißen* Freunde, nach kleinen Rangeleien verwiesen wird.[98] Hier scheint man nach Anlässen für die Verbote geradezu gesucht zu haben, und man fühlt sich an die NS-Zeit erinnert, wo man durchaus diskutierte, Schwimmbadverbote für Schwarze Menschen zu erlassen.

Wie Andreas bekommt auch John Reed die Folgen der Ausstrahlung der TV-Serie „Roots" zu spüren. Zu diesem Zeitpunkt ist er 16 Jahre alt und gerade mit seinem Fußballteam unterwegs. Kurz vor dem Einlaufen ins Stadion rufen seine Mannschaftskameraden „Kun-ta Kin-te, Kun-ta Kin-te!", was er, im Gegensatz zu Andreas aber als Aufmunterung versteht, bis ihm ein Teamkamerad erzählt, der Klubpräsident habe sie deswegen zur Rede gestellt und ihnen jede weitere Verwendung dieses Namens verboten. Einmal im Leben fühlte er sich respektiert und gleichzeitig beschützt.[99]

97 Ebenda, S. 29.
98 Ebenda, S. 19.
99 Ebenda, S. 22 ff.

John Reed, der als junger Erwachsener schließlich für immer in die USA übersiedelte, kommt in seiner Autobiografie zu einem eindeutigen Fazit. So wie ihn seine Mutter abgelehnt und nie geliebt habe, habe ihn die ganze deutsche Gesellschaft abgelehnt und zurückgewiesen, ja, sich seiner geschämt.[100] Und sein geringes Selbstwertgefühl führte auch in den USA zunächst dazu, dass er sein Schwarzsein verachtete und Kontakt mit Afroamerikanern vermied. Dies änderte sich erst langsam und mithilfe eines Mentors, der ihn unterstütze und förderte. Auf dem Weg zu sich selbst war es dabei für ihn ganz wichtig, die Brücken zu denen, die ihn verletzt und misshandelt hatten, abzubrechen.

100 Ebenda, S. 27.

7 Politisierung und Freiheit

„ Meine Politisierung begann eigentlich mit meiner Wahl zum Schülersprecher. Ob ich das zunächst selbst wollte, weiß ich gar nicht. Das hat sich so entwickelt, als ich nach Höhenhaus in die Schule gekommen bin. Da hatte ich anfangs Reibereien mit den Mitschülern, auch weil ich deutlich der Älteste in der Schule war. Die Gesamtschule Höhenhaus ist in den 1970er-Jahren gegründet worden, und meine Klasse war eine der Gründungsklassen. Ich bin in der 7. Klasse dazugestoßen. Diese Schule hat mich trotz allem, was passiert war, aufgenommen. Dort bin ich eigentlich mit der Haltung hingegangen: „Okay, ich probier's nochmal." Die Drohung stand ja im Raum, dass ich in ein heilpädagogisches Heim kommen würde, wenn ich das nicht schaffe. Da wollte ich auf keinen Fall hin, weil ich das Gefühl hatte, dort komplett psychiatriert zu werden. Eva hat mich dann in Höhenhaus angemeldet, wo ich deutlich der Älteste war.

Ich sag mal so: Ich hatte nie ein Problem damit zu rebellieren, auch nicht gegen Lehrer. Ich hatte kein Problem zu sagen, was ich gut finde, was ich nicht gut finde. Und nach den ersten kleinen Reibereien mit Mitschülern, die mich rassistisch angegangen sind, was ich sehr klar beantwortet habe, bin ich in der Klasse gut angekommen, bin ich akzeptiert worden; ich hatte einen Status. Dann kam's zur Klassensprecherwahl, und die Klasse hat mich gewählt. Warum auch immer. Ich hatte das nicht angestrebt, sondern die Klasse hat mich zum Klassensprecher ernannt. Und dieses Amt habe ich sehr ernst genommen. Das heißt, ich hab mich wirklich für meine Interessen und die Interessen meiner Mitschüler eingesetzt. Ich hab den Lehrern auch widersprochen bzw. unsere Interessen versucht zu vertreten. Das fanden meine Mitschüler gut. Irgendwann gab es eine SV-Sitzung, die wir organisiert haben, und ich bin als Schülersprecherkandidat vorgeschlagen und dann auch gewählt worden. Da war ich knapp 15 Jahre alt. Wir waren zu der Zeit in der 7. Klasse; meine Mitschüler waren alle so 13. Ich war einfach der Älteste und – das muss man sagen – auch der Auffälligste.

Ich war der einzige Schwarze in der Schule, hab das Maul aufgemacht und hatte kein Problem, mich mit Lehrern anzulegen. Die Lehrer haben mich aber auch unterstützt. Ich hab mich mit ihnen nicht angelegt, um zu provozieren, sondern um meine, unsere Interessen vor den Lehrern zu vertreten. Man muss dazu sagen, die Lehrer waren alle progressive Alt-68er. Daraus ist die Gesamtschule ja auch entstanden. Die fanden das eher gut. Wir hatten einen sehr lockeren Umgang mit unseren Lehrern. Wir durften sie damals duzen. Und aus irgendeinem Grund hat das auch zwischen mir und den Lehrern funktioniert. Wir hatten auch Reibereien, aber das waren eher konstruktive Auseinandersetzungen.

Zu der Zeit bin ich zu den Falken gekommen und in ein Falkenzeltlager mitgefahren. Zwei von meinen Brüdern waren dort vorher schon mal gewesen. Eva war Sozialdemokratin, und für sie war das wie Pfadfinder. Bei den Falken habe ich halt auch Schulungen mitgemacht. Marxismus-Schulungen. Themen, die ich interessant fand. Das ging dann einher mit dem Amt als Schülersprecher. Ich hab einen Schülerstreik mitorganisiert. Und dadurch habe ich Anerkennung bekommen sowohl von Lehrern als auch von Schülern. Von Lehrerseite wurden die Themen „Hautfarbe", „Schwarzsein" nie thematisiert, die wurden von den Schülern angesprochen. Auf den Schulen vorher hieß es immer: „Andreas ist auffällig, schwer erziehbar, gewalttätig" und so weiter. Das war ich alles nicht. Natürlich hatte ich auf der Gesamtschule auch meine Auseinandersetzungen, aber die waren auf einem anderen

Level. Bei den Falken habe ich mich immer mehr politisiert. Bin auf Schulungen gefahren. Und hab dann auch an ersten Demonstrationen gegen AKWs Ende der 70er-, Anfang der 80er-Jahre teilgenommen. Ich hatte das Gefühl, da kann ich etwas selbst in die Hand nehmen. Ich war rebellisch. Die Rebellion war in mir drin. Ich war schweinewütend. Schweinewütend! In mir war eine tierische Wut, die sich da kanalisieren konnte. Die da ein Ventil gefunden hat. Und ich hatte auch das Gefühl, okay, ich kann mich artikulieren. Dass diese Welt ungerecht und gemein und brutal ist, wusste ich bereits vorher. Aber das konnte ich nun anfangen einzuordnen. Ich konnte meine eigene Erfahrung aus dem Individuellen rausholen. Ich konnte sagen: „Das ist kein individuelles Schicksal, was mir da widerfahren ist, das ist nicht meine Schuld, das hat nichts mit mir persönlich zu tun, sondern das hat was mit dieser Welt zu tun."

Meine Wut war ein ungemeiner Motor, aus der Ohnmacht rauszukommen, zu handeln, nach dem Motto: „Ich will diese Welt auseinandernehmen." Ich war dann in zwei ganz unterschiedlichen Freundeskreisen. Der eine gehörte zum kölschen Milieu in Mülheim, mit dem ich super klarkam. Ich hatte immer einen guten Draht zu proletarischen Kindern, weil ich mich selber so gefühlt habe. Ich hab mich nicht als Akademikerkind gefühlt. Andererseits bin ich immer mehr in Kontakt gekommen zu Kindern und Jugendlichen, die mehr einen linksliberalen akademischen Background hatten. Ich habe andere Musik gehört. Das war Ende der 70er-/Anfang der 80er-Jahre eine Zeit, als unheimlich viel in Bewegung war. Da hat das mit den Hausbesetzungen angefangen; das hat mich total fasziniert. Da gibt es Leute, die stehen einfach auf und sagen „nein". Das war für mich ein absoluter Kick: „Wir lassen uns das nicht gefallen. Da geh ich mit. Da bin ich dabei." Und damit auch Ziele zu verfolgen. Das war mir sehr, sehr wichtig. Ich habe mich dann, soweit ich das damals konnte, auch mit dem Thema „Schwarzsein" beschäftigt. Ich hab eigentlich mit Martin Luther

Mit 17 Jahren in Kampfpose bei den Kölner Falken

King angefangen, obwohl ich kein Pazifist war. Trotzdem fand ich den gut, weil ich mich ja auch als Schwarzer gefühlt habe. Darüber kam es bei mir auch zur Politisierung.
An der Schule war ich drei Jahre lang Schülersprecher. Mit 18 habe ich die Schule kurz vor der mittleren Reife abgebrochen, weil ich einfach keine Power mehr hatte. Das hatte zwei Gründe. Der eine: Ich hatte den Kampf mit Eva gewonnen. Als ich rausgeflogen bin von zu Hause, war für mich klar: Du gehst zur Schule. Das war meine Sicherheit. Die Lehrer haben mir zusätzlich Sicherheit gegeben. Und die Falken haben mir Sicherheit gegeben. Als dieser Fight mit Eva zu Ende war, bin ich weiter zur Schule gegangen. Aber dann kam der Punkt, da hätte ich die 10. Klasse nochmal wiederholen müssen, um überhaupt in den Oberstufenzweig reinzukommen. Durch meine Schülersprecherarbeit hatte ich die Schule und meine Noten vernachlässigt. Diese Funktion hat mich

erfüllt, die hat mir Bestätigung auch durch meine Mitschüler gegeben. Die fanden das gut. Manchmal haben sie sich auch hinter mir versteckt, weil sie wussten, Andy hat 'ne große Fresse. Ich bin auch viel auf Schulkonferenzen gegangen und hab mich da wirklich eingesetzt. Dadurch sind meine Noten hinten runtergefallen. Ich war dann einfach platt, ich konnte nicht mehr. Ich war schon fast 13 Jahre in der Schule, aber erst in der 10. Klasse. Und dann kam es an den Punkt: „Okay, was machst du?" Da gab's die Option, 10. Klasse, dann suchst du dir eine Lehrstelle. Manche aus meiner Klasse haben sich eine Lehrstelle gesucht. Einer ist Automechaniker geworden, einer Chemielaborant, und so weiter. Es war klar, dass ich die Qualifikation für die Oberstufe nicht bekommen würde.

Die Lehrer wollten unbedingt, dass ich in die Oberstufe reingehe. Sie meinten, ich hätte das Potenzial dafür. Es war aber klar, wenn ich das mache, dann muss ich die 10. Klasse wiederholen. Das war für mich undenkbar. Noch eine Klasse wiederholen. Dann hätte ich mit 18, mit 19 Jahren in der 10. Klasse gesessen. Ich war sowieso schon der Älteste und auf eine gewisse Art und Weise der bunte Hund in dieser Schule. Dazu hatte ich meine erste eigene Wohnung und hab dann einfach immer mehr blau gemacht. Immer mehr. Ich hatte keinen Bock mehr.

In Berlin hat dann außerdem die Hausbesetzerzeit angefangen. Das hat mich total fasziniert. Brokdorf. Das hat mich auch super fasziniert. Da war dieser Reflex: „Ich will Revolution!" Punkt. Es geht darum, die Klassengesellschaft abzuschaffen und so weiter. Diese ganzen Sachen hatte ich im Kopf. Das war auch das, was ich von den Falken gelernt habe. Es geht um Revolution. Aber: „Einerseits sagt ihr das und andererseits, was macht ihr?" Also, das war mir nicht radikal genug. Das war mir zu billig. Da bin ich immer mehr reingewachsen. Und in dem Zusammenhang habe ich die Schule dann abgebrochen. Ich hab zu einer Freundin noch gesagt: „Nach den Osterferien komme ich nicht mehr." In den Osterferien bin ich alleine nach Frankreich getrampt. Danach bin ich nochmal ein paar Tage zur Schule gegangen und habe dann gedacht, das macht keinen Sinn mehr, und hab die Schule von heute auf morgen geschmissen. Ich war 18 und nicht mehr schulpflichtig. Ich konnte das machen. Das war nicht mehr mit Sanktionen verbunden, und das wusste ich auch. Ich wusste sehr genau, wo meine Grenzen lagen. Ich bin dann in mein erstes besetztes Haus gezogen. Für mich war klar, ich werde keine Ausbildung machen. Ich werde jetzt auch nicht weiter zur Schule gehen.

Damals habe ich gesagt, jeder, der eine Ausbildung macht, ist ein Spießer. Für mich war klar, ich wollte erstmal einfach nur Rebellion, Revolution, diese Gesellschaft auseinandernehmen. Ich war wütend und ich war platt. Ich konnte mir nicht vorstellen, weiter zur Schule und weiter diesen normalen Weg zu gehen. Dazu kam noch, dass ich meinen Musterungsbescheid bekam. Für mich war klar, ich werde nicht zum Bund gehen. Das wäre, glaube ich, eine Katastrophe geworden, wenn ich beim Bund gelandet wäre. Als der Musterungsbescheid kam, habe ich das Kreiswehrersatzamt angerufen und gesagt: „Was wollt ihr von mir, ich bin doch Amerikaner." Und die haben gesagt: „Ja, ja, Sie sind Amerikaner, das stimmt, aber Sie sind auch Deutscher, und solange Sie in Deutschland sind, müssen Sie hier Wehrdienst leisten." Ich hab dann den Kriegsdienst verweigert, bin damit aber erst in der dritten Verhandlung durchgekommen. Damals gab es noch die Gewissensprüfungen. Bei der ersten und zweiten Verhandlung musste man eine Erklärung vorlesen und begründen: „Ich bin Pazifist" und so weiter. Das hab ich zwar gemacht, aber das hat man mir nicht abgenommen und hat mich durchfallen lassen.

Dann kam die dritte Verhandlung, die vor dem Amtsgericht stattfand. Dafür habe ich meine Strategie komplett geändert. Mein Anwalt hatte gesagt: „Damit kommen Sie nicht weiter." Ich habe dann beschlossen, richtig zu argumentieren und zu erklären, was wirklich Sache ist. Dem Gericht habe ich deutlich und klar gesagt, dass ich die und die rassistischen Erfahrungen gemacht und mich sehr früh damit beschäftigt habe. Ich hab über die Black-Panther-Bewegung und Martin Luther King geredet und auch ehrlich gesagt, dass ich mich immer gegen den Rassismus gewehrt habe. Natürlich hab ich so argumentiert, dass ich keine Waffe in die Hand nehmen würde, weil ich Pazifist bin. Der Richter hat dann versucht, mich aufs Glatteis zu führen. Hat gefragt: „Was halten Sie denn von den Black Panthers?" Ich hab einfach geantwortet: „Die Ziele finde ich gut, über die Mittel kann man streiten." Damit habe ich mich diplomatisch aus der Affäre gezogen. Ich konnte ja nicht sagen: „Find ich total geil." Er hat mich dann gefragt, und ich glaube, das war eine der entscheidenden Fragen in dieser Verhandlung: „Was machen Sie, wenn wir Sie hier durchfallen lassen?" Die dritte Verhandlung war nämlich die letzte. Wenn du da durchgefallen bist, musstest du zum Bund gehen. Ich hab geantwortet: „Wenn Sie mich durchfallen lassen, werde ich total verweigern. Ich werde auf keinen Fall zur Bundeswehr gehen. Punkt." Und dann hat er mich gefragt: „Sie wissen, was das bedeutet?" Ich hab gesagt: „Ja, ich weiß, was das bedeutet. Es bedeutet, dass ich ins Gefängnis gehe. Und diesen Preis werde ich bezahlen." In dieser Verhandlung bin ich durchgekommen, vermutlich, weil ich ehrlich und deutlich, aber nicht aggressiv war. So kam alles zusammen.

Damals fanden die ersten Demos gegen Alexander Haig statt. Der war zuerst NATO-Oberbefehlshaber in Europa und später Außenminister der USA. Wir waren in Berlin auf einer Riesendemo. Das waren so meine Schritte in die Politisierung. Ich fing an, meine ganz individuelle Situation, aber auch die Politik mehr international zu sehen. Mir wurde klar: Das passiert in anderen Ländern, in afrikanischen Ländern, im Nahen Osten, in den USA. Das war das, was mich an den Antiimperialisten – wir haben uns immer Antiimps genannt – fasziniert hat. Es gab einen internationalen Ansatz. Solidarität mit Befreiungsbewegungen war für mich persönlich nichts Theoretisches. Zu der Zeit habe ich mich noch weniger als Deutscher gefühlt. Ich bin heute mehr in der deutschen Gesellschaft angekommen, als ich es damals war. Und dieser Ansatz hat mir geholfen, über den eigenen Tellerrand hinaus zu gucken und zu sagen: „Wenn Revolution, dann international." Man kann das nicht isoliert sehen. Man muss die internationale Rolle Deutschlands und der USA im Auge behalten und die Situation der Schwarzen in den USA. Das war für mich die ganz persönliche Motivation, bei den Antiimps und nicht bei den Autonomen zu landen. Das war mein ganz persönlicher Kick. Das bedeutete für mich auch immer, gegen diese alten Faschisten zu kämpfen. Die liefen überall rum. Im Alltag. Ich hab eben auch die Erfahrung gemacht, dass ich in Cafés nicht reinkam, blöd angeguckt oder blöd angemacht worden bin. In Köln ist mir das nicht mehr so passiert; aber in der Umgebung und auch in Göttingen. Und das hat natürlich zu einer maximalen Wut gegen die deutsche Gesellschaft geführt. Das war auch ein Grund, warum ich mich immer mehr radikalisiert habe.

Das Thema Rassismus war dann ein Grund, wieder aus der Sache auszusteigen. Der andere Grund war der enorme Repressionsdruck zu der Zeit. Repression gegen uns Antiimps und Autonome. Hier in Köln hatten sich ja die Autonomen gegründet. Die hatten fast 40 besetzte Häuser. Köln war eine Hochburg der Besetzerszene, und in dieser Szene steckte ich drin. Dann haben sich aber unterschiedliche Fraktionen gebildet, und ich war dann bei den Antiimps. In den 80ern wurden auf einmal alle zu Unterstützern der RAF erklärt. Man muss einfach auch diese Zeit in Betracht ziehen. Die Politik der Antiimps hat sich sehr stark auf die Unterstützung der politischen Gefangenen in Deutschland fokussiert, der Gefangenen aus der RAF. Ich bin sehr viel zu den Prozessen gefahren, zum Beispiel nach Stammheim oder nach Düsseldorf. Dadurch sind wir automatisch immer mehr in den Fokus der Polizei gerückt. Die haben uns observiert. Das wurde immer heftiger.

1982 sind wir nach Berlin gefahren auf eine Demo gegen Ronald Reagan. Das war eine recht heftige militante Demo. Dann gab es eine Demo in Krefeld gegen George Bush senior, die war super brutal. Die Polizei hat uns heftigst auseinandergeknüppelt. Das war unglaublich. Nach dieser Demo sind drei Freunde von mir aus Köln in den Knast gegangen. Zwei haben ein halbes Jahr und eine Frau hat zwei Jahre gesessen. Für nix. Wir konnten gar nichts machen. Wir sind einfach zusammengeprügelt worden. Man hat den Leuten einiges angehängt. Es sind Prozesse gegen sie geführt worden. Die Kölner Fraktion war von den Festnahmen am härtesten betroffen, Das hat natürlich zu einer weiteren Radikalisierung geführt. 1983, 1984 musstest du nur „Zusammenlegung der Gefangenen" aussprechen, dann warst du eigentlich schon mit einem Bein im Knast. Wir haben immer mit einem Bein im Knast gestanden. Und dann stieg natürlich der Repressionsdruck. Du wurdest in diese Ecke RAF geschoben, weil du ja auch solidarisch mit ihnen warst. Hast ja auch zunächst gesagt: „Was die machen, finden wir richtig." Später gab es einen entscheidenden Punkt, wo ich ganz klar gesagt habe: „Da finde ich was nicht in Ordnung."

Ich bin eigentlich in dieser radikalen Linken als – ich nenn das mal – freier Radikaler rumgeschwommen und hatte keine direkte Verbindung. Wir hatten keine wirklichen Freundschaften, wirkliche Verbindungen, es gab keine wirkliche Zuneigung zueinander. Wir waren eigentlich ein zusammengewürfelter Haufen. Wir haben gesagt, wir kämpfen gegen die Entfremdung und gegen die Vereinzelung, dabei war ich total vereinzelt. Ich bin da nie wirklich angekommen. Ich war da alleine. Mein Ansatz, mein ganz subjektiver Ansatz, Anti-Rassismus, den hat überhaupt keiner begriffen. Der wurde dann, wenn ich das mal thematisiert habe, abgetan mit Argumenten wie: „Das ist alles nur Nebenwiderspruch. Wenn wir mal die Revolution gemacht haben, dann löst sich das auch mit auf." Riesiger Bullshit! Ich war alleine. Ich hab da keine Unterstützung gefunden. Du brauchst ja Zusammenhänge, wo du auch Solidarität im ganz praktischen Sinne erfährst. Wenn du auf Linie warst, warst du auf Linie. Und wenn du nicht auf Linie warst, warst du halt Abweichler oder Schwein. Irgendwann wurde das zum Horror. Ich hatte bei den Antiimps das Heil im Internationalen gesucht. Da konnte ich mich verorten, fühlte mich nicht mehr allein mit meinem Schicksal. Dann hat es mich aber mit voller Wucht wieder auf mich zurückgeworfen.

Ich sage es mal ganz brutal ehrlich: Das war eine Versammlung von Bürgerkindern aus gehobenem Mittelstand, die alle ein Netz mit doppeltem Boden hatten. Dieses Netz hatte ich nicht. Wenn ich gefallen wäre, dann wäre ich auf Beton geknallt. Das war alles sehr theoretisch, und ich war kein Theoretiker. Ich war kein Intellektueller. Da musste ich mich aber mit solchen Sachen wie dem Frontpapier der RAF beschäftigen. Ich habe damals nicht wirklich begriffen, was da drinsteht. Manche Sachen fand ich richtig. Wir hatten aber ein zu unkritisches Verhältnis zur RAF. Das ist an mehreren Punkten deutlich geworden.

Für mich persönlich krass deutlich wurde das 1986 auf dem sogenannten Antiimp-Kongress in Frankfurt. Riesiger Kongress, zu dem auch internationale Vertreter aus Palästina oder Lateinamerika gekommen sind. Eine Superidee, um Menschen aus unterschiedlichen Ländern zusammenzubringen, zu diskutieren, zu schauen, was es in anderen Ländern für Ansätze gibt. Der Kongress war eigentlich verboten, aber wir haben ihn trotzdem gemacht. Der wurde von der Polizei umstellt. Dann gab es die Auseinandersetzungen zwischen den Antiimps und den Gegnern der Startbahn West. Zu deren Demos sind wir auch gefahren. Dann gab es Auseinandersetzungen zwischen Autonomen und Antiimps, die eskaliert sind, fast militant eskaliert sind. Zwischen uns! Vollkommen daneben. Weil die eine andere Linie vertreten haben als die anderen. Zu der Zeit war ich da noch drin. Ich habe mich da schon nicht mehr so wohl gefühlt, weil ich auch keine persönlichen, menschlichen Kontakte gefunden habe, keine wirkliche Wärme. Alles, was wir geredet haben, war nur Theorie. Das war für mich kein wirklicher Zusammenhalt. Ich war zu der Zeit einfach alleine in der Szene. Ich hab mich da immer mehr herausentwickelt. Ich war immer weniger auf Linie. Was aber auch gut so war. Es gibt ja einen linken Rassismus oder auch linken Antisemitismus. Das habe ich öfters zu spüren bekommen. Und zwar manchmal sehr brutal. Auf zwei Arten. 1981 – das war echt übel, und da bin ich bis heute sauer auf manche meiner damaligen Mitstreiter – hatten wir unser erstes besetztes Haus. Wir hatten sehr viel mit Punks gemacht, zu denen ich einerseits eine Affinität hatte, die ich andererseits aber auch ablehnte. Das war so eine Mischung. Wir hatten einen Punk im Haus, der hat mich immer Nigger genannt. Und wenn er das Wort gesagt hat, bin ich ausgeflippt. Dann hat er gesagt: „War doch nur Spaß. Nimm das doch nicht so ernst." Das war für den eine Art Unterhaltungsprogramm. Von den Leuten um mich herum bekam ich da keine Rückendeckung. Bei mir im Haus war keiner, der mal gesagt hätte: „Jetzt halte endlich mal die Fresse. Wenn du das noch mal sagst, hast du ein Problem. Und zwar nicht mit dem Andreas, sondern mit uns." Das wäre eigentlich der Job meiner Leute gewesen. Und: „Ob das Spaß ist oder nicht, entscheidet an der Stelle der Andy, nicht du." Ich habe den Punk – ich weiß es noch, als ob es gestern wäre – gewarnt: „Das ist meine Achillessehne. Ich kann da keinen Spaß verstehen. Das kriege ich nicht hin. Hör damit auf. Das nächste Mal hau ich dir in die Fresse dafür. Irgendwann flippe ich aus."

Das ist dann auch passiert. Ich bin irgendwann über den Tisch gesprungen und hab draufgehauen. Das war ein Bär von Typ, und wir haben wie wahnsinnig aufeinander eingeprügelt. Meine Leute sind dazwischen und haben uns schließlich auseinandergerissen. Aber ich war wie von Sinnen. Danach haben meine Leute begriffen: „Hey, das ist nun anscheinend wirklich sehr ernst zu nehmen." Aber da war nie einer da, der wirklich gesagt hat: „Hier ist eine Grenze", und sich mal an meine Seite gestellt hat. Sie haben es eher als ein kleines Theaterstück gesehen; das war wohl lustig anzusehen, wenn Andreas am Kicken war. Das war die eine Sache.

Das andere, was mich massiv an den Linken gestört hat und noch stört, ist, dass sie oft behaupten: „Das kann doch gar nicht sein", wenn ich mit meinen Erfahrungen komme: „Wieso, du bist doch gar kein Schwarzer." Da flippe ich aus, weil sie Schwarz nur als die Farbe Schwarz sehen. Und das kommt von angeblich politisch denkenden Menschen! Sie sprechen dir deine Erfahrung ab. Das passiert auch heute noch. Das ist ein Thema, das mich immer begleitet. Das begleitet mich bei meiner Arbeit, bei meinem Handeln, meinem Sein. Und wenn Leute mir meine Erfahrungen absprechen, sie nicht ernst nehmen, sie bagatellisieren, geht das gar nicht.

Es gab mal so eine Situation, wieder mal eine Auseinandersetzung in den 80er-Jahren. Die beteiligte Person hat sich später dann dafür bei mir entschuldigt. Das fand ich sehr, sehr gut. Wir hatten damals ein besetztes Zentrum. Bei einem Konzert gab es Auseinandersetzungen mit den Punks. Wir mussten die rausschmeißen. Es war immer allen klar, dass ich jemand bin, der dann handelt. Ich finde Gewalt scheiße, aber ich war in der Lage zu handeln. Man hatte noch versucht zu vermitteln, und dann hat mich ein Punk beleidigt mit den Worten: „Du Scheiß Araber". Ich bin in dem Moment hochgschossen, hab ihn wirklich aus dem Laden rausgeschmissen, rausgeschubst und bin auf ihn drauf. Dann haben meine Leute mich angemotzt: „Das kannst du doch nicht machen." Ich sagte: „Leute was wollt ihr? Wir reden gegen Rassismus, und der macht mich rassistisch an und ich darf hier nichts machen?" Ich war hochgradig wütend auf meine eigenen Leute. „Was soll das?" Eine Frau, die mit involviert war, die bei den Antiimps ziemlich weit oben in der Hierarchie war, hat mich an dem Abend total zur Sau gemacht. Die kam Jahre später von sich auf mich zu. Sie hat mich zufällig auf der Straße gesehen und sich bei mir entschuldigt. Ich habe gefragt: „Wofür entschuldigst du dich bei mir?" Da hat sie gesagt, ihr sei die Situation noch nachgegangen. Sie habe darüber nachgedacht und eingesehen, dass das nicht okay war, was sie da gemacht haben. „Eigentlich hätten wir uns auf deine Seite stellen sollen." Natürlich war es richtig, mich zurückzuhalten, wenn ich einem eins aufs Maul gebe. Das war absolut richtig. Aber man hätte mir gegenüber mehr Solidarität zeigen müssen. Das ist nicht passiert. Und ich behaupte, die Linke – das hat sich inzwischen ein bisschen verändert – hatte grundsätzlich keinen wirklichen Begriff von dem, was Rassismus bedeutet.

Das hat sich dann nach 1989 ein wenig geändert. Als die Mauer gefallen war, als die ganze Scheiße losging mit Rostock, Hoyerswerda, der ganze Dreck. Da ist das plötzlich klargeworden, da hat der Wandel angefangen. Was mich aber nach wie vor stört, ist, dass die Linken den Rassismus immer noch nicht wirklich wahrhaben oder kleinreden wollten. Die Erfahrungen, die ich gemacht habe, wurden nie ernst genommen.

Ich bin 1987 aus der linken Szene rausgegangen und habe angefangen, auf einer Baustelle zu arbeiten. Ich hab mich auch weiterhin politisch beschäftigt und bin hier und da auf eine Demo gegangen; Demos gegen NPD, Antifa-Demos, wozu ich noch einen Bezug hatte. Zu all den anderen Sachen nicht mehr. Auf dem Bau hab ich einiges gelernt, bin einfach in die normale Welt eingetaucht, hab mich mit normalen Leuten unterhalten. Ich hab mich nicht für etwas Besseres gehalten als die anderen. Was ja häufig gesagt wurde. „Wir sind die Speerspitze, blablabla!" Natürlich bin ich auch mit Rassismus konfrontiert worden, aber auch mit witzigen Dingen. Wir hatten uns bei den Linken immer für etwas Besseres gehalten. Das hat mich total isoliert. Das nimmt auch Lebensfreude.

8 Wege gehen

„ Obwohl ich die politische Szene, in der ich aktiv war, und mein eigenes politisches Engagement heute kritisch sehe, gab es für mich auch eindeutig gute Seiten. Was ich in der Zeit zum Beispiel gelernt habe, ist, meine eigene Situation besser einzuschätzen. Ich habe die nie so dramatisch gesehen, wie ich sie jetzt sehe. Ich habe erst mal versucht, alles wegzuschieben. Das ist, glaube ich, ein ganz normaler Überlebensmechanismus. In der politischen Szene habe ich gelernt, meine Situation, meine Erfahrungen zu analysieren und zu sehen: Okay, was mit mir passiert ist, das ist Horror, das ist schlimm, das ist eine Katastrophe gewesen. Aber das ist nicht nur mir passiert. Das hat gesellschaftliche Bezüge. Das ist Rassismus. Als ich klein war, kannte ich den Begriff Rassismus nicht. Als Jugendlicher oder als Kind hab ich einfach darauf reagiert und war wütend, fand das ungerecht und gemein. Ich hab mich dagegen gewehrt und habe zugeschlagen oder auch andere Möglichkeiten genutzt. Als ich angefangen habe, politisch zu denken, habe ich erkannt, dass die gesellschaftlichen Strukturen an sich ungerecht sind. Und das musste nicht unbedingt etwas mit Hautfarbe zu tun haben. Ich sah, wie ungerecht es ist, dass die einen so viel Geld und andere nichts haben. Darüber hab ich auch bei den Falken viel erfahren, durch politische Schulungen. Ich habe mich schon in der Gesamtschule in Höhenhaus nicht nur für meine Interessen eingesetzt, sondern als Schülersprecher auch für die Interessen meiner Mitschüler.

Es hat mir gutgetan zu sehen, dass ich was bewirken kann. Mir war das gerade bei den Falken aber zu wenig. Dort wurde davon geredet, die Welt zu verändern, von der kommunistisch-sozialistischen Revolution. Das hat mir auch alles eingeleuchtet. Und dann sagten die Falken, du musst aber Sozialdemokratie wählen. Das habe ich nicht eingesehen. Das war ein Widerspruch in sich. Die deutsche Gesellschaft verändern zu wollen und dann Sozialdemokratie zu wählen? Das passte nicht.

Dann fing die Hausbesetzung an, die mir aus zwei Gründen sehr einleuchtend erschien. Zum einen aus einem sehr subjektiven Grund: Ich hätte niemals Miete bezahlen können. Wenn ich da nicht mitgemacht hätte, wäre ich obdachlos gewesen. Und das wollte ich absolut nicht. Der andere Grund war: Wir nehmen den Reichen das, was uns sowieso gehört. Über die Hausbesetzerszene bin ich immer mehr mit anderen Themen und Fragen in Berührung gekommen: Protest gegen Atomkraftwerke und gegen die Startbahn West. Welche Funktion hat das Militär bei uns? Welche Rolle spielen die USA bei dem, was international passiert?

Ich habe mich zu der Zeit gerade auch mit der politischen und gesellschaftlichen Situation in meinem Geburtsland USA beschäftigt. Mich hat überhaupt der internationale Ansatz fasziniert. Ich habe gesehen, dass ich immer noch in einer privilegierten Position bin. Trotz des ganzen Wahnsinns von Horror, Schmerz und Gewalt lebte ich in einem der reichsten Länder der Welt. Ich musste nicht hungern, ich konnte mir ein Dach über dem Kopf organisieren, ich wurde hier nicht erschossen, ich wurde nicht einfach von der Polizei von der Straße weg aufgegriffen.

Ich kam zu der Zeit auch sehr stark in Berührung mit afroamerikanischer Literatur. Ob das George Jackson war, ein politischer Gefangener in den USA, dessen Briefe als Buch erschienen sind. Ob das Angela Davis war, ob das Malcolm X war; mit dieser Literatur habe ich mich damals intensiv befasst. Und davon hab ich mich angezogen gefühlt, weil es um mein ganz subjektives Thema Rassismus ging. Das habe ich aufgesogen, und ich fand es konsequent zu sagen: „Wir müssen diesen Staat, diese Gesellschaft von Grund auf zerstören, um etwas Neues aufzubauen." Das Problem war, dass wir nicht wussten, was wir dann neu aufbauen wollten. Aber ich wusste, dass ich nicht an dem schuld war, was mir passierte. Ich konnte es analysieren und einordnen – in gesellschaftliche Zusammenhänge stellen. Ich hab manchmal gedacht, du musst ja dankbar sein, dass du nach Deutschland gekommen bist. Weil hier der Rassismus nicht so hart ist wie in den USA. Es hat bei mir eine starke Identifikation stattgefunden.

Mir war Bildung immer sehr wichtig. Mir war Wissen wichtig. Ich habe zwar die Schule abgebrochen, aber das heißt nicht, dass ich nicht wissen wollte, was hier passiert. Ich habe zum Beispiel sehr viel Zeitung gelesen, teilweise vier oder fünf Zeitungen am Tag. Ich habe sehr viele Diskussionen darüber geführt, was in anderen Ländern, vor allem in sogenannten Dritte Welt-Ländern passierte. Zu erkennen, dass Veränderung überall auf der Welt stattfinden muss, hat mir sehr viel gebracht. Ich habe ein Archiv geführt zum Thema Nahost, zum Thema Palästina, zum Thema Afrika. Ich hatte eine große Weltkarte an der Wand hängen, um zu sehen, was passiert wo. Ich bin da langsam reingewachsen. Und trotz meines schlechten bis desaströsen Hauptschulabschlusses hatte ich immer den Drang zu wissen, was hier und auf der Welt passiert. Ich wollte das einordnen, meine individuelle Geschichte in einen Kontext stellen können.

Die Politisierung hat mich aus der Isolation herausgeholt und mein persönliches Schicksal in einen Zusammenhang gestellt. Sie hat mich auch intellektuell stimuliert, sodass ich angefangen habe, viel zu lesen. Wenn das nicht passiert wäre, wäre ich einfach ein ganz normaler Kleinkrimineller geworden. Ich war ja kleinkriminell. Ich hab krumme Sachen gemacht, da stehe ich auch zu. Ich habe aber immer geschaut, dass ich andere Menschen nicht zum Opfer mache. Das war mir immer ganz wichtig. Ich hab nicht einfach irgendwelche Leute zusammengeschlagen. Aber ohne die Politisierung wäre ich wahrscheinlich abgerutscht. Ohne diese linken

Strukturen, ohne diese Diskussionen wäre ich an meinen Sachen zugrunde gegangen. Ich glaube, ich hätte das nicht überlebt. Vielleicht hätte ich es physisch überlebt, aber psychisch sicherlich nicht. Psychisch wäre ich draufgegangen. Ich hätte mir den Kopf weggekifft, mir irgendwie Geld organisiert, auf illegale Art und Weise, wäre im Knast gelandet und wäre nicht da, wo ich heute bin. Ich hätte meine Mutter wahrscheinlich nie gefunden.

Man muss dazusagen, dass ich in der linken Szene auch nette Menschen kennengelernt habe, obwohl wir menschlich teilweise sehr schlecht miteinander umgegangen sind. Aber ich war auch ein Teil davon. Ich sehe mich da nicht als Opfer. Ich habe diese Strukturen hier in Köln mitgeprägt und bin auch sehr hart gegenüber anderen Leuten aufgetreten. Aber trotzdem gab es immer Kontakte über die eigene kleine Gruppe hinaus. Wir haben uns in Häusern getroffen und zusammen diskutiert. Wir haben Feten gefeiert, die großartig waren und bei denen man in Kontakt gekommen ist mit anderen. Wenn ich das nicht gemacht hätte, hätte ich nicht diesen Bildungsstand, den ich heute habe und den ich nicht in der Schule, sondern in den Diskussionen erworben habe.

In diesen Diskussionen war ich immer konfrontiert mit Menschen aus dem Bildungsbürgertum, Mittelschicht bis gehobene Mittelschicht. Die meisten hatten Abitur und studierten. Da stehst du da und fühlst dich ein wenig dumm. Die hatten einen viel höheren Abschluss als ich, und daran wollte ich mich messen. Ich wollte nicht als derjenige dastehen, der nichts kapiert. Das war eine Herausforderung für mich, intellektuell gleichzuziehen. Ich sag's mal ganz lapidar: Ich wollte mir nicht die Butter vom Brot nehmen lassen. Also habe ich mich hingesetzt und gelesen, in Diskussionen zugehört. Dabei habe ich gelernt, Strukturen zu erkennen. Ich meine damit nicht nur gesellschaftliche Strukturen, sondern auch zwischenmenschliche. Mit welchen Strategien versuchen Menschen, andere Menschen zu beeinflussen, auf ihre Seite zu ziehen, Koalitionen zu schließen? Davon profitiere ich heute noch sehr.

Ich habe mich nicht als Deutscher gefühlt und dann wieder doch. Und ich habe mich zugehörig gefühlt zu Afroamerikanern oder anderen Schwarzen in der Welt. Rassismus ist kein deutsches Problem. Rassismus ist ein internationales Problem. Und das habe ich angefangen zu begreifen. Da war es auch sehr prägend für mich, Frantz Fanon oder Albert Memmi zu lesen. Im Endeffekt hat mich das dazu gebracht, mich nicht meinem Schicksal zu ergeben. Ich war nicht bereit aufzugeben. Und ich bin auch heute nicht dazu bereit – ich will leben, ich will Freude haben und ich lasse mich nicht brechen. Ich bin nach wie vor Menschen dankbar, die ich auf dem Weg getroffen, mit denen ich zusammen gekämpft habe. Das war nämlich unsere Devise: Wir lassen uns nicht kaputtmachen! Das Lied „Mach kaputt, was dich kaputt macht" von Ton, Steine, Scherben finde ich großartig. Das war mein Lebensgefühl zu dieser Zeit.

Meine Schullaufbahn war ja nun mit einem schlechten Hauptschulabschluss zu einem wenig guten Ende gekommen. Ich habe mich irgendwie durchgeschlagen und mich dann entschieden, wieder zur Schule zu gehen und meinen Abschluss nachzuholen. Die Überlegungen darüber waren schon immer da. Konkret wurde es 1987. Das gehörte zu dem Prozess, mich zu lösen, meinen eigenen Weg zu gehen, zu sagen: Das passt nicht mehr für mich. Zuerst habe ich auf der Baustelle gearbeitet. Ich hatte keine Ausbildung. Fand das auch wichtig. Natürlich brauchte ich auch Geld. Ich hab dann gelernt, wie man eine Wohnung renoviert. Aber ich hab mich dabei nicht gut gefühlt. Ich hab mir immer gedacht, dass ich mehr kann, mich intellektuell unterfordert gefühlt. Wenn du auf die Baustelle gehst, ist klar, dass du den Tag über arbeitest. In der Pause liest du gerade mal den Kölner Stadt-Anzeiger oder den Express. Das war keine Herausforderung. Vorher hatte ich von der Frankfurter Rundschau über die Süddeutsche bis zur TAZ die unterschiedlichsten Zeitungen gelesen. Und auf einmal saß ich in der Mittagspause da und las Express. Passte nicht so richtig zusammen.

Für mich war klar, dass ich auf dem Bau nicht bleiben will. Das war eine gute Phase, aber ich wollte da nicht bleiben. Ich wäre immer auf sogenannte Hilfsarbeiterjobs angewiesen gewesen, wenn ich mich nicht entschieden hätte, Abitur nachzumachen. Das hat so in mir gearbeitet. Willst du das machen? Willst du Abitur, ja oder nein? Meine damalige Lebensgefährtin hatte angefangen zu studieren. Das war ein zusätzlicher Antrieb. Alle anderen studierten, wurden Lehrer, Sozialarbeiter oder anderes, nur ich hing die ganze Zeit auf der Baustelle herum. Das war also immer so ein Stachel. Ich hab mich aber erst einmal nicht getraut, mich dieser Herausforderung zu stellen. Dann war aber klar: Wenn ich es jetzt nicht mache – ich war damals 29 Jahre –, dann nie mehr. Ich konnte auch Bafög bekommen, konnte es also unabhängig von der Familie finanzieren. Wenn du Abitur auf dem zweiten Bildungsweg nachmachen wolltest, bekamst du ein elternunabhängiges Bafög. Ich wäre niemals zu Eva gegangen und hätte gesagt: „Finanziere bitte meine Ausbildung." Sie hatte mir das sogar einmal angeboten. Das habe ich abgelehnt. Und dann habe ich diese Möglichkeit gesehen und mich bei der Volkshochschule angemeldet.

Ich musste zunächst die mittlere Reife nachmachen. Ich bin dann noch mal viereinhalb Jahre in die Schule gegangen. Ich habe an der Volkshochschule einen Bildungsgang gefunden, der war ähnlich organisiert wie ein Studium, also in Semester geteilt. Du hast einen Einstufungstest gemacht und wurdest in jedem Fach dem passenden Semester zugewiesen. Du hast das Stückchen für Stückchen deinem Bildungsstandard entsprechend durchlaufen. Ich bin dann zum Bafög-Amt gegangen und hab Bafög beantragt, ganz knapp, bevor ich 30 wurde. Ab 30 Jahre hat man nichts mehr gekriegt. Der Mensch vom Bafög-Amt hat geschmunzelt und gemeint: „Da haben Sie ja noch knapp das Ziel erreicht." Ich war 29 und ein halbes Jahr alt, als ich angefangen habe. Ich bin dann morgens auf die Baustelle, weil ich da einen sehr guten Betrieb hatte, der im Biobau tätig war. Mittags hab ich den Hammer fallen lassen, bin nachmittags zur Volkshochschule gegangen und hab die mittlere Reife nachgemacht. Im Endeffekt ist mir die mittlere Reife in den Schoß gefallen. Die ganzen Diskussionen, das ganze Lesen, Zeitung lesen, Bücher lesen, auch wirklich intellektuelle Bücher mit vielen Fremdwörtern lesen, das Analysieren von gesellschaftlichen Strukturen, das ich von den Linken gelernt habe, das alles ist mir in diesem Moment extrem zugutegekommen. Nach eineinhalb Jahren hatte ich die mittlere Reife mit sehr gut bestanden. Es war für mich ein Spaziergang, man musste nur die Disziplin aufbringen.

Ich hatte die ganze Zeit schon Kung Fu unterrichtet. Die Erfahrung, wie man Gruppen anleitet, wie man mit Menschen kommuniziert, kam mir sehr zugute. Das hat bestens geklappt. Deshalb hatte ich die Idee, irgendwas zu machen, das Kung Fu mit Physiotherapie kombiniert. Ich hatte zunächst nicht daran gedacht, mein Abitur nachzumachen. Meine Idee war: Du holst dir den nächsten Bildungsabschnitt, den du brauchst, um einen qualifizierten Job zu machen. Da hab ich erst mal an Physiotherapie gedacht. Aber dadurch, dass mir die mittlere Reife so leichtgefallen war, hat sich das verändert. Normalerweise musste man für das Köln-Kolleg – da habe ich mein Abitur nachgemacht – einen Aufnahmetest machen. Die VHS hat angeboten, mir ein Empfehlungsschreiben für das Köln-Kolleg zu schreiben; dann bräuchte ich den Aufnahmetest nicht zu machen. Die Lehrer an der VHS meinten, ich müsste eigentlich Abitur machen, weil ich das mit der mittleren Reife so souverän durchgezogen hatte.

Ich hab also beschlossen, diese drei Jahre noch dranzuhängen. Das ist mir allerdings nicht mehr so leichtgefallen. Vor allem in Mathematik musste ich kämpfen, um mich durch das Abitur zu kriegen. Aber ich hab das drei Jahre lang konsequent durchgehalten. Wenn ich mich irgendwo reinbeiße, dann beiß ich mich richtig rein. Das ist etwas, was ich auch bei den Linken gelernt habe. Konsequent bleiben, dranbleiben, kämpfen. Ich hatte ein klares Ziel vor Augen: Ich wollte dieses Abitur haben. Denn ich hatte mir überlegt, dass ich dann Sport studieren kann. Das war eigentlich sowieso immer mein Traum. Ich habe immer Sport gemocht. Ich hab ja nicht nur Kampfsport gemacht. Um Sport zu studieren, musste ich eine Aufnahmeprüfung an der Sporthochschule machen. Ich war damals schon knapp 34 Jahre alt. Obwohl ich mich vorbereitet hatte, bin ich erstmal durch die Aufnahmeprüfung gerasselt. Das war ganz schön heftig für einen Vierunddreißigjährigen. Für mich waren Schwimmen und Kugelstoßen nichts. Ich und Kugelstoßen. Das ging gar nicht. Ich rege mich heute noch darüber auf, dass Kugelstoßen nicht in Gewichtsklassen, sondern geschlechtsspezifisch aufgeteilt wird. Aber das ist eine andere Diskussion. Also die Kölner Aufnahmeprüfung hab ich nicht bestanden. Aber es gab die Möglichkeit, in Wuppertal die Aufnahmeprüfung zu machen, die dann an der Kölner Sporthochschule auch anerkannt wurde. Die war etwas modifizierter und einfacher. Mit dieser Aufnahmeprüfung konntest du damals nicht Diplomsport studieren, sondern nur Sport auf Lehramt. Das war mir aber egal. Das kam mir zugute, weil ich ohnehin das Sportstudium kombiniert habe mit einem Studium für Sonderschulpädagogik. Ich hab dann von 1996–2000 studiert.

Finanziert habe ich das Studium mit Bafög. Ich hab mein Grundstudium in Sonderschulpädagogik abgeschlossen, aber mich an der Heilpädagogischen und Erziehungswissenschaftlichen Fakultät überhaupt nicht wohlgefühlt. Ich war Praktiker. Ich fand das Ganze sehr oberflächlich. Ich nenne es populärwissenschaftlich; alles wird angerissen, aber nichts wird vertieft. Das ganze Gelaber hat mich total genervt. Das hatte kein Fundament für mich. Und die Sporthochschule? Da brauchtest du nur auf den Parkplatz zu schauen. Für mich waren das alles verwöhnte Mittelstands- bis Großbürgerkinder, die überhaupt keinen Blick dafür hatten, was in dieser Gesellschaft passierte. Das hat mich abgestoßen. Das war ein großer Freizeitpark. Das war nicht meine Welt. Ich war immer ein politisch denkender Mensch. Und das hat nicht

Inzwischen Mitte 20 hat Andreas den Kampfsport für sich entdeckt, arbeitet auf dem Bau und holt seine Schulabschlüsse nach.

gepasst. Ich hab mal ein bisschen bitter in der Sporthochschule gesagt, dass der normale Sportstudent nur die drei „S" im Kopf hat: Saufen, Sex und Sport – dahinter ist ein großes Vakuum. Das ist zwar böse, aber ich hab es erlebt.

Nebenbei hatte ich schon angefangen, Selbstbehauptungskurse für Jugendliche zu geben, außerhalb des Sportstudiums in der Schule für asiatische Kampfkunst. Ich hab da regelmäßig Trainingsstunden gegeben. Jeden Dienstagabend stand ich auf der Matte. Auch anderswo, an Schulen und in Jugendzentren, habe ich angefangen, Selbstbehauptungs- und Selbstverteidigungskurse zu übernehmen. Das wurde dann immer mehr.

Ich hatte schon vor dem Abitur angefangen, in einem Schuhladen zu arbeiten. Daraus wurden insgesamt sieben Jahre. Relativ schnell hat man mich dort gefragt, ob ich mir zutraue, eine

Schichtleitung zu übernehmen. Da habe ich auch gelernt, mit komplett unterschiedlichen Leuten zu kommunizieren. Ich war in der Verantwortung den anderen Mitarbeitern gegenüber. Mein Chef hat damals zu mir gesagt: „Führe den Laden einfach so, als ob es dein eigener Laden wäre." Das fand ich sehr gut, und das habe ich getan. Da gab es Vertrauen mir gegenüber. Damit habe ich meinen Lebensunterhalt verdient. Von Bafög alleine konnte ich nicht leben. Bafög lief auch einmal aus. Und als das Bafög auslief, hab ich weiter im Schuhladen gearbeitet.

Aber ich habe auch immer mehr Kurse gegeben und drei Dinge gleichzeitig gemacht. Dadurch ist mein Studium nach und nach den Bach runtergegangen. Das war mir aber egal, weil ich klar das Ziel hatte, Selbstbehauptung und -verteidigung zu unterrichten. Das war das, was ich eigentlich wollte, und darauf habe ich meine Existenz aufgebaut. Das lief dann immer besser, weil ich auch mit anderen Trainern aus Köln in Berührung kam, die schon selbstständig waren.

Der Schuhladen ist 2002 in Konkurs gegangen. Danach habe ich kurzzeitig Arbeitslosengeld bekommen, das aber sehr niedrig war, weil ich nur 20 Stunden in der Woche gearbeitet hatte. Dann kam mir zugute, dass diese sogenannten Ich-AGs eingeführt wurden. Ich bin 2003 zum Arbeitsamt gegangen und hab die Ich-AG-Förderung beantragt. Die haben mich gefragt, was ich machen will. Ich wollte Gewaltprävention an Schulen unterrichten und hatte ja schon einen kleinen Kundenstamm. Davon hätte ich nicht leben können, aber das war schon eine Basis, die ich mir über die Jahre hinweg aufgebaut hatte. Das ging dann relativ problemlos. Die Konstruktion der Ich-AG sah so aus, dass man im ersten Jahr 600 Euro im Monat bekam. Im zweiten Jahr wurde das weniger und im dritten Jahr noch weniger. Nach drei Jahren ist die Förderung ausgelaufen, und man musste auf eigenen Füßen stehen.

Das ging, weil ich schon den kleinen Kundenstamm hatte und sich das auch in Kooperation mit anderen Trainern weiterentwickelte. Ich hatte keine großen Ausgaben. Was ich anschaffen musste, waren ein paar Bälle, Pratzen, Stifte. Ich arbeite mit meinem Körper, meinem Kopf. Ich bin da langsam reingewachsen. Allerdings wurde mir klar, dass ich ein Zertifikat brauche, um das auch wirklich auf vernünftige Füße zu stellen. Ab 2004 hab ich dann in Essen über die „Regionale Arbeitsstelle zur Förderung von Kindern und Jugendlichen aus Zuwandererfamilien (RAA)" eine Fortbildung zum Anti-Gewalt- und Deeskalationstrainer gemacht. Diese Fortbildung habe ich 2006 abgeschlossen. Die Selbstständigkeit so aufzubauen, dass ich auch wirklich davon leben kann, hat schon acht Jahre gedauert. Aber die Schulen, die mich gebucht haben, fanden das gut. Ich wurde von den Kindern angenommen, anerkannt, die hatten einen respektvollen Umgang mit mir.

Spätestens 2000 war klar, dass ich das Sportstudium hinschmeißen würde. Das passte nicht mehr. Ich brauchte das Diplom nicht. Ich arbeitete pädagogisch. Ich wurde anerkannt. Ich hatte den Schuhladen, hatte meine Trainings an Schulen und Jugendzentren. Und dann hab ich noch Kung-Fu-Kampfkunst trainiert.

9 Kampfkunst und Anti-Gewalttraining

„ Ich war schon immer von Kampfkunst und Kampfsport begeistert. Ich kannte diese Unterscheidung aber zunächst gar nicht. Kampf war mir immer wichtig. Ich hab als Kind manchmal gerne, manchmal nicht gerne gekämpft. Aber ich habe es getan. Für mich war immer klar, dass ich mich nicht unterbuttern lasse. Mit dem, was mir Herr K. im Boxen beigebracht hat, hab ich mich sprichwörtlich durch die Welt geschlagen. Mit 16 oder 17 hab ich andere Lösungen gefunden, um Probleme anzugehen, und nicht immer direkt zur Gewalt gegriffen. Aber die Gewalt war nie ganz weg.

In Köln bin ich dann zum ersten Mal in eine Kampfsportschule gegangen. Das war eine Kickboxschule. Meine Motivation war, dass ich das Kämpfen professionalisieren wollte. Ich wollte lernen, mich zu wehren. Das war mein Ansatz: Wenn mich jemand anfasst oder wenn Freunde von mir angepackt werden, möchte ich das Know-how haben, mich durchzusetzen. Ich hab dann circa ein Jahr lang trainiert, bin mit einem guten Freund dort hingegangen, der mit mir gemeinsam auch politisch aktiv war.

Nach einem Jahr musste ich aufhören, weil ich das Training nicht finanzieren konnte. Ich hab zu der Zeit Sozialhilfe bekommen. Eigentlich wollte ich aber immer weitermachen. Ich hab dann eine andere Kampfsportschule gefunden. Da ging es um Wing Chun Kung-Fu. Das hat mir zwar sehr gefallen, aber mir hat dort das Auspowern gefehlt. Das war mir einfach zu wenig. Kampfkunst/sport kann man unterschiedlich trainieren: Man kann mehr auf Power gehen, man kann sehr weich trainieren, man kann auch sehr technisch trainieren. Und dort war das Training sehr technisch. Das lag mir nicht. Und da war immer noch das Problem der Finanzierung. Damals – 1982 – kostete das 60,– DM im Monat. Das war sehr viel Geld, das ich einfach nicht hatte. Ich musste wieder aufhören. Ich hab dann durch Zufall über einen Freund eine neue Schule gefunden. Die „Schule für asiatische Kampfkunst", wo ich immer noch bin. Es war ja eigentlich mein Motto, dass ich lerne, mich zu wehren. Ich bin da aber Menschen begegnet, die das ganz anders angegangen sind. Und das hat mich zunächst irritiert „Was soll das? Hier wird noch meditiert." Statische Übungen, wo es um Energie geht, um Bewegungsmeditation, um Körperbeherrschung. Nicht nur um Körperbeherrschung, sondern auch um Harmonisierung von Körper und Geist. Das habe ich zunächst nicht ganz verstanden. Es hat mich irritiert. Aber ich hab von Anfang an das Gefühl gehabt, dass ich angenommen werde. Da gab es auch nicht dieses brachiale Machtgehabe, was bei vielen Kampfsportschulen gang und gäbe ist. In den anderen Kampfsportschulen bin ich auch gelegentlich subtil wegen meiner Hautfarbe angemacht worden. Das ist an der Schule für asiatische Kampfkunst nicht passiert. Ich bin da akzeptiert worden. Kommst du, trainierst du, kommst du nicht, trainierst du nicht. Ich hatte das Gefühl, dass meine Trainer mich gut fanden. Mein vorheriger Background war da total unwichtig.

Es sind auch andere aus der Szene der autonomen Antiimperialisten mit in den Verein gekommen, und wir sind als Gruppe akzeptiert worden. Unsere Politik war da außen vor. Die hatte im Dojo nichts zu suchen. Das hat mir sehr gut gefallen. Einerseits hat mich diese Herangehensweise irritiert, auf der anderen Weise hat sie mich auch fasziniert. Wir sind mit Trainern auf Lehrgänge gefahren und haben dort andere Trainer kennengelernt, die die Dinge anders angingen. Wir waren akzeptiert und respektiert. Das Training hat mir sehr gefallen, weil es schön auf Power ging. Ich brauchte das Auspowern, Wut und Energie rauslassen. Ich bin oft zum Training gegangen und hab nach und nach mehr von dem Stil mitbekommen. Ich mache Chan Shaolin Si, eine Richtung, die aus dem Shaolin Kempo kommt. Mein Lehrer Stefan hat nie versucht, mich zu belehren; er hat mich so akzeptiert, wie ich bin. Es war eine angenehme Atmosphäre. Stefan mich irgendwann gefragt, ob ich gerne Trainer werden möchte. Ich hab dann 1989 angefangen, selber Trainings zu geben. Alle wussten, dass ich früher schon mal Sparring beim Kickboxen gemacht hatte. Sie haben mich gefragt, ob ich die Elemente von Sparring in diese Schule mit einbringen möchte. Ich fand diese Offenheit dort sehr gut. Es gibt Schulen, die andere Lernstile ablehnen, die sagen, unser Stil ist der beste, und das passiert bei uns nicht. In der Schule für asiatische Kampfkunst werden andere Stile akzeptiert und respektiert, und da wird nicht darüber geredet, was besser oder schlechter ist. Man soll das machen, was man will, aber konsequent. Ich hab gesagt, ja, Unterricht würde ich gerne geben, aber nicht im Kickboxen. Ich wollte Kung-Fu unterrichten. Da war ich kurz vor dem Schwarzgurt. Ich stand kurz vor der Graduierung zum 1. Toan im Chan Shaolin Si.

Ich hab dann angefangen, Stunden zu geben. Die anderen Trainer haben mir freie Hand gelassen. Sie haben mir vertraut, was mir sehr gutgetan hat. Als Trainer hab ich gemerkt, dass ich sehr gut mit Gruppen arbeiten kann. Ich kann Leuten Dinge verständlich vermitteln. Ich kam aus einer anderen Ecke als meine Trainer und auch mit einer anderen Motivation da rein, das wussten die anderen. Ich hab das hier und da auch mal durchscheinen lassen, aber meine Geschichte nicht vor mir hergetragen. Ich glaube, die meisten aus dem Verein waren sehr verwundert, was sie da gelegentlich von mir erfahren haben.

Aber ich schob das weg, was vorher war. Ich versuchte, mein Leben im Jetzt anzugehen. Das, was vorher war, war hart, war brutal, war fies. Aber mein Ding war: Ich bin da durchgekommen. Ich ließ mich nicht festschreiben: schlimme Kindheit, schlimme Geschichte und so weiter. Was man so schön in der pädagogischen Fachlektüre liest, das hat mich immer genervt. Ich wollte meine Geschichte hinter mir lassen. Das ist mir zu der Zeit auch zum Teil gelungen. Natürlich lässt man seine Geschichte nie komplett hinter sich. Bei der Kampfkunst konnte ich mich austoben, auspowern. Da hab ich von allen Trainern Anerkennung bekommen. Und mir hat auch gefallen, dass unser Verein sich von diesen normalen Kampfkunst- und Kampfsportstrukturen abgesetzt hat, autonomer war. Es gab einen Zusammenhalt unter den Trainern, wir sind immer solidarisch miteinander umgegangen. Jeder wurde akzeptiert, egal woher er kam. Zu der Zeit hab ich mein Abitur nachgemacht und auf der Baustelle gearbeitet Das fanden alle vom Verein sehr gut, und es hat mir Anerkennung gebracht. Ich hatte nie das Gefühl, dass jemand auf mich herabschaute. Und die Kampfkunst hat mir eine gewisse innere Ruhe gegeben. Ich bin immer mehr von dem Gedanken weggekommen, dass ich es nötig habe, mich zu wehren. Das hat mir eine wirkliche Selbstsicherheit gegeben, innere Ruhe – ein schöner Begriff. Ich bin eigentlich ein sehr unruhiger Mensch, sehr impulsiv. Das wird sich auch nicht ändern, das hat auch seine Vorteile und das soll auch so bleiben. Aber manchmal hat es auch Nachteile. Da hat mir gerade die Atemübung, die Meditation geholfen, da runterzukommen.

Die Wut ist aber nie gewichen, die ist immer noch da. Die ist gerade im aktuellen Kontext noch mal so richtig hochgekommen. Die Kampfkunst war für mich ein gutes Medium. Für andere ist es die Musik, tanzen gehen. Durch unseren Kampfstil habe ich sehr viel gelernt. Du beschäftigst dich ja hauptsächlich mit dir selber. Dass du Partnerübungen machst, begreift jeder ein wenig anders. Zu 75–80 Prozent beschäftigst du dich erst mal mit dir selber, deinem Inneren. Du lernst, deine inneren Widerstände zu überwinden. Allein schon sich hinzusetzen und zu meditieren war schon Widerstandsüberwindung. Dann selber Training geben. Die Leute sind gerne gekommen, ich hatte volle Gruppen. Ich hatte die unterschiedlichsten Menschen vor mir, für die ich ein Gefühl, Empathie entwickelte. Der eine wollte dies, die andere konnte das. Mir war es als Trainer nie wichtig, wie gut jemand ist. Mich hat interessiert, ob jemand Bock darauf hatte, ob jemand ernsthaft dabei war. Ich bin relativ schnell in meinen Bewegungen. Das ist aber auch keine Kunst, wenn man so klein ist wie ich, so flink. Andere sind relativ kräftig, die gehen über die Maximalkraft. Ich gehe über die Schnellkraft, und das war für meinen Stil optimal.

Dann hab ich nach und nach angefangen, auch außerhalb des Vereins Trainings zu geben. Das wurde vom Verein unterstützt. Der Verein hat mir auch Struktur gegeben. Ich konnte nach außen gehen, beispielsweise in Schulen, Jugendzentren. Hab gesagt, ich komme von der Schule für asiatischen Kampf, und gefragt, ob sie Lust auf Selbstbehauptungskurse haben. Ich hab angefangen, nachmittags solche Kurse zu geben. Oder ich bin angesprochen worden, weil ich viele Menschen in Köln kenne und viele aus der alten linken Szene auch Pädagogen waren. Die haben mich gefragt, ob ich Lust hätte, mit ihnen zu trainieren. Natürlich hatte ich Lust. Ich war im Vorstand des Vereins mit dabei. Die Leute fanden es gut, wie ich mein Training gestaltet habe. Die haben es auch bei den Prüfungen mitbekommen. Bei den Prüfungen haben wir es immer so gemacht, dass der Trainer, der die Schüler trainiert hat, auch die Prüfungen abgenommen hat. Der Trainer sagt, was gemacht werden soll. Da hat jeder gesehen, was meine Art der Kommunikation mit den Schülern ist. Mir geht's nicht um dieses brachiale „wer ist der Beste?", sondern eher darum zu schauen, dass jeder nach seinen Möglichkeiten trainiert. Und das ist in vielen Kampfsportschulen anders.

So bin ich nach und nach in diese Selbstbehauptungskurse reingekommen. Gerade in den 80er-Jahren hat sich der Mädchenselbstbehauptungsbereich entwickelt. Und irgendwann kam die Erkenntnis, dass man für die Jungs auch was tun muss. So gab es auch für sie Selbstbehauptungskurse. Nicht alle Jungs sind automatisch offensive, aggressive Täter, sondern auch Jungs brauchen Selbstbewusstsein. Fehlendes Selbstbewusstsein führt zur Gewalt oder kann zu Gewalt führen. Gewalt entsteht oft aus einem Gefühl der Angst.

Angst kann dich lähmen, Angst kann dich auch pushen. Mich hat es gepusht, und andere lähmt es. Und so bin ich in diesen Bereich reingekommen, da habe ich immer mehr Leute kennengelernt. Sozialpädagogen haben mich angesprochen, weil sie mein Training gesehen hatten. Schulen haben immer mehr angefragt. Ich habe angefangen, mit anderen Gewaltpräventionstrainern zu kooperieren. Insgesamt hat die Kampfkunst mich ruhiger, selbstbewusster gemacht. Ich habe gesehen, ich hab das Zeug, was zu vermitteln, und die Leute nehmen es auch an. Jeder Trainer hat eine andere Biografie und kommt aus einer anderen Richtung. Mir hat das, was meine Trainer mir gegeben haben, vielleicht gerade, weil sie nicht aus meiner Richtung kommen, viel gegeben. Es ging nicht darum, sich durchzusetzen, zu zeigen wer der Stärkste ist. Hier ging es um Ruhe, Entspanntheit. Bei uns im Verein wird Kampfkunst sehr als Bewegungsmeditation betrieben. Natürlich kommen die Elemente der Selbstverteidigung, auch der realistischen Selbstverteidigung hinzu. Die waren mir immer wichtig. Du weißt ja, was du tust. Früher hab ich mir keinen Kopf gemacht, wenn ich zugeschlagen habe. Ich habe durch die Kampfkunst eine viel größere Schlaghemmung erhalten. Hört sich vielleicht schizophren an, ist aber so. Ich hab eine höhere Schlaghemmung. Ich schlage nicht mehr zu, außer ich werde bedroht oder andere werden bedroht. Ich bin aber durchaus in der Lage einzugreifen, nicht nur zuzugucken oder vorbeizugehen, wenn andere angegriffen werden. Das war mir immer ganz wichtig, dieses Repertoire zu haben. Dadurch, dass diese Mischung realistische Selbstverteidigung beinhaltet, kannst du dich auf der einen Seite wirklich wehren. Auf der anderen Seite gehst du aus jeder Schlägerei, aus jedem Kampf, in den du nicht reinkommst, dem du aus dem Weg gehst, den du früh erkennst, als Sieger hervor. Jemanden zu verletzen hat mir nie Spaß gemacht. Ich finde an Gewalt nichts Gutes, und trotzdem gibt sie dir ein Gefühl der Macht. Man kann manchmal auch sagen, es ist fast wie ein Orgasmus. Wie beschissen ist das? Durch die Kampfkunst bin ich da rausgekommen.

Heute arbeite ich als Anti-Gewalttrainer vor allem mit Kindern und Jugendlichen. Die meisten, die mit mir die Ausbildung gemacht haben, waren Pädagogen und Lehrer, die irgendwann auf die Idee gekommen sind, Anti-Gewalt- oder Anti-Aggressionstrainer zu werden. Ich bin kein Anti-Aggressionstrainer, das ist mir ganz wichtig. Ich bin Anti-Gewalttrainer. Die Ausbildung hat ähnliche Inhalte, basiert aber auf der konfrontativen Pädagogik. Konfrontative Pädagogik bedeutet, dass du dein Gegenüber mit der Tat konfrontierst, mit seinem Verhalten, um bei ihm das oberste Ziel zu erreichen, sich empathisch in die Person zu versetzen, der er was angetan hat. Das ist vereinfacht formuliert.

Das harte Anti-Gewalttraining mache ich nicht an Schulen, das hat an Schulen nichts zu suchen. Das machst du mit Jugendlichen, jungen Erwachsenen, die im Knast sitzen oder die vom Richter dazu verurteilt worden sind, dies als Auflage bekommen. Dieses Training macht jemand, der eine Gewalttat begangen hat, dem aber noch eine Chance gegeben werden soll. Damit soll erreicht werden, dass derjenige sein Verhalten erkennt und sein Verhalten verändert. Ganz wichtig ist, dass dieser Mensch sieht, was er seinem Opfer angetan hat und verstehen lernt, wie sich das Opfer gefühlt hat. Vor allem soll er aber auch Impulssteuerung lernen. Impulssteuerung heißt, nicht bei jeder Provokation direkt auszurasten, direkt draufzugehen. Das ist der harte Anti-Gewaltbereich.

Was ich an Schulen mache, nennen manche Coolness-Training. Ich nenne mein Training „Kompetenz- und Konflikttraining", mit Konflikten leben lernen. Was ich meine, ist, dass wir Konflikte haben, die wir austragen müssen. Aber ohne Gewalt. Das ist das Ziel, das ich versuche zu vermitteln. Ich mache ganz schwierige Kooperationsgeschichten mit Kindern und Jugendlichen. Es geht darum, sich damit zu beschäftigen, was Gewalt ist. Gewalt ist nicht nur Zuschlagen. Gewalt fängt viel früher an. Ich muss nur die Zeitung aufschlagen und sehe, wie viel Gewalt in der Welt passiert. Das sehen die Kinder und Jugendlichen auch. Ziel ist, diese unterschiedlichen Formen von Gewalt, auch strukturelle Gewalt, zu erkennen, sie überhaupt erstmal wahrzunehmen, ein Gefühl dafür zu kriegen. Den Kindern und Jugendlichen soll vermittelt werden, dass keiner das Recht hat, jemanden zum Opfer zu machen. Jeder hat das Recht auf seine eigenen Grenzen, seinen eigenen Bereich. Ich muss die Grenzen der anderen anerkennen. Aber um sie anzuerkennen, muss ich sie erst mal wahrnehmen. Viele Kinder und Jugendliche, aber auch Erwachsene, nehmen sie nicht wahr. Es geht um Sensibilisierungsübungen und darum zu lernen, mit Provokation umzugehen.

Ich frage die Kinder immer: „Wenn jemand dich provoziert, was will der dann von dir?" Sie meinen, dass der sie wütend machen will. „Und wenn der es schafft, dich zu provozieren, wer ist dann der Sieger?" Dann sagen die mir tatsächlich, dass sie die Sieger sind. Ich versuche ihnen klarzumachen: „Wenn ich es schaffe, dich zu provozieren und mein Ziel erreiche, dann bin ich da, wo ich hinwill." Und dann geht es um Eigenverantwortung. Den Kindern soll mit den Übungen beigebracht werden, dass sie die Macht über sich selbst behalten, dass sie aber in dem Moment, in dem sie sich provozieren lassen, die Macht an den anderen abgeben. Die schenken sie dem anderen. Und der sitzt am Ende da, wenn sie den Ärger kriegen, und reibt sich die Hände.

Ganz wichtig ist für mich, auch deutlich zu machen, dass man sich nicht alles gefallen lassen muss. Das verstehe ich nicht unter Anti-Gewalt. Aber du musst in dem, wie du dich wehrst, die Grenzen wahren. Du musst wissen, wo es zu viel ist, wo du vom Opfer zum Täter wirst. Das wird sehr bewegungsorientiert vermittelt, denn das kriegt man nicht über Reden hin. Und das ist ein ganz schmaler Grat. Ich sag bei meinen Trainings immer: „Aus der Aktion in die Reflexion." Wir machen Übungen, in denen ich versuche, Situationen – auch Gewaltsituationen – nachspielen zu lassen, um dann zu fragen: „Wie kann man da rauskommen, ohne die Grenze zur Gewalt zu überschreiten?" Es geht in den Übungen immer darum, einen Transfer zum Alltag herzustellen. „Was hat das mit deinem Alltag zu tun? Wo hast du das schon mal gesehen? Wo hast du das schon mal selber erlebt? Wie hätte man es anders lösen können." Ich arbeite mit vielen Schulklassen, und da geht es darum, nach dem Motto „Gemeinsam sind wir stark" den Zusammenhalt zu stärken. Mein eigener Weg ist natürlich durch die Kampfkunst gekennzeichnet. Viele Kinder, mit denen ich arbeite, sind – wie ich früher – nicht in der Lage, ihre Impulse zu steuern. Da kommt der Reiz und sie ballern drauf. Ich versuche, diesen roten Knopf, diesen Triggerpunkt nach hinten zu verlagern. „Lass dich nicht zur Marionette machen."

Ich bin überzeugt, dass ich durch meine eigene Gewalterfahrung für diesen Job prädestiniert bin. Das lese ich auch aus der Anerkennung der Kinder heraus. Sie nehmen mich genauso an wie die Lehrer. Ich gebe nicht nur den Kindern Training, ich unterrichte auch die Lehrer. Und ich weiß, dass mein Ansatz authentisch ist. Der speist sich aus meiner Biografie, aus meiner eigenen Gewalterfahrung, meiner Erfahrung sowohl als Opfer als auch als Täter. Meine Tätererfahrung thematisiere ich nie bei den Kindern. Sie fragen zwar manchmal, ob ich auch schon mal jemanden verprügelt habe. Dann sage ich schon: „Ja, das hab ich mal gemacht." Ich belüge sie nicht. Aber ich lege es nicht auf den Tisch. Das würde sie auch überfordern. Mir ist es gelungen, den Kreislauf der Gewalt zu durchbrechen. Du stellst dich gesellschaftlich ins absolute Abseits, wenn du nur mit diesen Mitteln arbeitest. Mir geht es in meinem Job darum, den Kindern klarzumachen: Wenn ich Gewalt ausübe, dann tue ich mir selber auch immer was an. Ich mache was in mir kaputt. Ich frage die Kinder dann auch: „Wenn du dem jetzt richtig was antust, dann prügelst du ihn so, dass er im Krankenhaus liegt. Wie fühlst du dich danach? Fünf Minuten später, einen Tag später, eine Woche später?" Dann sagen sie zu mir: „Scheiße!" Ich frage nach „Was meinst du mit Scheiße?" „Ich hab ein schlechtes Gewissen." „Tut mir leid, das wollte ich doch gar nicht". Dann sage ich: „Okay, aber das weißt du vorher."

Mir geht es darum, Eigenverantwortung zu entwickeln. Wenn du dich für das Mittel der Gewalt entscheidest, dann hast du dich in der Sekunde, in der du dem anderen eine reinhaust, auch für die Konsequenz entschieden. Du kannst danach nicht sagen: „Das wollte ich aber nicht." Nein, du wolltest es in diesem Moment. Bei mir im Kurs gibt es ganz klare Regeln, in deren Rahmen es Freiraum gibt. Wenn die Teilnehmer die Regeln brechen, dann haben sie sich dafür auch entschieden. Das kapieren die Kinder. Das kann ich gleich in der ersten Klasse spielerisch rüberbringen. Und das klappt in jeder Schulform, ob das Förderschulen, Hauptschulen oder Gymnasien sind. Und das funktioniert auch mit Erwachsenen.

In meinem alltäglichen Leben, in meinen direkten Lebenszusammenhängen erlebe ich Gewalt eigentlich nicht mehr. Allerdings bin ich jemand – und das war immer so –, der sich dann einmischt, wenn er sieht, da passiert eine gewalttätige Auseinandersetzung. Wenn jemand zusammengeschlagen wird, bin ich keiner, der vorbeigeht und das nicht sehen will. Ich versuche aber so besonnen wie möglich ranzugehen, ohne mich selbst in Gefahr zu bringen. Das ist auch etwas, das ich in meine Kurse einzubringen versuche. Es geht immer darum zu helfen, ohne sich selbst in Gefahr zu bringen. Aber so wie ich jetzt hier lebe, gibt es keine gewalttätigen Auseinandersetzungen. Konflikte, die ich jetzt habe, löse ich verbal, oder ich gehe weg. Es kommt nicht zur körperlichen Gewalt. Und ich versuche auch nicht, andere Leute verbal plattzumachen. Das empfinde ich auch als Gewalt.

Allerdings weiß ich, dass ich verdammt aufpassen muss, weil der Rassismus hier bei uns immer heftiger wird. Jeder Schwarze, jeder Mensch mit Migrationshintergrund muss in diesem Land verdammt aufpassen. Das sehe ich mit großer Angst und Sorge. Ich passe auch auf, wo ich hingehe. Ich gehe nicht überall hin. Jeder Schwarze, jeder Mensch mit Migrationshintergrund, jede Person of Color kann hier – ruckzuck – Opfer von Gewalt werden. Dieses ganze Rassistenpack, das jetzt unbehelligt immer mehr herauskommt! Ich muss nur in einen Zug einsteigen, in dem eine Horde von Fußballfans mitfährt. Da kann viel passieren, und in so einer Situation kann ich mit meiner ganzen Kampfkunst auch nichts mehr machen. So einfach ist das. Gewalt spielt für mich eine Rolle, wenn ich an Flughäfen oder Bahnhöfen bin. Ich bin prädestiniert dafür, zu Kontrollen rausgeholt zu werden. Racial profiling. Diese ganze Scheiße geht da ab. In bestimmte Regionen der Bundesrepublik würde ich nicht fahren, weil ich nicht lebensmüde bin. Das sind mittlerweile No-Go-Areas. Das hab ich auch Schwarzen in den USA gesagt. Die haben gemeint: „Ah, ich will nach Europa, ich will nach Deutschland." Ich hab dann nur geantwortet: „Lass die Füße aus Ostdeutschland raus."

Auch wenn ich Gewalt als Mittel der Kommunikation und der Auseinandersetzung ablehne, bin ich in der Lage, Gewalt anzuwenden, aber nur zur Selbstverteidigung, um mich oder andere Menschen zu schützen. Als Ultima Ratio, wie man so schön sagt. Absolut nur dann. Vorher nicht. Aber ich lasse mich nicht zusammenschlagen. Ich hab immer noch meinen roten Punkt. Den hat jeder Mensch. Mich kann man heute noch mit dem N-Wort antriggern. Ich sage auch heute nicht, dass ich Pazifist bin. Jeder, der mich kennt, würde mich auslachen, wenn ich das behaupten würde. Aber ich finde an Gewalt nichts Erstrebenswertes. Ich finde Gewalt ziemlich ekelhaft. Und das versuche ich rüberzubringen. Mir ist es wichtig, durch die Kampfkunst eine Ruhe-Impuls-Steuerung zu trainieren. Früher ging es nach dem Muster Reiz-Reaktion, Bim-Bam, Klatsch-Klatsch. Du sagst es, und ich klatsch drauf. Dadurch bist du manipulierbar für die anderen. Durch die Kampfkunst ist es mir gelungen, diesen Triggerpunkt, den roten Knopf, nach hinten zu schieben. Und trotzdem bin ich einer, der sich nicht zum Opfer machen lässt. Das hab ich sehr früh gelernt. Lass dich nicht zum Opfer machen. Du bist andererseits aber auch Opfer, wenn du bei jeder kleinsten Provokation zur Gewalt greifst. Bei der Kampfkunst ist es für mich zentral gewesen, meine Impulse zu steuern. Und das versuche ich, Kindern, Jugendlichen und Erwachsenen in meinen Trainings zu vermitteln.

Mutter

10 Nach 51 Jahren

„ Ich habe meine Mutter erst mit 51 Jahren gesucht. In meinem Umfeld hatten mich viele schon lange gedrängt, dass ich doch unbedingt auf die Suche gehen müsse. Aber ich hatte Angst, große Angst. Ich wusste eigentlich immer, ich werde sie irgendwann einmal suchen, aber ich hab das vor mir hergeschoben. Ich hatte Angst, weil ich nicht wusste, was für eine Antwort ich kriegen würde, und die Antwort hätte verdammt wehtun können. Ich wusste, ich bin das Kind von einer *weißen* Frau, von einem Schwarzen Vater, von einem Schwarzen Mann. Egal, ob man mir sagte, ich sei Araber oder nicht – als Kind habe ich mich als Schwarzer gefühlt. Alleine schon deshalb, wie man mir in der Gesellschaft begegnet ist, war das gar nicht anders denkbar. In meinem Kopf gab es so eine Fantasiewelt, und ich hatte auch Fantasien über meine Mutter – *weiße* Frau aus einem einflussreichen irischen Haushalt, und dann geht deine Fantasie mit dir spazieren.

Mir wurde gesagt, sie sei 17 Jahre alt gewesen. Das war eine Lüge, die für meine Mutter gearbeitet hat, weil ich gedacht habe: Diese arme Frau, eigentlich noch ein Mädchen, hat in der Zeit ein Schwarzes Kind bekommen, mich. Was für einen Horror muss die erlebt haben. Aber sie hätte auch so eine „stupid white woman" sein können, so eine normale *weiße* Frau, die das bereut, die sagt: „Das war ein großer Fehler, dass ich mit einem Schwarzen Sex hatte, lass mich in Ruhe." Ich wusste nicht, ob ihre Familie etwas von mir weiß. Dann hatte ich Angst, auf Ablehnung zu stoßen. Das brauchte ich damals nicht. Ich hatte einfach Angst davor, was ich finden würde. Und im Endeffekt ist es ja auch so gekommen. Es ist schön, dass wir uns gut verstehen. Dass sie mich gesucht hat, ist ein wunderschönes Gefühl. Aber diese ganze Wahrheit rauszufinden, über meine Familie, also über meine Ursprungsfamilie, das ist für mich persönlich eine Katastrophe gewesen. Ich hatte lange nicht gesucht, weil ich nicht wusste, ob ich es durchstehen würde, die Wahrheit zu erfahren. Sie hätte nein sagen können, sie hätte tot sein können.

So ab Mitte 40 hab ich mir gedacht: „Jetzt wird es langsam knapp." Ich wusste, ich war ja nicht einfach so zur Adoption freigegeben worden. Ich wusste, dass es unter Zwang passiert war. An der Stelle bin ich nicht belogen worden. Aber Menschen können sich ändern. Es war ja klar, dass ich für die Sache in die USA fliegen musste. Allein diese Vorstellung hat in mir Horror ausgelöst. Wie sollte ich denn das schaffen? Ich musste nach Denver, weil ich dort geboren bin. Ich hatte überhaupt gar keine Idee, wie ich das machen sollte. Die Entscheidung, etwas zu unternehmen, war dann wirklich sehr spontan. Sie ist natürlich über Jahrzehnte gereift, aber ich hab an meinem 51. Geburtstag dann gedacht: Ich kümmere mich jetzt nur noch um mich.

Solange Eva Kisselbach noch gelebt hat, kam das für mich sowieso nicht infrage. Dann hätte ich mich noch mit ihr darüber auseinandersetzen müssen. Das wäre furchtbar gewesen, das wäre nochmal ein richtiger Kampf geworden. Ich bin froh, dass sie tot ist. Ich wusste auch, ich werde meiner Mutter den ganzen Horror erzählen müssen. Ich wollte ihr das aber nicht erzählen. Ich musste aber, ich wollte sie nicht belügen. Ich kann ja nicht sagen, dass hier alles superschön war, dass ich in Deutschland bei einer tollen Adoptivfamilie war, dass wir uns geliebt haben und so weiter. Das sieht man mir im Gesicht an, das merkt man in jeder Pore von mir, dass es nicht so war. Ich weiß auch nicht, ob ich es vor zwanzig, dreißig Jahren ausgehalten hätte, mich all dem auszusetzen. Vielleicht wär ich dran kaputt gegangen, wenn ich damals gehört hätte, wer mein Großvater ist, was für ein Dreck dahinter steckt. Ich wäre ausgeflippt.

Im Endeffekt ist es einerseits sehr traurig, dass wir uns so spät gefunden haben, wirklich traurig, andererseits ist es auch gut so. Wenn meine Mutter mich gefunden hätte, als sie wieder angefangen hat zu suchen – da war ich 18 Jahre alt –, hätte das eine Katastrophe geben können. Hätte ich damals erfahren, wer mein Großvater ist, wäre ich ausgerastet, ich war damals ja superradikal. Vielleicht wäre ich darüber wahnsinnig geworden: „Wie, ihr habt mich aufgegeben und ihr seid superberühmt?" Hier geht es um die Position meines Großvaters. Ich war nie wirklich sauer auf meine Ma. Ich war traurig, zutiefst getroffen; aber böse oder wütend auf sie zu sein, dafür hatte ich gar keine Zeit. Ich hatte Angst, dass meine Mutter mich ablehnt. Es kann ja auch sein, dass du eine Familie findest, in der keiner weiß, dass es dich gibt. Wie hätte ich das erklären sollen? Dann in die USA zu fliegen. Die Angst davor hängt mit meiner Politisierung zusammen. Ich hab die USA immer sehr stark abgelehnt. Klar haben sich Freunde über mich kaputtgelacht: „Ey, du bist doch Ami", was ja stimmt.

Von außen wird das immer so romantisierend gesehen: Du musst doch deine Mama suchen, die wird dich bestimmt auch suchen, die wird dich vermissen, bla, bla, bla; aber diesen Schritt zu wagen, das war für mich eigentlich das Schwierigste überhaupt in meinem Leben. Jetzt im Nachhinein stellt es sich als der schönste Schritt heraus, aber das weißt du vorher nicht. Du musst dazu wirklich bereit sein, auch bereit sein, mit Antworten zu leben, die dich weghauen können. Das ist mir nicht passiert, und das ist großes Glück. Dass ich nun eine Frau finde, die total klar ist, total bewusst ist, die sich ihrer Eigenverantwortung auch stellt, ist mir ganz wichtig. Sie schiebt nicht alles nur auf ihren Vater, sondern sagt einfach: „Okay Andy, ich muss auch Eigenverantwortung übernehmen." Das heißt ja nicht Schuld, sondern einfach nur Verantwortung, Das bringt uns sehr, sehr nah zusammen. Aber wäre ich vor 30 Jahren zu allem in der Lage gewesen? Nein. Ich habe zwar jetzt meine Mutter gefunden, und es ist irgendwie ein märchenhaftes Ende. Aber ich würde niemals hingehen und jemandem, der adoptiert wurde, sagen: „Du musst deine Mutter oder deine Eltern finden." Ob Mutter oder Vater, ist vielleicht erstmal egal. Allerdings denken die meisten sicher zuerst an ihre Mutter – das ist einfach so. Es gab einen Punkt, da hab ich immer zuerst an meinen Vater gedacht, einfach weil ich Schwarz bin. Ich hab immer gemeint, ich muss meinem Vater total ähnlich sehen. Dass sich jetzt rausstellt, dass ich meiner Mutter total ähnlich sehe, außer dass die Hautfarbe unterschiedlich ist, ist unglaublich. Manchmal denke ich: „Bin ich ein Duplikat von dir oder was?"

Aber man sollte niemanden zur Suche nach dem Vater oder der Mutter drängen – nein, das bringt nichts. Wenn du dich nicht fit fühlst, dich diesen Fragen oder Antworten zu stellen, lass die Finger davon. Egal, wie das ausgeht, du wirst auf jeden Fall schmerzhafte Antworten bekommen, wie ich jetzt auch. Die Leute sagen alle: „Toll, toll, toll, es ist toll!" Vielen Dank – aber die Antworten, die dahinterliegen, die du kriegst, die tun richtig weh. Und dann kann passieren, dass du auf Ablehnung stößt oder die Person tot ist oder dass du erfährst, du bist das Kind aus einer Vergewaltigung, die Frau sagt „Danke und tschüss", du erinnerst mich an den absoluten Horror meines Lebens. Du weißt es vorher nicht; ich wusste ja auch nicht, was meine Mutter über meinen Vater denkt. Sie denkt kritisch über ihn, aber sie denkt solidarisch kritisch über ihn. Sie verurteilt ihn nicht, überhaupt nicht. Natürlich hat sie auch Grund, ihn zu kritisieren. Egal, ob Schwarz oder *weiß* – er hat sie im Regen stehen lassen. Das ist so. Er hat sie im Stich gelassen – Punkt – und er war zehn Jahre älter, ein erwachsener Mann. Ich würde Leuten eher abraten zu suchen.

Es ist ja tatsächlich auch so, dass ich seitdem mein Leben in Teilen noch einmal rückwärts lebe. Ich gehe da nochmal komplett durch, durch die ganze Scheiße, von Anfang bis Ende. Ich sehe, wo ich überall belogen wurde, mache vor dem Hintergrund meines neuen Wissens alles noch einmal durch. Und was erschwerend dazukommt, ist, dass meine Adoptivfamilie so ein Horror war. Wenn ich eine Familie gehabt hätte, bei der klar ist, dass sie mich liebt und ich sie liebe, hätte ich mich eventuell früher entschieden zu suchen. Nirgendwo ist natürlich alles gut, aber es ist vielleicht eine Grundwärme da, und du bist gut aufgehoben, du bist da zu Hause. Dann kannst du anders starten, weil du einen Background hast. Da kannst du auch eher Ablehnung aushalten, weil deine Adoptivfamilie dich auffängt. Ich war aber nirgendwo zu Hause, ich war alleine; wie sollst du das dann machen? Und ich wusste, dass dieses ganze Trauma, Adoptiveltern, Gewalt, Brutalität, Misshandlung, alles wieder hochkommen wird. Man nennt das auch Re-Traumatisierung. Das ist es, was ich momentan durchmache.

Mit der Entscheidung, meine Mutter zu suchen, musste ich dieses ganze Trauma, diese ganze Brutalität, diese ganze Gewalt, wieder durchleben. Und das kriegst du gar nicht weggepackt. Viele kommen ja nicht in die netten, tollen Familien. Es heißt immer wieder: „Was müssen das für tolle Menschen gewesen sein, die dich adoptiert haben, so selbstlos." Ne, Adoption ist Egoismus, zumindest in meinem und in vielen anderen Fällen. Ich will unbedingt ein Kind, und das muss noch ganz speziell sein. Die adoptieren ein Schwarzes oder ein chinesisches oder ein vietnamesisches Kind, also ein Kind aus einem anderen Kulturkreis. Das ist in meinen Augen ein Verbrechen. Für mich ist das eine Unverschämtheit, Kinder aus anderen Kulturkreisen hier in den *weißen* Kulturkreis reinzuzwingen. Und dann sollen die Kinder in diesem Kulturkreis leben. Mich nach Deutschland zu holen – dadurch habe ich gar keine Wurzeln gehabt, die hat man ja sozusagen komplett rasiert. Eigentlich bin sogar doppelt meiner Wurzeln beraubt worden. Die US-amerikanischen und die äthiopischen Wurzeln hat man mir genommen. Nach allem, was man mir berichtet hatte, war ich Araber. Die Leute, denen ich das jetzt erzähle, sind geschockt: „Sag mal, wie kann man denn so was machen? Du kannst doch nicht ein Kind von einem Äthiopier zum Araber machen."

2013 bin ich ins Internet auf die Seite „Adoption.com" gestoßen und habe dann erst durch die Suchanzeige meiner Mutter erfahren, dass mein Vater Äthiopier war oder ist. Ich saß am Tisch in meiner Wohnung mit einem Freund, der die Seite aufgerufen hatte. Und da stand in einer Suchanzeige der Name Reginald Vincent Robbie, der auch in meiner Adoptionsurkunde steht. Dann lese ich den Namen meiner Mutter: Diane Elizabeth Truly. Ich gucke genauer und sehe, oh, geborene Robbie, und ich denke: „Bitte was?! Wie Robbie? Die heißt Robbie?" Also ist mein richtiger Name der, der auf der Adoptionsurkunde steht! Da bin ich schon mal fast vom Stuhl gefallen. Das war die erste Lüge, die man mir aufgetischt hatte: Mein Name war nie von der Adoptionsagentur geändert worden. Dann gucke ich weiter, und da steht, dass mein Vater Äthiopier ist.

Das war Ende August 2013. Ich hab zwei Wochen gewartet, bevor ich mit meiner Mutter telefoniert habe. Was heißt gewartet – ich hab ihr eine E-Mail geschrieben über Facebook, weil ich ihre Facebook-Seite gefunden habe. Das war witzig, weil meine damalige Frau Sarah sich dieses minikleine Bild bei Facebook angeguckt und dann zu mir gesagt hat: „Andy, da kommst du nicht mehr raus, das ist deine Mutter! Die sieht dir ähnlich oder du siehst ihr ähnlich." Ich sagte: „Bitte was? Woher nimmst du das, ich sehe das nicht." Ich hab das nicht so gesehen. Dann hab ich ihr eine Nachricht auf Facebook geschrieben, auf die ich keine Antwort bekommen habe, weil sie die einfach nicht gekriegt oder nicht gesehen hat, und ich bin dann hier zwei Wochen mehr oder weniger durchgedreht, weil ich auf die Antwort gewartet hab. Aber dann haben wir das über ein Telefonat geregelt. Meine Mutter hat mich am Telefon gefragt: „Sag mal, weißt du eigentlich, wo du herkommst?" „Also, naja, bisher bin ich immer davon ausgegangen, dass ich halber Ägypter bin. Jetzt lese ich, dass ich Äthiopier bin." Und sie meinte: „Jaja, dein Vater war Äthiopier." Eva Kisselbach hatte mir erzählt, ich sei halber Ägypter. Man hätte mir auch einfach sagen können, „Okay, du bist Afroamerikaner". Das wäre keine Lüge gewesen. „Und wir wissen, dass du zur Adoption freigegeben wurdest, weil du eine *weiße* Mutter hast und einen Schwarzen Vater." Über den Rest hätte man einfach die Schnauze halten sollen, bevor man mir so eine Lüge erzählt. Ich muss allerdings sagen, dass ich nicht weiß, wer die Lüge aufgetischt hat. Vielleicht hat Catholic Charities die verbreitet, weil ich als halber Ägypter besser zu vermitteln war. Als meine Mutter und ich bei Catholic Charities waren, haben wir eine ehemalige Mitarbeiterin, Marie, getroffen, die sich sogar noch an meine Mutter erinnern konnte. Sie sagte, dieser Fall habe sie 50 Jahre nicht losgelassen. Daran sieht man ja schon, was für ein Horror da abgegangen ist. Ich habe dann gesagt: „So, dann tun Sie mir bitte einen Gefallen und sagen mir bitte, ob Catholic Charities schon meine Adoptiveltern belogen und mich vom Afrikaner zum Araber gemacht hat." Marie meinte: „Could be." Aber das ist alles Spekulation. Auf der anderen Seite stand in meiner Originalgeburtsurkunde: Vater Äthiopier. Das war meiner Mutter wichtig, da stand am Anfang nur „negro" drin. Ich sollte erfahren, woher ich komme, falls ich mal suchen würde. Also weiß ich nicht, von wem diese Lüge kam. Das kann Eva gewesen sein, das kann aber auch von Catholic Charities gekommen sein. Es gibt in dieser Adoptionsgeschichte so viele Lügen und Halbwahrheiten.

Fakt ist, man hat mich vom Äthiopier zum Ägypter gemacht. Meine Chancen, adoptiert zu werden, waren anscheinend nicht besonders rosig. Eva hat mir zwei Wochen, bevor sie gestorben ist, erzählt: „Ja, du bist uns als ein sogenannter hoffnungsloser Fall vorgestellt worden, den die nicht weggekriegt haben zur Adoption, und das war ein Grund, warum wir dich genommen haben." Vorher hat sie ja immer die andere Lüge erzählt, dass sie mich genommen hätten, weil ich so süß war. Aber da hat sie das erste Mal die Karten auf den Tisch gelegt. Und das deckt sich mit der Aussage von Marie von Catholic Charities. Die Situation war aussichtslos, und in dieser Aussichtslosigkeit sind halt diese wahnsinnigen Kisselbachs vorbeigekommen.

Bei unserem ersten Telefonat, das sehr emotional war, hat sich meine Mutter direkt entschuldigt. Ich hab ihr dann klargemacht, dass ich nicht sauer auf sie bin, da gibt's gar nichts, und meine Mutter hat ganz schnell gesagt, sie will mich sehen. „I'll come to Germany!" Das war, glaube ich, der vierte Satz beim Telefonat. Sie hat mich direkt gefragt: „Wann kann ich kommen?" Ich war völlig gaga im Kopf und hab gestammelt: „Morgen!" Und sie: „Ja, ja, aber ein bisschen Zeit brauche ich schon." Darüber lachen wir heute noch. Und dann hat sie gemeint, sie könne mich im Oktober/November besuchen, und hat Flüge gecheckt. Sie hat gefragt, wann sie kommen soll, in der Woche oder am Wochenende. Ich habe daraufhin geantwortet: „Ist mir total egal, komm wenn's geht, Hauptsache, du kommst." Ich hätte mir eh alles freigeschaufelt. Dann hat sie mir eine E-Mail geschickt mit ihrer Flugreservierung, die war für den 16. Oktober. Sie sollte morgens um Viertel nach Zehn landen.

Ich bin mit einem Freund zum Flughafen gefahren, war pünktlich da, aber sie kam nicht. Ich stand am Flughafen abholbereit, alle kamen raus, nur keine Diane Truly. Ich stand nur da und muss sehr dumm geguckt haben. Nach einigen Nachfragen hab ich dann erfahren, dass sie in Amsterdam ihren Anschlussflug verpasst hatte. Amsterdam. Da wusste ich schon mal, dass sie in Europa ist. Ich bin nach Hause gefahren, und sie hatte schon bei mir auf den Anrufbeantworter gesprochen.

Schließlich habe ich sie am Abend um 17.50 Uhr abgeholt. Und das war wunderbar, total schön. Erstmal die bange Frage: Wirst du sie erkennen und wird sie dich erkennen? Aber wir haben uns dann in den Arm genommen und sind zum Auto gegangen. Da hat sie

Diane und Andreas bei ihrem Treffen in Köln

mir die erste Handgranate gezündet, als sie mir nämlich erzählte, dass es das erste Mal ist, dass sie mich berührt hat. Auch das hatte man mir anders dargestellt. Das war für mich ein Schock. Ich sagte: „Was ..., bitte was?" Ich hab mich wirklich beherrscht, bin mit ihr zu mir nach Hause gefahren. Dann hat sie die ganzen Briefe von Catholic Charities auf den Tisch gelegt und sofort angefangen, mir aus diesen Briefen vorzulesen. Und ich kriegte immer mehr raus über ihre Familie, ihren Vater, über ihre zehn Geschwister. Sie hat mir Fotos hingelegt von ihrer Familie, von ihren Kindern und von ihrem ersten Ehemann, Reginald. Ich fühlte mich wie im falschen Film, ich war geschockt! Die ersten Tage hat sie mir so viele Sachen vorgelesen, und ich fing so langsam an, das mit meinem schlechten Englisch zu verstehen. Zeitweise kam ich aus dem abwechselnden Lachen und Heulen gar nicht mehr raus. Ich dachte, „Bitte, was ist denn da passiert?", vollkommener Schock.

Dann habe ich vorsichtig angefangen, ihr zu erzählen, was in der Familie Kisselbach passiert ist. Sie wusste eigentlich schon nach dem ersten Telefonat, dass es kein gutes Verhältnis war. Gleich am Anfang wollte sie etwas über meinen Namen wissen: „Sag mal, darf ich dich was fragen?" Und ich: „Ja klar, du darfst alles fragen." „Warum hast du den Namen gewechselt?" Da bin ich ins Stottern gekommen: „Ja, ähm … ja äh äh … weil ich meine Adoptiveltern nicht geliebt habe." Mehr hab ich dazu erstmal nicht gesagt. Sie hat sich dann bei mir entschuldigt, und ich hab gemeint: „Nein, du brauchst dich nicht bei mir entschuldigen, alles in Ordnung. Das ist ein Kampf, der hat mit dir nichts zu tun, das ist ein Kampf zwischen meinen Adoptiveltern und mir. Das ist nicht deine Verantwortung." Das war für sie natürlich sehr, sehr hilfreich, weil sie gemerkt hat, dass ich das auseinanderhalten kann. Wir haben angefangen, vorsichtig darüber zu reden. Sie war die erste, die Begriffe wie „fuck" und „bullshit" benutzt hat, und ich hab nur dagesessen und gesagt: „Danke, wir können offen reden." Ich wusste ja nicht, wer auf mich zukommt, vielleicht so eine alte Dame, bürgerliches Etikett, das weißt du doch alles nicht. Meine Mutter hat mir gesagt: „Ich wollte nicht, dass du in die USA kommst. Ich wollte wissen, wie du lebst, ich wollte deine Wohnung sehen. Ich wollte ein Gefühl. In den USA hättest du mir alles erzählen können. Wenn ich in deine Wohnung komme, dann sehe ich dich, dann fühle ich, wer du bist, und dann krieg ich einen Eindruck." Was ja auch richtig ist. Ich hab dann vorsichtig angefangen, von meinem Leben bei Kisselbachs zu erzählen.

Jetzt ist es jedes Mal wieder irre, wenn ich zu meiner Mutter in die USA fliege. Inzwischen kann ich entspannt hinreisen. Und wenn ich dort bin, kommt meistens meine Tante Deborah, eine Schwester meiner Mutter, aus Minnesota rüber, weil sie mich sehen möchte. Inzwischen gibt es so eine Normalität, wenn ich in die USA fliege. Wir sind einfach zusammen, essen, trinken, schlafen, quatschen – und keine großen Emotionsgeschichten. Jedes Mal, wenn ich wieder zurückkomme nach Köln, bin ich nicht wirklich da, also zerrissen, auseinander. Ich frage mich dann immer: „Was mache ich hier? Ich gehöre hier nicht hin." Die Situation ist schwieriger geworden. Zeitweise habe ich überlegt, ob ich komplett rübergehen soll. Wenn ich in Köln war, habe ich mich in einer Warteschleife gefühlt, dass ich nicht wirklich hier war. Ich war auch nicht mehr arbeitsfähig. Aber das hat sich wieder geändert. Ich breche hier nicht einfach alle Zelte ab. Ich würde mich in den USA nicht wohlfühlen. Ich hab mir alles, was ich hier in Deutschland mache, was ich in Köln habe, mühsam erarbeitet, erkämpft. Das schmeißt man dann nicht einfach in den Müll. Ich bin einerseits Afroamerikaner und fühle mich auch so, wenn ich dort bin. Ich werde auch von den Schwarzen so angenommen. Alle geben dir das Gefühl, dass du einer von ihnen bist. Darum fliege ich jetzt rüber, so oft ich kann. Und dann erfahre ich natürlich jedes Mal mehr Details über die Familie, meine Ursprungsfamilie Robbie. Über die könnte man auch ein Buch schreiben. Und für mich ist wichtig zu wissen, dass ich da jederzeit hinfahren kann. Meine Mutter und ich haben ein tolles Verhältnis, und ich kann ihr kritische Fragen stellen. Das ist super angenehm.

Catholic Charities – Lügen und Geheimnisse
Marianne Bechhaus-Gerst

„Why does Catholic Charities Lie?" – „Warum lügt Catholic Charities?" lautet die Überschrift eines Diskussionsforums zu Adoptionen, die über Catholic Charities abgewickelt wurden, überschrieben.[101] Im Forum berichten Frauen und Männer, die nach ihrer Geburt zur Adoption freigegeben wurden, von der Suche nach ihren leiblichen Müttern. Diese war häufig dadurch entscheidend erschwert oder gar unmöglich gemacht worden, dass Catholic Charities offenbar im Kontext der Adoptionen neue Geburtsurkunden hatte ausstellen lassen, in denen Geburtstage und/oder -jahre, Geburtsnamen und -orte verändert worden waren, um eine spätere Identifikation von Müttern und Kindern zu verhindern.[102]

Catholic Charities ist nicht die einzige Organisation, die es durch Fälschung von Adoptionsunterlagen und Geburtsurkunden sowie durch eine strikte Geheimhaltungspolitik den heute erwachsenen Adoptierten sowie ihren Müttern schwer macht, etwas über ihre biologischen Familien herauszufinden; aber es ist sicher eine der größten und einflussreichsten Einrichtungen dieser Art. „Das kurzlebige Zeitalter der Geheimhaltung", übertitelt der US-amerikanische Historiker E. Wayne Carp ein Kapitel in seinem

---

101 https://adoption.com/forums/thread/110196/why-does-catholic-charities-lie/ [2. 3. 2017].
102 Ebenda; ähnlich auch: https://adoptionfind.wordpress.com/tag/catholic-charities-adoption/ [2. 3. 2017].

Buch „Family Matters. Secrecy and Disclosure in the History of Adoption" von 1998 und verweist mit dem Titel auf die Zeitspanne zwischen den späten 1940er- und den beginnenden 1970er-Jahren mit ihrem von Schweigen und Geheimnis geprägten Adoptionsdiskurs.[103]

Carp macht deutlich, dass sich die Haltung von Wohlfahrtsorganisationen und Adoptionsagenturen bezüglich der Informationsweitergabe an die bei einer Adoption beteiligten Parteien nach dem Zweiten Weltkrieg entscheidend verändert hatte. Begonnen hatte alles in den Jahrzehnten zuvor mit nachvollziehbaren Vorstellungen von Vertraulichkeit. Die an Adoptionen beteiligten Personen sollten dadurch geschützt werden, dass entsprechende Informationen nicht der Öffentlichkeit zugänglich waren. Zwar hatte die „Child Welfare League of America" schon Ende der 1930er-Jahre die Empfehlung herausgegeben, keine Informationen zu den Adoptiveltern an die biologischen Eltern weiterzugeben; es war aber offenbar vor dem Krieg noch üblich, den leiblichen Müttern zumindest anonymisierte Mitteilungen zukommen zu lassen und bei der Wiedervereinigung mit den erwachsenen Kindern zu helfen.[104] All dies änderte sich in den 1950er-Jahren. Die Ursachen für diesen Wandlungsprozess von Vertraulichkeit zur absoluten Geheimhaltung beschreibt Carp als vielschichtig. So änderten sich zum Beispiel nach dem Zweiten Weltkrieg Altersstruktur und Familienstand der Frauen, die Kinder zur Adoption freigaben, signifikant. Vor dem Krieg waren es vor allem verheiratete oder geschiedene Frauen, die arbeiten mussten und ihre Kinder aufgaben, weil sie diese nicht versorgen konnten. In den 1950er-Jahren waren die Mütter im Schnitt wesentlich jünger und meist unverheiratet. Wurden vor 1945 nur 35 % der zur Adoption

---

103 E. Wayne Carp, Family Matters. Secrecy and Disclosure in the History of Adoption, Cambridge, Mass./London 1998, hier S. 102–137.
104 Ebenda, S. 107.

freigegebenen Kinder unehelich geboren, so stieg dieser Wert in den Nachkriegsjahren auf fast 95 %.[105] Wegen des jugendlichen Alters der Mütter und der stigmatisierten unehelichen Geburt der Kinder erschien es nur folgerichtig, über das gesamte Prozedere den Mantel des Schweigens auszubreiten. Das war auch der Wunsch der meisten jungen Frauen und deren Familien, die in der Regel große Anstrengungen unternahmen, die Schwangerschaft zu verbergen. Für viele war die Geheimhaltungspflicht die wichtigste Voraussetzung dafür, eine lizenzierte Agentur mit der Abwicklung der Adoption zu beauftragen. So wurde die Geheimhaltung bald gleichbedeutend mit Professionalität der mit den Adoptionsverfahren beauftragten Organisationen und Personen.[106]

Aber auch die Popularisierung von Freuds psychoanalytischen Studien in den 1940er- und 1950er-Jahren scheint nicht wenig zu den Veränderungen in der Informationspraxis beigetragen zu haben. Sozialarbeiter/innen bedienten sich unterschiedlicher Aspekte psychoanalytischer Theorien, um den beteiligten Parteien Zugriff auf die Adoptionsunterlagen zu verweigern. Auf die Pathologisierung der unverheirateten Mütter in den 1950er- und 1960er-Jahren wurde bereits hingewiesen. Freuds These von den Familienroman-Fantasien wurde so ausgelegt, dass die Öffnung der Akten für inzwischen erwachsene Adoptierte nicht förderlich für die seelische Gesundheit sei.[107]

Adoptionsagenturen und Sozialarbeiter/innen begannen, erwachsene Adoptierte, die ihre leiblichen Eltern suchten, als verstörte und kranke junge Leute zu diskreditieren.[108] In seiner Schrift „Der Familienroman der Neurotiker" beschreibt Freud die Fantasie mancher Patient/innen, sich andere Eltern zuzuschrei-

105 Ebenda, S. 110.
106 Ebenda, S. 111.
107 Ebenda, S. 110.
108 Ebenda, S. 117.

ben und damit zu begründen, wieso sie sich als andere Personen fühlen als die, die sie sind. Dazu gehören zentral Fantasien, ein Stief- oder Adoptionskind zu sein. Diese Phase gehe aber bei einem „normalen" Kind schnell vorüber.[109]

Adoptierte Kinder, so wurde Freuds These weiterentwickelt, hätten ja tatsächlich zwei Elternpaare, und so gelinge es ihnen nicht, den Familienroman als Fantasie zu entlarven. Dies wiederum bestärke und bestätige die Familienroman-Fantasie.[110] Mit der Unfähigkeit, diese Fantasien abzulegen, erklärte man das „Problem" vermeintlich emotional gestörter Adoptierter, die ihre leiblichen Eltern suchten. Als bestes Gegenmittel sah man die Stärkung der Beziehung zwischen Adoptierten und Adoptiveltern an. Um dies zu erreichen, so glaubte man zu wissen, sei es sinnvoll, jegliche Information zu den leiblichen Eltern zu verweigern. Erwachsene Adoptierte wurden nicht selten von Agenturen oder Sozialarbeiter/innen an Psychiater verwiesen, wenn sie Informationen zu den leiblichen Eltern erfragten.[111]

Die leiblichen Mütter kamen in allen Diskussionen darüber, was gut und richtig in der Nach-Adoptionsbetreuung ist, so gut wie nicht mehr vor. Von der neuen Geheimhaltungspolitik waren sie als Erste und am radikalsten betroffen. Sah man in den 1950er-Jahren zunächst noch kein Problem darin, einer Mutter, die ihr Kind zur Adoption freigegeben hatte, auf Anfrage hin eine Fotografie des Kindes zu schicken, so wandelte sich diese Offenheit innerhalb von zehn Jahren in eine strikte Ablehnung solcher Zugeständnisse.[112] Überhaupt ging man dazu über, es als Belästigung der Adoptiveltern zu bewerten, wenn man Nachfragen der leiblichen Mütter

---

109 http://www.textlog.de/freud-psychoanalyse-familienroman-neurotiker.html [3.4.2017].
110 Carp, Family Matters, S. 118.
111 Ebenda, S. 199 ff.
112 Ebenda, S. 108.

Folge leistete. Sie hatten ihre Rechte verloren, und alle Anfragen und Forderungen wurden als Bedrohung des Status der Adoptiveltern und der adoptierten Kinder betrachtet.[113] Angesichts der Pathologisierung der unverheirateten Mütter kann es auch nicht verwundern, dass man eine Rücknahme der Freigabe zur Adoption grundsätzlich zu verhindern suchte. Als Andreas' Mutter Diane im Januar 1963 versuchte, ihren Sohn zurückzubekommen, antwortete die zuständige Sozialarbeiterin, man glaube nicht, dass dies gut sei für sie, da es doch extrem schwierig für ein Mädchen sei, ein Kind alleine aufzuziehen und zu unterstützen und ihm ein normales Zuhause zu bieten. Und außerdem, so heißt es weiter, solle sie die Angelegenheit zunächst einmal mit ihrem Psychiater diskutieren.[114] Da war es wieder, das „normale" Zuhause, gepaart mit der Pathologisierung einer Mutter, die ihr Kind wiederhaben wollte.

Ann Fessler berichtet von einer Mutter, die ihr Kind schon kurz nach der Geburt und der Freigabe zur Adoption wieder zurückholen wollte, weil sie und der Kindesvater nun doch eine Heirat planten. Obwohl das Baby zu diesem Zeitpunkt noch nicht adoptiert worden war, entwarf die Sozialarbeiterin einen Brief, in dem sie argumentierte, dass die junge Mutter zu ihrer ursprünglichen Entscheidung stehen solle. Dies sei das Beste für sie und ihren zukünftigen Mann, mit dem sie dann einen Neuanfang machen und weitere Kinder bekommen könne. Dieser Brief wurde zwar geschrieben, aber so lange zurückgehalten, bis das Baby tatsächlich eine Adoptivfamilie gefunden hatte. Informiert darüber, dass man noch eine Zeit lang Widerspruch gegen die Adoption einlegen könne, wurde die Mutter nicht.[115]

---

113 Ebenda.
114 Schreiben von Mrs. W. F. Kelty, Catholic Charities of the Archdiocese Denver vom 29. Januar 1963.
115 Fessler, The Girls Who Went Away, S. 29 ff.

Hier setzte eine Entwicklung ein, die schließlich zu der Frage führte: „Warum lügt Catholic Charities?" Adoptionsagenturen, mit Adoptionen betraute Wohlfahrtsverbände und Sozialarbeiter/innen fingen in den 1950er-Jahren nicht nur an, Informationen zu verweigern, sondern auch Daten zu fälschen und die Mütter zu täuschen. Das Lügen fing da an, wo man den meist jungen Frauen vormachte, ihre Babys würden unmittelbar nach der Geburt adoptiert und ein „gutes" Zuhause bekommen. Ganz abgesehen davon, dass ein Adoptionsverfahren eine gewisse Zeit in Anspruch nahm, verblieben in der Realität viele Kinder eine Zeit lang im Wohlfahrtssystem oder wanderten von Pflegeeltern zu Pflegeeltern.

Dies war auch bei Andreas der Fall gewesen. Als seine Mutter Diane sich Anfang 1963 bei Catholic Charities nach ihrem Sohn erkundigte, antwortete ihr mit einiger Verzögerung die zuständige Sozialarbeiterin, er habe ein wundervolles Zuhause gefunden.[116] Das war nicht ganz gelogen, aber auch nicht die ganze Wahrheit, wie sich fast vierzig Jahre später herausstellte. Andreas war zum Zeitpunkt der Anfrage keineswegs adoptiert worden, wie man seine Mutter glauben machen wollte, sondern seit Februar 1963 bei einer Pflegefamilie untergebracht; diese gab ihn aber schon im Juni desselben Jahres wieder zurück, um auf Campingurlaub zu fahren.[117] Bei Catholic Charities sah man sich aber offenbar nicht genötigt, Diane über diese erneute Veränderung zu informieren – wohl wissend, dass sie ihren Sohn zu sich holen wollte.

Häufig wurden die Mütter über den sozialen Status der Adoptiveltern getäuscht. Gerne behauptete man, die Adoptivväter seien Akademiker, speziell Ärzte, die Mutter sei Hausfrau, auch wenn in Wirklichkeit eine Arbeiterfamilie das Kind aufgenommen hatte.[118]

---

116 Schreiben von Mrs. W. F. Kelty, Catholic Charities of the Archdiocese Denver vom 2. Mai 1963.
117 Brief von Lisa Madsen, Birth Parent Social Worker vom 3. April 1998.
118 Fessler, The Girls Who Went Away, S. 182; Carp, Family Matters, S. 108.

Durch diese Aufwertung der Adoptiveltern konnte man noch mehr Druck auf die jungen Mütter ausüben. „Dein Kind wird es in der Adoptivfamilie besser haben als bei dir", wurde suggeriert.[119] Verschwiegen wurden den Müttern Krankheiten der Babys, auch wenn diese von ernster Natur waren. Man wolle die Mütter nicht beunruhigen, war der Konsens. Insgesamt waren die zuständigen Sozialarbeiter/innen offenbar der Ansicht, die Täuschungen und Lügen hätten nur ein Ziel: das Wohl aller beteiligten Parteien.[120] So entstanden nach und nach restriktive Praktiken, Bestimmungen und Gesetze, die zum Beispiel zur Sperrung von Adoptionsakten und -urkunden führten. Die dauerhafte Trennung von leiblichen Müttern und ihren Kindern wurde mithilfe sanktionierter Lügen vollzogen, die häufig auch die Adoptiveltern in Komplizenschaft nahmen.

Schon vor dem Zweiten Weltkrieg wurde diskutiert, ob und wann die Adoptiveltern die Kinder über ihren Status als Adoptierte informieren sollten. Diese Diskussion wurde in den 1950er- und zu Beginn der 1960er-Jahre fortgesetzt. In Zusammenhang mit der Frage „Wie sag ich's meinem Kinde?" spielte lange die Figur des „chosen child", des „auserwählten Kindes" eine Rolle.[121] Man solle, so die Empfehlung der Wohlfahrtsorganisationen, Adoptionsagenturen und Sozialarbeiter/innen, den Kindern erzählen, sie seien zwar adoptiert, dafür aber ihrer selbst wegen ausgewählt worden. Leibliche Eltern, so solle man vermitteln, müssten ja nehmen, was kommt, und könnten nichts dagegen unternehmen. Adoptiveltern könnten sich aber viele Kinder ansehen und genau das Kind auswählen, das ihnen am besten gefiele. „Wir hätten die Wahl unter Hunderten Kindern gehabt, aber du warst, was wir wollten", sollte

---

119 Fessler, The Girls Who Went Away, S. 182.
120 Carp, Family Matters, S. 108.
121 Siehe hierzu ebenda, S. 90–96, 128 f., S. 132–134.

den Kindern mitgeteilt werden.[122] Ein Ratgeber von 1951 empfahl, dem Kind zu erzählen: „Daddy hat Mommy zu seiner Frau auserwählt. Mommy hat Daddy zu ihrem Ehemann auserwählt. Und nun konnten die beiden dich als ihr Kind auserwählen. Ein Kind auserwählen nennt man, ein Kind adoptieren, und in dem Moment als sie dich sahen, wollten sie dich adoptieren."[123] Die leibliche Mutter, so wurde gleichzeitig suggeriert, habe das Kind dagegen nicht haben wollen.

Diese Empfehlungen wurden zwar zu Beginn der 1960er-Jahre zurückgenommen, wirkten aber offenbar nach, wie die Geschichte, die Andreas' Adoptiveltern ihm in Zusammenhang mit seiner Adoption erzählten, deutlich macht. Bei Andreas war die Adoption kein Geheimnis, da er als Schwarzes Kind in einer *weißen* Familie von Beginn an als nicht wirklich dazu gehörig markiert war. Dass er ein bewusst auserwähltes Kind, ein „chosen child" war, versuchte man ihm trotzdem zu vermitteln. Sie, die späteren Adoptiveltern, hätten das Heim besucht und unter vielen Kindern den kleinen Andreas, damals noch Reginald, gesehen; er sei mit dem Dreirad herumgefahren, und sie hätten ihn so süß gefunden, dass sie ihn unbedingt haben wollten. Diese Geschichte hatte, wie in vielen vergleichbaren Fällen, mit dem, was tatsächlich passiert war, nichts zu tun; sie war eine glatte Lüge. Tatsächlich hatten Andreas' Adoptiveltern ein Mädchen aufnehmen wollen, was nach vier Söhnen durchaus nachvollziehbar erscheint. Sie hatten sich im Heim auch bereits für ein Mädchen entschieden, das dann aber schon vermittelt war.

Tatsächlich hatten sie Andreas als „hoffnungslosen" Fall bekommen, wie die Adoptivmutter ihm in späteren Jahren gestand. Vieles spricht dafür, dass bei Andreas' Adoption sogar Geld geflossen ist. Der leibliche Großvater, Joe Robbie „spendete" offenbar die nicht unbeträchtliche Summe von $ 10 000,- an Catholic Chari-

---

122 Ebenda, S. 97. Übersetzung durch die Verfasserin.
123 Ebenda, S. 133. Übersetzung durch die Verfasserin.

ties, um die Platzierung des „schwierigen", weil Schwarzen Babys in einer geeigneten Familie zu forcieren. Ob dieser Betrag ganz oder teilweise an die späteren Adoptiveltern weitergeleitet wurde, lässt sich heute nicht mehr klären.[124] Die Lüge vom „auserwählten Kind" wurde aber von der ganzen Familie mitgetragen. Dass sich Andreas, wie viele andere adoptierte Kinder, fragen musste, warum er so schlecht behandelt wurde, obwohl er „der Auserwählte" war, liegt auf der Hand. Die mit Adoptionen betreuten Organisationen erkannten schließlich auch die möglichen negativen Folgen der „chosen child"-Geschichte und zogen ihre entsprechenden Empfehlungen zurück.

Zu den sanktionierten Lügen mit weitreichenden Folgen gehörten die eingangs erwähnten Fälschungen in den Adoptionsunterlagen und auf den Geburtsurkunden. Nicht selten suchen Mütter deshalb über viele Jahre hinweg vergebens nach ihren inzwischen erwachsenen Kindern oder Kinder nach ihren leiblichen Müttern. Der erwähnte Dan Rather Report zum Thema „Adopted or Abducted" macht Catholic Charities als „Haupttäter" aus. Nicht nur habe Catholic Charities mehr als alle anderen Organisationen die jungen Frauen mit unlauteren Methoden zur Freigabe ihrer Kinder gebracht,[125] man habe auch systematisch Dokumente gefälscht, um ein späteres Auffinden der leiblichen Angehörigen zu verhindern. Wenn dies auch vorgeblich zum Schutz der Beteiligten geschehen sei, so handele es sich doch um den Strafbestand der vielfachen Urkundenfälschung.[126] Es kann vor diesem Hintergrund nicht verwundern, dass sich professionelle „Sucher" oder „Locators", wie es im Amerikanischen heißt, in diesem Bereich

---

124 Letztes Gespräch zwischen Andreas und seiner Adoptivmutter kurz vor ihrem Tod.
125 https://danratherjournalist.org/investigative-journalist/dan-rather-reports/adopted-or-abducted, Transkript S. 7 [18. 2. 2019].
126 Ebenda, S. 20.

tummeln, die für nicht unbeträchtliche Honorare Angehörige ausfindig machen. Ein solcher „Locator" berichtet bei Dan Rather, dass er nicht selten seinen Kunden oder Kundinnen mitteilen muss: „Du bist acht Monate älter als du dachtest" oder „Du bist eigentlich ein Zwilling" oder „Du bist gar nicht in Toledo, sondern in Cincinnati geboren".[127] Im Internet findet sich heute eine Fülle von Foren, in denen Betroffene über das Ausmaß der von ihnen aufgedeckten Fälschungen in den Dokumenten berichten.[128]

Die Adoptiveltern waren nicht selten Komplizen der Wohlfahrtsorganisationen wie Catholic Charities oder erfanden Lügen dazu, um jede Fantasie, die leibliche Familie betreffend, zu zerstören. Andreas' Adoptivmutter erzählte ihm immer wieder, er sei in den ersten zwei Wochen bei seiner Mutter Diane gewesen. Sie hätte im ersten Jahr die Möglichkeit gehabt, ihn zurückzuholen, habe ihn aber nicht gewollt. Tatsächlich durfte Diane Andreas nur einmal durch eine Scheibe sehen und ist bei dem Versuch, ihn zu sich zu holen, gescheitert. Im Fall von Andreas waren zwar die Geburtsurkunde und andere Dokumente offenbar nicht verändert und gefälscht worden; seine Adoptiveltern behaupteten aber stets, der auf der Adoptionsurkunde angegebene ursprüngliche Name, Reginald Vincent Robbie, sei ihm vom Kinderheim gegeben worden und nicht sein wirklicher Geburtsname. Das war sicherlich eine wirksame Strategie, die Suche nach der leiblichen Mutter im Keim zu ersticken. Man kann sich das Erstaunen vorstellen, als Andreas im Internet nach der Eingabe des angeblich falschen Namens nach

---

127 Ebenda.
128 Siehe z. B. https://adoption.com/forums/thread/21528/found-my-bmom-all-my-certificate-info-was-a-lie/; https://adoptionfind.wordpress.com/2012/09/06/adoptees-beware-religious-agencies-changed-birth-dates-data/ https://adopteeinrecovery.com/2016/02/28/secrets-lies-in-adoption-exposed/; http://www.xojane.com/family/closed-adoption-and-identity, http://www.adoptionbirthmothers.com/the-ultimate-identity-theft/ [23. 8. 2018].

nur wenigen Minuten die Suchmeldung seiner leiblichen Mutter mit eben diesem Namen fand.

Es wurde bereits angesprochen, dass „ethnische Zugehörigkeit" und „Rasse" bei der Adoptionsvermittlung und der „Paarung" mit „passenden" Adoptiveltern lange eine nicht geringe Rolle spielten und dass sogenannte „bi-racial"-Kinder wegen der nicht eindeutigen Möglichkeit, sie zuzuordnen, meist einen schwereren Stand hatten als Schwarze Kinder. Wie wichtig die Hautfarbe war, ist dem Schreiben von Catholic Charities an Diane Truly vom April 1998 zu entnehmen. Das Schreiben zitiert aus den Unterlagen, in denen kurz nach Andreas' Geburt verzeichnet wurde, er sei ein attraktives, schmal gebautes Kind, das wie ein „negro" aussehe, aber eine helle Gesichtsfarbe habe.[129] In einer Notiz vom 31. 12. 1963 heißt es: „Das Baby ist von mittlerer bis dunkler (oder olivfarbener) Hautfarbe, aber nicht unbedingt negroid. Wenn ich ihn anschaue, sehe ich einige leichte Merkmale, aber einige der Mitarbeiterinnen sind nicht dieser Ansicht. Wir sind sehr optimistisch, dass wir bald ein zu Hause für ihn finden werden."[130]

Auch hier griff man zur Lüge, um Vermittelbarkeit oder sozialen Status und gesellschaftliche Integration zu verbessern. Bis Andreas seine Mutter fand, war er davon ausgegangen, dass sein biologischer Vater ein Ägypter sei. Das hatten ihm seine Adoptiveltern erzählt, und er hatte keinen Grund, dies anzuzweifeln. Ob sie wussten, dass der Vater in Wahrheit Äthiopier war, und ihn bewusst belogen oder ob sie selbst von Catholic Charities belogen worden waren, lässt sich nicht mehr klären. Beides wäre denkbar und ist offenbar nicht selten vorgekommen. Ein ägyptisches und damit allgemein als arabisch zu bezeichnendes Kind erschien damals als eher vermittelbar. Ann Fessler dokumentiert in ihrem Buch die Geschichte einer Frau, deren Adoptiveltern sie glauben

---

129 Brief von Lisa Madsen, Birth Parent Social Worker vom 3. April 1998.
130 Übersetzung durch die Autorin.

ließen, dass der Vater einen italienischen Hintergrund habe. Als Tochter einer *weißen* Amerikanerin und eines kapverdischen Mannes erschien sie Catholic Charities „hellhäutig" genug, um als *Weiße* durchzugehen. Die Adoptiveltern waren Italo-Amerikaner von relativ dunkler Hautfarbe. Ihnen erzählte Catholic Charities zwar die Wahrheit über die Herkunft der Adoptivtochter, ermutigte sie aber, die Tochter anzulügen. Diese hatte aber schon als kleines Kind das Gefühl, anders zu sein als die Adoptivfamilie, da ihre Haut dunkler und ihre Haare krauser waren.[131]

Andreas' „bi-racial"-Status gibt zwei Jahre nach Abschluss des Adoptionsverfahrens noch ein weiteres Mal Anlass zur Lüge. In einem Schreiben informiert der an der Vermittlung der Adoption beteiligte und für Catholic Charities tätige Monsignor William J. Monahan den Großvater von Andreas, Joe Robbie, über den glücklichen Ausgang der Vermittlung. Er gibt einige zutreffende Informationen, etwa über den beruflichen Status des Adoptivvaters, greift dann aber zur Lüge, wenn er schreibt, dass die Adoptivfamilie wie Andreas einen „mixed racial" Hintergrund habe.[132] Warum Monahan zu diesem Zeitpunkt eine solche Lüge für notwendig erachtete, ist unklar. Der Brief ist offensichtlich ein Antwortschreiben auf eine Anfrage von Joe Robbie bezüglich seines Enkels, die nicht erhalten ist. Vermutlich wollte Monahan mit seiner Lüge erreichen, dass Robbie die Adoptivfamilie als die geeignetere Familie für ein „bi-racial" Kind akzeptierte.

Vor dem Hintergrund der vielen Fälschungen in den Adoptionsakten und auf den Geburtsurkunden, die die Identifizierung der leiblichen Mütter für die Adoptierten und der nun erwachsenen Adoptierten durch die leiblichen Mütter schwierig bis unmöglich machen, erscheint es nicht wenigen Suchenden

---

131 Fessler, The Girls Who Went Away, S. 62 ff.
132 Schreiben von Monsignor William J. Monahan an Joe Robbie vom 22. Februar 1968.

April 3, 1998

925 Piedmont Dr.
Sacramento, CA
95822

Dear Diane:

The following information is held in the adoption records at Catholic Charities, Archdiocese of Denver.

Your baby boy was born on August 16, 1962 at 9:52p.m. at Mercy Hospital. He weighted 7 pounds and 12 1/2 ounces and measured 20 inches in length. He was placed in our nursery on August 21, 1962. You went to court on August 27, 1962 to relinquish your rights. The final order of relinquishment went through on September 26, 1962, as your parents had not been present for your hearing.

Your child was placed in our nursery on August 21, 1962. The records state that he was an, "attractive, small child who looked Negro, but had a light complexion." The records state he was a favorite at the nursery. On October 2, 1962, your child was placed with a foster family. Their pediatrician examined him and stated he was "hyperactive" and should not be placed with them for two weeks. This foster family disregarded this as the nursery doctor had said he was in good condition to be placed. On October 6, 1962, your son was returned to nursery. His foster mother had taken him to a different pediatrician on October 4, 1962. That doctor reported that he was "brain damaged". She had taken him in because he was, "extremely nervous, tense and not reacting normally." The doctor reported he had no reflexes on his left side and that there was possible neurological involvement. The nursery had two different doctors examine him and both stated he was perfectly normal and alert. Neither found any evidence of brain damage.

Your son was baptized on December 20, 1962.

On February 15, 1963, your son was placed in another foster home. His foster mother reported he adjusted well and did great. A Catholic Charities worker visited him on April 9, 1963, and reported he was doing "beautifully". She reported the foster parents spoiled him a great deal and that everyone was very fond of him. He was released from this foster home on June 19, 1963, as the family had plans to do a lot of camping that summer and felt they couldn't do it with him.

Later that day he was placed in another foster home where he did very well. There was an evaluation of him done and the following was determined. He was a bottle fed baby until he was one. He got his first tooth at age nine months. He began walking with help at 10 months and walked alone at one year. He talked at one year. Toilet training began at 13 months and was completed in one week. In April, 1964, he had another medical

Brief einer Sozialarbeiterin an Diane von April 1998, in dem Andreas' Irrwege durch Institutionen und Pflegefamilien bis zur endgültigen Adoption beschrieben werden.

evaluation. It was determined that although he had been in several foster homes he exhibited, "good ego strengths, normal development and above average intelligence."

Your child was adopted by a couple of German ancestry. Your son has four older brothers and one younger brother. Several of the children are adopted and are of mixed racial backgrounds. The couple was married in 1958 and they are both Catholic. The adoptive father had his Ph.D. and was a professor at the time of placement. He has one sister who is married with children. He was born on the east coast.

The adoptive mother was born in Europe. Her father worked for the government. She has one sister who was in medical school at the time of placement. This couple met while they were in Europe.

On November 7, 1964, your son was placed in his adoptive home. The final adoption hearing was held on November 8, 1965.

I hope this information has been helpful to you. IF I can be of any further assistance, please feel to contact me.

Sincerely,

Lisa Madsen

Lisa Madsen, MSW
Birth Parent Social Worker

Neben unzweifelhaft wahren Informationen enthält der Brief auch wieder Lügen, wenn es heißt, mehrere Kinder der Familie seien „mixed racial" und ebenfalls adoptiert.

geradezu zynisch, dass Catholic Charities sich die Hilfe bei der Suche bezahlen lässt. Auf einer Website von Catholic Charities, Erzdiözese Boston, werden die Kosten sehr detailliert aufgeführt. Adoptierte über 18 müssen demnach $ 50,- bezahlen, nur um die in ihrer Akte gegebenenfalls vorhandenen medizinischen Informationen über die leibliche Familie zu bekommen. Die Suche nach einem leiblichen Elternteil lässt man sich mit $ 250,- für bis zu fünf Stunden Arbeit und mit $ 50,- für jede weitere Arbeitsstunde vergüten. Sind die beteiligten Parteien identifiziert, werden für die Benachrichtigung der Parteien und die Unterstützung bei der Herstellung des Kontakts $ 150,- fällig. Insgesamt listet die Aufstellung auf fast drei Seiten Kosten zwischen $ 25,- und $ 250,- auf, die für die einzelnen Serviceleistungen entstehen.[133] Ob also Mütter und Kinder zusammenkommen, hängt nicht zuletzt davon ab, ob die Beteiligten sich die Suche überhaupt leisten können.

Catholic Charities sieht sich hier offenbar in keiner Weise in der Pflicht, wohltätig zu sein. Eine der von Ann Fessler interviewten Frauen berichtet, wie sie nach einer Suchanfrage, 25 Jahre nachdem sie ihren Sohn zur Adoption freigegeben hatte, von Catholic Charities zunächst einmal zum Anwalt der Organisation geschickt wurde. Dieser habe kein Verständnis für ihr Bedürfnis, den Sohn zu finden, gezeigt und angemerkt, das „Baby" müsse geschützt werden. Auf ihre Antwort hin, das „Baby" sei mit 25 ja wohl erwachsen, habe sie Formulare mit Fragen ausfüllen müsse, die überprüfen sollten, ob sie fähig und in der Lage sei, ihrem Sohn zu begegnen. Sollte die Suche erfolgreich verlaufen, wolle man die Adoptiveltern um Erlaubnis zur Zusammenführung bitten. Insgesamt sollte der Prozess bis zur möglichen Wiedervereinigung $ 1500,- kosten, ein Betrag, über den die Mutter zu diesem Zeit-

---

133 http://www.ccab.org/sites/default/files/files/CCAB-Search-and-Reunion-Policy.pdf [22. 2. 2019]

punkt nicht verfügte. Die Mitarbeiterin von Catholic Charities sei darüber hinaus unglaublich gehässig gewesen und habe gefragt: „Sie wollten ihn doch damals nicht sehen, warum wollen Sie ihn jetzt kontaktieren?"[134]

Die Organisation tat sich auch noch 2012 schwer damit, zumindest eine selbstkritische Haltung zur eigenen Adoptionspraxis der 1950er- und 1960er-Jahre zu entwickeln. In einer Erklärung für den „Dan Rather Report", dessen Redaktionsteam um eine Stellungnahme für seine Dokumentation „Adopted or abducted?" gebeten hatte, wird lapidar darauf verwiesen, wieviel Gutes Catholic Charities im Bereich Adoptionen geleistet habe und noch leiste und dass man alles andere aus der Zeit heraus verstehen müsse. Die traumatischen Erfahrungen Tausender junger Frauen werden als schlechte persönliche Erfahrungen einiger weniger diskreditiert.[135]

---

134 Fessler, The Girls Who Went Away, S. 194.
135 Der Originaltext lautet: „Catholic Charities agencies have a long history of providing support to birth parents and finding loving homes for children. While some of the personal experiences reported by birth mothers in the 1950s and 1960s are heartbreaking, as the social stigma of being an unwed mother has changed, so have adoption practices. Our practitioners have always utilized the best practices of the day in their dedicated work supporting birth parents and our agencies remain focused on the best interests of the child while supporting birth parents and adoptive parents in their decision making process. We must not lose track of the tens of thousands of adoptive parents who will be forever grateful to birth parents for the sacrifices they make to ensure that their children's lives will be filled with the love and opportunity they may otherwise not have received." http://www.axs.tv/wp-content/blogs.dir/1/files/Catholic-Charities-USA.pdf [24. 3. 2017].

11 Meine Geschichte | Diane Truly

„ Ich stamme von einer langen Reihe von Pionieren ab, von Vorfahren, die vor Hungertod, religiöser Verfolgung, vor dem Osmanischen Reich mit seinem Militärdienst für Zwölfjährige flohen, die auf den Ebenen von South Dakota mit ihrem fruchtbaren Farmland und ihren kleinen Städten zusammentrafen. Meine Vorfahren wussten immer, was sie wollten, und waren von niemandem abhängig. Mein Großvater väterlicherseits verließ mit zwölf Jahren alleine sein kleines Dorf im Libanon und kam in die USA. Seine Mutter hatte ihn weggeschickt, um der Einberufung durch die Türken zu entgehen. Die irischen Großeltern meiner Mutter väterlicherseits kamen in Planwagen während des großen Landrauschs nach dem Bürgerkrieg. Ihre weiblichen Vorfahren auf der mütterlichen Seite waren Lehrerinnen. Meine Familie hat kaum je um Hilfe gebeten. In früheren Generationen müssen sie mehr von anderen abhängig gewesen sein; aber zu Lebzeiten meiner Eltern gehörte die Eigenständigkeit so untrennbar zu ihnen wie die Seepocken zu einem Boot.

Ich wurde am 15. August 1943 geboren. Zu dieser Zeit arbeitete mein Vater als Anwerber für die Navy in Omaha. Als er zum Kriegsschauplatz im Südpazifik versetzt wurde, gingen meine Mutter und ich auf die Farm, die meine beiden unverheirateten Onkel und mein verwitweter Großvater bewirtschafteten und wo mich eine unverheiratete Tante meiner Mutter verwöhnte. Später heiratete sie meinen Großvater und wurde zu meiner Großmutter. Diese idyllischen Zeiten dauerten an, bis der Krieg zu Ende war und mein ehrgeiziger Vater zurückkehrte. Er zog mit meiner Mutter, meinem Bruder und mir in die Stadt, wo er Jura studierte und sein außerordentlicher Aufstieg begann. Meine Mutter machte Ernst mit der Produktion von Kindern, indem sie zu meiner Bestürzung nach und nach elf Kinder zur Welt brachte.

Die größte Gefahr für die Sicherheit und das Glück von uns Kindern ging von meinem Vater aus, einem Mann mit unkontrollierbarem, zu Gewalt neigendem Temperament. Meine Mutter war unfähig, stets bemüht, sich solidarisch zu zeigen mit einem Mann, der meiner Einschätzung nach schwer gestört war. Ich war nicht beeindruckt. Mein Bruder David war keine Hilfe. Er vermied jede Auseinandersetzung mit meinem Vater, wie das jede vernünftige, unterwürfige Person getan hätte. Ich aber war weder vernünftig noch unterwürfig. Von klein an forderte ich meinen Vater heraus. Ich vermute, dass mein erster Satz lautete: „Das ist nicht fair." Ich sah es als meinen Job an, meine Geschwister vor ihm zu schützen und die Kinder gegen die Erwachsenen zu organisieren. Ich setzte eine strikte Nicht-petzen-Politik durch. Meine Schwester erinnert sich noch daran, wie ich sie ermahnte, keine Petze zu sein.

Meinem Vater missfiel es nicht nur, herausgefordert zu werden, ihm missfiel vor allem, dass seine Tochter die aggressiven Eigenschaften zeigte, die er als typisch männlich ansah, und dass sein ältester Sohn auf eine Art und Weise passiv war, die er als weiblich definierte. Die Weichen waren gestellt für einen Kampf, der durch meine gesamte Kindheit hindurch andauerte. Je erbitterter der Kampf wurde, desto zäher wurde ich. Als ich Lesen gelernt hatte, zog es mich zu Biografien von Machern. Ich las über Entdecker und Leute, die das Unkonventionelle wagten. Das waren meistens Männer, und ich war wenig beeindruckt. Wo waren die Frauen? Sie mussten als Gefangene ihrer Biologie und der gesellschaftlichen Erwartungen zu Hause bleiben. Ich war wütend. Das war sooo unfair!

Ich entdeckte, dass es auch Märtyrerinnen gab, die für ihre Sache gestorben waren. Das war schon besser. Johanna von Orleans und die frühen christlichen Märtyrerinnen inspirierten mich. Dann fing ich an, Bücher zu lesen, die von den Erfahrungen im Widerstand in Ländern, die im Zweiten Weltkrieg von den Nazis besetzt waren, erzählten. Die Geschichte lieferte uns auch Unerschütterliche wie John Brown in der Schlacht um Harpers Ferry und Harriet Tubman und die Underground Railroad. Geschlechtsunterschiede begannen zu verblassen. Wenn eine Frau es schaffen konnte, dann konnte ich es auch. Ich gelobte, mich niemals auf ein Ehegefängnis einzulassen, in dem der Mann die Abenteuer erlebt, während ich die Babys habe. Nein, ich nicht!

Ich war kein glückliches Kind. Neben meinen Problemen zu Hause war ich überhaupt ein kleiner komischer Vogel. Als Kind lutschte ich am Daumen, was Anlass zu Hänseleien gab, und ich tagträumte und lebte in meiner eigenen kleinen Welt, weil ich in die Welt um mich herum nicht hineinpasste. Ich wollte dazugehören, stellte aber schon früh fest, dass das nicht passieren würde. Glücklicherweise fand ich mit zehn Jahren heraus, dass die Menschen mit mir und nicht über mich lachten, wenn ich sie zum Lachen brachte. Meine erste soziale Kompetenz! Ich hielt mich daran fest und wurde der Klassenclown.

Als ich mit ungefähr 15 Jahren immer unglücklicher wurde, schickten mich meine Eltern schließlich zu einem Psychiater, obwohl sie nicht wirklich an einen Erfolg glaubten. Eigentlich dachten sie, man sollte sich zusammenreißen und mit was auch immer alleine fertigwerden. Ich aber trotzte meinem Vater und schrieb „Ich hasse dich"-Zettel an meine Mutter und zeigte keinerlei Anzeichen, die gute katholische Ehefrau zu werden, die sie als meine Bestimmung ansahen. Der Psychiater versuchte es mit Valium, aber ich hasste es, mich dadurch wie ein Zombie zu fühlen. Seine nächste Idee war wirklich haarsträubend: Elektroschocktherapie. Glücklicherweise waren meine Eltern von der Psychiatrie nicht überzeugt. Sie fragten mich, was ich davon hielte. Der Psychiater wollte damit mein Daumenlutschen heilen. Ich erklärte

meinen Eltern, ich würde lieber mein Leben lang am Daumen lutschen, und sie sagten die Behandlung ab. Ich werde ewig dankbar dafür sein, dass meine Eltern in diesem Moment hinter mir standen. Sie wuchsen über ihre Erziehung hinaus, die ihnen sagte, dass Kinder gesehen, aber nicht gehört werden sollten. Sie fragten mich und erkannten meine Antwort an. Gesegnet seien sie!
Meine Eltern waren populistische liberale Demokraten. Mein Vater war im Parlament von South Dakota in der demokratischen Minderheitsfraktion und bewarb sich 1950 für das Amt des Gouverneurs. In South Dakota waren Demokraten – vor allem katholische – nicht willkommen. Wir zogen nach Minnesota um, und 1956 und 1958 kandidierte mein Vater in einem den Demokraten genauso wenig wohlgesinnten Wahlbezirk gegen einen langjährigen konservativen republikanischen Abgeordneten erfolglos für den Kongress. Auf der einen Seite war ich unbeirrbar politisch und diskutierte mit meinen überwiegend konservativen Klassenkameraden die politischen Positionen meiner Eltern, die ich als meine eigenen angenommen hatte; auf der anderen Seite wollte ich von den Dächern schreien, dass das Wahlkampffoto eine Lüge war – wir waren KEINE glückliche Familie.
Ich erinnere mich, dass ich mir meinen Vater häufiger zu Hause wünschte, dann aber seine Ausbrüche und sein Verhalten, wenn er bei uns war, hasste. Ich wusste, dass etwas furchtbar im Argen war, aber ich war auch verwirrt. Man sagte mir, ich sei übertrieben dramatisch, nannte mich Sarah Bernhardt, eine sehr dramatische Schauspielerin von Anfang des 20. Jahrhunderts. Meine Besorgnisse wurden abgetan. Ich war mir sicher, dass es meine Eltern waren, die Probleme hatten, aber ich hatte auch leichte Zweifel. Konnte ich die mit den Problemen sein?
Wenn er nicht wütend war, war mein Vater lustig. Er brachte mir Kopfrechnen bei. Er brachte mir bei, wie man debattiert und dabei immer vorbereitet ist, beide Seiten zu vertreten. Er nahm uns an Orte mit, die für mich mit wundervollen Erfahrungen

verbunden waren, in deren Genuss andere nicht kamen. Wir machten mit der ganzen Familie lange Reisen – mit dem Auto nach Florida, als ich zehn Jahre alt war, und nach Kalifornien, als ich 13 war. Wir fuhren zur Amtseinführung von John F. Kennedy in Washington, als ich 17 war. Es war ein Leben mit Privilegien und Schmerzen.

Ich war sehr an der Welt um mich herum interessiert. Als Kind hatte ich Brieffreunde in fremden Ländern. Ich erinnere mich an den längsten Briefwechsel mit einem Mädchen auf den Philippinen und an einen mit einem Mädchen in Afrika. Da, wo ich war, fühlte ich mich fehl am Platze, und ich versuchte verzweifelt herauszufinden, wo auf der Welt es Menschen wie mich gab. Die Brieffreunde waren interessant, lösten aber mein Dilemma nicht.

Zwischen der 5. und 8. Klasse durchlief ich eine sehr religiöse Phase und besuchte jeden Morgen vor der Schule die Messe. Ich dachte darüber nach, Nonne zu werden, wenn ich erwachsen sein würde. Meine erste Wahl war der Maryknoll-Missionsorden, weil die Missionare durch die Welt reisten, um Leute zu bekehren. Später realisierte ich, dass ich all jenen Kindern Wiedergutmachung schuldete, die die Missionare mit meiner Unterstützung bekehren konnten – ich hatte nämlich für die Heidenmission gespendet.

Ich ging auf eine katholische Mädchenschule, was mir half, was mich gleichzeitig aber auch hemmte. Dass keine Jungs auf meiner Schule waren, wirkte sich nicht gerade positiv auf meine ohnehin unterentwickelten sozialen Kompetenzen aus. Aber dass sie in meinem Alltag fehlten, reduzierte meine Unbeliebtheit bei ihnen auf eine Nebensächlichkeit. Meine Sehnsüchte richteten sich weniger auf reale Menschen als auf etwas Unbestimmtes.

Als ich aufwuchs, sollten Mädchen die Jungs brillieren lassen und ihre eigene Intelligenz verstecken, damit die Jungs sich nicht bedroht fühlten. Wegen ihrer zarten Egos solltest du sie gewinnen lassen. Ich war zu schlau, um in dieser Welt akzeptiert zu werden, aber nicht schlau genug herauszufinden, wie man vorgibt, weniger schlau zu sein. Am schlimmsten war, dass ich bis ins Mark ehrgeizig und konkurrenzbewusst war. Ich konnte genauso wenig einen Jungen gewinnen lassen, wie ich aus eigener Kraft hätte zum Mond fliegen können. In der High School wollte ich mich unbedingt bei den Jungs beliebt machen, aber ich war es nicht. Daher war ich ein williges Opfer für den Ersten, der mein Bedürfnis nach Aufmerksamkeit erkannte. Er fand mich! „Er" war John Flores, und ich lernte ihn bei Kennedys Amtseinführung in Washington mitten in meinem Abschlussjahr kennen. Er war der Leiter einer Organisation, die für Kennedys Wahl gearbeitet hatte. Er erzählte mir, er sei 36 Jahre alt, aber im Nachhinein war er mit seinem vollen silbernen Haar und seinen perfekten Zähnen (lies: künstliches Gebiss) vermutlich viel älter. Egal. Er erzählte mir, ich sei hübsch, und er war mit Leidenschaft hinter mir her. Ich war ein einziger Haufen widersprüchlicher Gefühle und Emotionen. Ich schaffte es, heil und mit nur einem verstörenden Zungenkuss aus Washington wegzukommen, aber ich gab ihm meine Adresse und Telefonnummer. Er begann mich mit glühenden Liebesbriefen zu überschütten. Meine mädchenhaften Widerstände, die auf dem katholischen Schulunterricht basierten, hatten seinem beharrlichen Werben nichts entgegenzusetzen. Er wollte mich in Minneapolis besuchen und die Nacht mit mir im Hotel verbringen. Ich fühlte mich über alle Maßen geschmeichelt, dass jemand mich begehrte. Ich erzählte meinen Eltern, dass ich die Nacht bei Irene verbringen würde, und traf mich mit John. Natürlich war er für mich zu erwachsen, zu sexuell fordernd. Ich verlor dort meine Jungfräulichkeit, sah ihn aber nie mehr wieder. Ich war 17 und absolut ahnungslos und verletzlich. Ich glaube aber, ich bin gerade noch einmal davongekommen.

Ich konnte es kaum erwarten, erwachsen zu werden, weil ich dieses Kindsein überhaupt nicht mochte. Meine Tante, Gott segne sie, erklärte mir immer wieder, dass alles viel besser würde, wenn ich erwachsen wäre; aber ich konnte es mir nicht vorstellen. Ich steckte im Sumpf fest und konnte mich nicht vorwärtsbewegen. Die High School, auf die ich ging, hatte ein sehr aktives Theaterprogramm, auf das ich mich mit vollem Engagement stürzte. Die Lehrerin, Schwester Irenaeus, nahm mich unter ihre Fittiche und sorgte dafür, dass ich wichtige und zeitraubende Funktionen hinter der Bühne übernahm. Viele Jahre später erfuhr ich, dass sie die schwierige Beziehung zu meinem Vater bemerkt und alles ihr Mögliche getan hatte, um mich aktiv, beschäftigt und fern von zu Hause einzuspannen. Sie war mein unerkannter Schutzengel.

Meine Noten waren gut genug, um ein Studium ins Auge zu fassen und ein gewisses Maß an Freiheit zu gewinnen. Ich bewarb mich an der UC Berkeley und an der UCLA sowie auf Drängen meines Vaters an Ivy League-Universitäten. Ich wurde an keiner dieser Universitäten angenommen, bekam aber die Zulassung für die University of Colorado in Boulder. Das war eine große staatliche Universität, die für ihre Partys berüchtigt war. Ja! Ich kam nicht auf die Idee, dass meine mangelhaften sozialen Kompetenzen an einer solchen Schule zum Problem werden könnten.

Ich war ein katholisches Mädchen, das sehr behütet aufgewachsen ist. Und so wie die meisten katholischen behüteten Mädchen konnte ich es kaum erwarten, der ständigen Kontrolle zu entkommen und auf die Uni zu gehen. Ich war nicht der Typ für eine dieser Studentinnenverbindungen. Ich wollte Menschen kennenlernen, die aus allen Teilen der Welt kamen, Ich wollte über meine kleine katholische Welt hinauswachsen. So ging ich zu einem Treffen, das die International Student Organisation für die Studienanfänger veranstaltete, um interessanten Studenten aus fremden Ländern zu begegnen. Ich lernte einen Mann aus Äthiopien kennen, Bekele Wolde-Semayat. Wir kamen ins Gespräch, und daraus entwickelte sich eine Beziehung. Er wurde mein Freund und Liebhaber. Das war genau das, was ich gesucht hatte, Er war ein sehr interessanter Mensch. Er hatte zwei äthiopische Mitbewohner, und die drei eröffneten mir vieles, was ich vorher nicht gekannt hatte. Er wurde mein fester Freund.

Zu Thanksgiving bin ich nach Hause gefahren und habe meinen Eltern erzählt, dass ich einen äthiopischen Freund habe. Meine Eltern waren sehr beunruhigt deswegen, was mich überrascht hat, weil sie liberale Demokraten waren. Sie hatten 1948 die Bürgerrechtspläne unterstützt. Sie hatten mich erzogen, keine Rassistin zu sein. Aber sie waren aus South Dakota und waren nie wirklich mit African Americans in Kontakt gekommen. Und sie hätten nie gedacht, dass die Bürgerrechte einmal so konkret ihre Familie betreffen würden, dass die Tochter eine Schwarze Person in die Familie bringt. So fuhr ich nach Thanksgiving wieder an die Uni und ließ mich in keiner Weise davon abschrecken, meine Beziehung mit Bekele weiterzuführen.

Als dann die Weihnachtsferien kamen, war meine Periode ausgeblieben, und ich war mir ziemlich sicher, dass ich schwanger war. Bekele hatte mir versichert, er würde verhüten. Ich hatte alle meine Informationen über Sex und Verhütung aus meiner katholischen Schule und glaubte ihm, und im November war ich schwanger. Oh je! Mit meiner ersten unabhängigen Entscheidung war ich komplett auf die Nase gefallen. Mein erster Gedanke war, eine Möglichkeit zur Abtreibung zu finden, obwohl das nicht legal war. Ich hatte aber keine Ahnung, wie ich das angehen sollte, und kannte niemanden, den ich um Hilfe bitten konnte. Katholische Mädchen wussten nicht, wo man abtreiben konnte. Meine Tante war eine katholische Nonne, und sie erzählte mit irgendwann viel später: „Wir haben uns gewundert, dass die protestantischen Mädchen viel seltener schwanger wurden als die katholischen." Irgendwann fanden sie heraus, dass die Protestantinnen viel häufiger abtreiben ließen. Sie hatten ein Netzwerk, das sie dabei unterstützte. Aber die Katholiken hatten so etwas nicht. Ich war in einer verschlossenen, auf sich bezogenen Familie aufgewachsen, in der man seine Angelegenheiten für sich behielt und nach außen unter allen Umständen

den Schein wahrte. Ich mochte meine Erziehung nicht, aber ich kannte es auch nicht anders.

Ich sagte es Bekele, bevor ich über Weihnachten nach Hause fuhr, und er antwortete, dass er mich nicht mit nach Äthiopien nehmen könne. Ich würde dort nicht willkommen geheißen. Die Äthiopier würden mich zwar eher akzeptieren als einen African American. Aber eigentlich würden sie keinen von beiden wirklich mögen. Die Äthiopier seien stolze und arrogante Menschen. Da sie nie kolonialisiert worden seien, würden sie sich als den anderen Afrikanern überlegen ansehen. So hatte ich keine Wahl. Ich hatte keine Vorstellung, was ich machen sollte.

Bekele überredete mich, meinen Eltern zu erzählen, was ich getan hatte. Das wäre mir nie in den Sinn gekommen, denn ich erwartete eine sehr heftige Reaktion. Aber eine Alternative gab es auch nicht. So bin ich nach Hause gefahren und habe es meinen Eltern berichtet. Wie ich befürchtet hatte, sind meine Eltern total ausgerastet. Ich erinnere mich nicht mehr, was ich gesagt habe. Ich weiß nicht mehr, wie ich angefangen habe, was mein erster Satz war. Ich weiß nur noch, dass ich im Schlafzimmer meiner Eltern war und sie auf mich einschrien: „Wie konntest du so dumm sein, dich schwängern zu lassen?" Mir fiel darauf keine passende Antwort ein.

Bei uns in den USA gab es Anfang der 1960er-Jahre noch „Rassen"-Trennung, weshalb meine Eltern ohnehin wenig begeistert waren von meinem äthiopischen Freund. Bei diesem ersten schrecklichen Wortwechsel wegen meiner Schwangerschaft sagte ich zu meinem Vater: „Weißt du, meine Großmutter hat einen Araber geheiratet. Was ist der Unterschied?" Das hat meinen Vater wenig beeindruckt. Ich erinnere mich nicht daran, dass er mir darauf eine Antwort gab. Mein Großvater war ja nicht nur Libanese, er war zudem Moslem. Heute ist die anti-arabische Stimmung in den USA ja viel stärker. Ich hatte eine Familie, die in der Lage hätte sein müssen, die Heuchelei zu erkennen und sich der Herausforderung zu stellen. Das war sie aber nicht. In den USA hat sich dann ja in den 1960er-Jahren einiges verändert. Es wäre vielleicht nicht ganz einfach gewesen mit einem schwarzen Kind. Aber das Kind hier herauszureißen und nach Deutschland zu verfrachten, wo keine anderen Schwarzen Menschen im Umfeld lebten! Darüber haben sie sich keine Gedanken gemacht. Das einzig Wichtige für sie war wohl, so ein Kind nicht in der Familie zu haben.

Nachdem das Herumbrüllen und Schreien abgeebbt war, nahmen meine Eltern die Angelegenheit in die Hand und kümmerten sich um mich. Ich weiß nicht mehr genau, wie sie mir das unterbreitet haben. Aber sie erklärten, ich müsse in ein Heim für unverheiratete Mütter gehen und das Kind zur Adoption freigeben. Sie taten das, was man von ihnen 1961 erwartete, und besorgten für mich einen Platz im „Florence Crittenton Home for Wayward Girls" in Denver, von wo aus ich gleichzeitig die „University of Colorado Extension School" besuchen und mein Studium fortsetzen konnte.

Bekele hatte mich an meine Eltern zurückgegeben und war nun seiner Ansicht nach frei, die Bühne zu verlassen. Er hatte mir gesagt, er müsse nach Äthiopien zurückkehren und arbeiten, um sich aus Dank für die hervorragende Ausbildung loyal zu zeigen. Er wechselte auf die University of Pittsburgh und ließ mich in Denver zurück, wo ich mit dem, was wir angerichtet hatten, alleine fertigwerden musste. Ich weiß nicht, ob mein Vater dafür gesorgt hat, dass er aus der University of Colorado geflogen ist. Ich hatte panische Angst, dass er Bekele etwas antun würde. Es war nicht körperliche Gewalt, die mir Sorgen bereitete; ich fürchtete eher, dass er ihn irgendwie in Schwierigkeiten bringen würde. Ich kann mich nicht erinnern, dass sich Bekele in den nächsten Monaten gemeldet hätte. Ich hörte erst wieder von ihm, als Andreas schon über ein Jahr auf der Welt war.

Ich glaube, ich war nicht wirklich überrascht wegen dieser Konsequenzen. Ich wusste, was „bösen Mädchen" passierte, die unverheiratet Sex hatten. Sie mussten dafür bezahlen, während die Jungs ungeschoren davonkamen. Wir alle auf meiner reinen Mädchen-Highschool, der Holy-Angels-Academy, wussten, dass wir nur zwei Möglichkeiten hatten, wenn wir schwanger wurden: Wir konnten das Kind zur Adoption freigeben oder den Vater heiraten. So kam es zu den sprichwörtlichen „Heiraten mit Rückenwind". Es gab entsprechende Witze: „Wie lang ist eine Schwangerschaft? Die erste ist sechs Monate lang, jede weitere neun Monate." Ich hatte die Prinzipien meiner Erziehung auf eigene Gefahr ignoriert und bezahlte nun den Preis. Daher musste ich akzeptieren, welcher Preis auch immer zu zahlen war, und ich hatte Glück, dass meine Eltern mich nicht im hohen Bogen hinauswarfen, wie das viele Eltern offenbar taten. Ich war einsam, aber dafür war ich dankbar.

Einsamkeit siegte über Dankbarkeit. Ich konnte zwar dankbar sein, aber meine bedürftige emotionale Seele konnte ich damit nicht zufrieden stellen. Ich wusste, meine Eltern erwarteten von mir, keinen Sex mehr zu haben, mich meiner selbst zu schämen und mich in die Arbeit reinzuknien, um gute Noten zu bekommen und zu der biederen katholischen Frau zu werden, die ich gemäß meiner Erziehung werden sollte. Ich konnte oder wollte es nicht tun. Ich hatte den ersten Hauch der Freiheit verspürt, und der war berauschend und aufregend. Es hatte mich einiges gekostet, aber ich war unbeirrt. Eines hatte ich aus meiner ersten Fehlentscheidung gelernt – und das war, nicht aufzugeben und nicht den für Mädchen vorgezeichneten Weg zu gehen. Ich glaube, es machte nur noch deutlicher, dass ich mich nicht von der Erkenntnis abhalten lassen sollte, dass das Leben unfair war und dass Mädchen immer den Kürzeren zogen.

Das Mütterheim, in das ich gehen musste, war kein katholisches Heim. Es ging da nicht zu wie im Film Philomena. Da waren keine katholischen Nonnen, die einen jeden Morgen verprügelt hätten. Ich hatte zwölf Jahre katholische Schulbildung hinter mir. Ich weiß also ganz genau, was man über katholische Nonnen sagt.

Ich ging in das Florence Crittenton Home. Das war nicht konfessionell gebunden. Es war okay.

Als ich während dieser Zeit an der UC Extension School Seminare besuchte, lernte ich einen afroamerikanischen Mann, Martin, kennen. Wir unterhielten uns, verbrachten, wenn möglich, Zeit zusammen und versuchten, einen ungestörten Ort zu finden, damit wir Sex haben konnten. Er wohnte zu Hause, was also nicht infrage kam, und das Heim für unverheiratete Mütter kam auch nicht infrage. Er schlug mir vor, meine Eltern zu überreden, mir ein kleines Appartement zu mieten, in dem ich „besser studieren" konnte. Erstaunlicherweise stimmten sie zu. WOOHOO! So bin ich nach drei Monaten aus Florence Crittenton wieder ausgezogen. Ich kann also keine Horrorgeschichten von Zwangsarbeit erzählen. Natürlich hatten wir alle unsere Aufgaben im Haus zu übernehmen; das war ganz normal. Aber es gibt keine Horrorgeschichten.

Martin und ich, wir sahen uns eine Zeit lang, und dann stellte er mich seinem Freund Reg vor, der auch Afroamerikaner war. Reg und ich fingen an, uns zu treffen, und Martin blieb auf der Strecke. Reg und ich genossen unsere Zweisamkeit, und ich war nicht mehr einsam. Wir lebten in der Gegenwart, wohl wissend, dass alles im Spätsommer zu Ende gehen würde. Ich war für Ende August ausgezählt.

Die Monate vergingen, während ich zur Uni ging. Dann an meinem Geburtstag bekam ich Wehen, rief ein Taxi und fuhr ins Krankenhaus. Ich hatte 24 Stunden lang Wehen, und dann, am 16. August 1962, wurde mein Sohn geboren. Ich denke, Catholic Charities haben meinen Aufenthalt im Florence-Crittenton-Heim arrangiert. Catholic Charities wies mir einen Sozialarbeiter zu, mit dem ich mich alle paar Wochen während meiner Schwangerschaft traf. Ich erinnere mich, dass ich noch Ende Juli nicht wusste, was ich tun sollte, und ich überlegte, was ich außer Adoption noch machen könnte. Aber ich hatte keine Arbeit, keinen Platz zum Leben. Ich hatte keine Verwandten, bei denen ich unterschlüpfen konnte. Bekele konnte mir nicht helfen. Es gab also keinen Ausweg.

Als es so weit war und ich ins Krankenhaus musste und Andy bekam, war klar, dass ich ihn abgeben musste. Ich tat, was erwartet wurde, was mir Catholic Charities und der Psychiater, den ich aufgesucht hatte, geraten hatten und was meine Eltern von mir verlangten. Ich gab ihn zur Adoption frei. Sie erzählten, dass man sein Baby besser nicht sehen sollte, weil man es dann vermutlich behalten wollte. Auf keinen Fall sollte man sein Baby auf dem Arm nehmen. Aber ich wollte die Adoptionspapiere nicht unterschreiben, bevor ich ihn gesehen hatte. Und deshalb durfte ich ihn sehen, daran kann ich mich erinnern. Ich habe es noch heute vor meinen Augen, wie ich draußen vor dem Fenster stand und Andy durch die Scheibe betrachtete. Ich sah ihn nur dieses eine Mal durch das Glasfenster, als wäre er ein kleiner Baby-Strafgefangener. Dann verließ ich das Krankenhaus und fuhr zu meinem Appartement. Ich wusste genau, wie ich mich in meine Kopfwelten zurückziehen und meine Gefühle und Empfindungen im Zaum halten konnte. Ich wusste seit Langem, dass ich eine Trennwand zwischen meinem Kopf und meinem Körper hatte, und die ließ mich durchhalten.

Ich kehrte aus dem Krankenhaus in mein kleines Appartement zurück, holte meine Abschlussprüfungen nach, die ich wegen der Geburt verpasst hatte, packte alles zusammen, machte sauber, verabschiedete mich von Reg und kehrte nach Minneapolis zurück, um meinen Eltern zu zeigen, dass ich dankbar für ihre Unterstützung war. Meine Mutter war gerade mit ihrem elften und letzten Kind, Kevin, schwanger, das am 25. November 1962 geboren wurde. Es war schwer für mich, dass er gerade in dieser Zeit auf die Welt kam, aber so war es, und der Katholizismus bereitet dich auf die vielen Möglichkeiten vor, für deine Sünden zu bezahlen. Ich wusste, ich verdiente es nicht anders. Ich fühlte mich so dumm. Und ich fühlte mich absolut mies, weil ich schwanger geworden war. Da genieße ich an der Uni gerade mal meine Freiheit und werde nach zweieinhalb Monaten gleich schwanger. Das hatte ich nicht gerade gut hinbekommen. Ich ärgerte mich über mich selbst, weil ich Mist gebaut hatte: unverheiratet schwanger, mit einem halb-afrikanischen Kind, um das sich der Vater nicht kümmert. Das ist schon ein Riesenmalheur, das ich da verursacht hatte.

Unterstützung bekam ich in dieser Zeit auch von meiner Mutter nicht. „Wie konntest du so etwas tun?" Meine Eltern waren sich einig. Meine Mutter war der Ansicht, Eltern sollten immer eine einheitliche Front bilden. Sie hat mich auch nicht vor meinem Vater in Schutz genommen, als ich jünger war. So war ich nicht überrascht. Meine Eltern waren ehrgeizig. Mein Vater machte gerade Karriere. Mein Großvater war ein Einwanderer aus dem Libanon. Und mein Vater hatte die Leidenschaft und die Gelegenheit, sich hochzuarbeiten. Meine Eltern waren der Ansicht, dass die Situation ihrem Aufstieg gehörig schadete.

Ich schrieb mich an der University of Minnesota ein und fing im September 1962 mit dem Studium an. Ich trat sofort der dortigen Abteilung des „Congress of Racial Equality" (CORE) und des „Southern Non Violent Coordinating Committee" (SNCC) bei, informierte mich, wo Schwarze und *weiße* Studierende zusammen rumhingen, und gesellte mich dazu. Das brachte mir weitere soziale Anerkennung. Schwarze Männer akzeptierten mich, und das tat mir gut. Endlich hatte ich andere Außenseiter gefunden, andere, die in die abgeschottete, katholische *weiße* Welt, in die ich hineingeboren und in der ich aufgewachsenen war und in der ich mich immer als nicht dazugehörig gefühlt hatte, nicht hineinpassten. Hier waren Menschen, die von der Gesellschaft gemieden wurden. Ich fühlte mich zu Hause. Das wollte ich nicht aufgeben.

Das hatten meine Eltern nicht erwartet. Sie hatten offenbar geglaubt, ich hätte meine Lektion gelernt und würde mich häuslich niederlassen, mich mit netten *weißen* Jungs verabreden, einen davon heiraten und tun, was ich tun sollte. Sie wussten nichts von

Martin oder Reg. Ich dachte, ich hätte das Richtige getan, als ich nach Hause zurückkehrte. Ich hatte mir geschworen, brav zu sein, nicht zu streiten und meine Eltern nicht anzuschreien, vor allem meinen Vater nicht. Ich hatte das nicht durchdacht und die auf mich zukommenden Probleme nicht sehen wollen. Dann kam es zum Knall. Meine Eltern schrien mich wegen meiner sozialen und politischen Orientierung an. Sie waren zwar liberale Demokraten, die den Bürgerrechtskatalog auf dem nationalen Parteitag der Demokraten 1948 unterstützt hatten, aber es war ihnen nie in den Sinn gekommen, dass das Thema in der eigenen Familie zum Problem werden würde. Sie waren entsetzt. Was würden die Nachbarn und die Gemeindemitglieder denken? Sie hatten so hart für ihren gesellschaftlichen Aufstieg gearbeitet, und nun war das alles ihrer Meinung nach durch mich in Gefahr!

Ich hielt mich an meinen Schwur, nicht zu reagieren, Reife zu zeigen, nicht zu schreien, nicht zu streiten und brav zu sein. Für sie galt diese Zurückhaltung natürlich nicht. Ich versuchte, ruhig zu antworten und meinen Standpunkt vernünftig zu präsentieren; aber es funktionierte nicht, ich konnte mir kein Gehör verschaffen. Meine Eltern nannten mich respektlos, weil ich mich zurückhielt. Ich konnte es ihnen nicht recht machen. Ich blieb standhaft und verhielt mich weiterhin ruhig, aber es belastete mich schwer. Ich hatte Magenschmerzen und aß nicht. Der Stress war enorm, und ich wusste, nur ich konnte eine Lösung finden. Ich schlug meinen Eltern vor, wieder irgendwo anders zur Uni zu gehen, weil das Zusammenleben überhaupt nicht mehr funktionierte. Meine Eltern antworteten, dass ich mir die Suppe selber eingebrockt hätte und sie nun auch auslöffeln müsse. Mit meinem Sinn für Fairness und Gerechtigkeit sah ich die Logik in dieser Argumentation und musste ihnen zustimmen.

Ich verließ ohne ihr Wissen die Universität und besorgte mir einen Job als Hot-Dog-Verkäuferin in einem Imbiss, um selbst genug Geld für meinen Lebensunterhalt zu verdienen. Ich wollte

Diane mit 29 kämpferisch wie ihr Sohn

nach New York, San Francisco oder Los Angeles gehen. Ich kannte niemanden in New York oder San Francisco, aber ich kannte einen Menschen in LA. Reg war von Denver nach dort umgezogen, nachdem ich nach Hause zurückgekehrt war. Wir waren über regelmäßigen Briefwechsel in Kontakt geblieben und hatten gemerkt, dass wir uns vermissten und liebten. So fiel die Wahl auf LA.

Reg war von meiner Entscheidung total geschockt. Wir waren beide davon überzeugt gewesen, dass es Jahre dauern würde, bis wir zusammenkämen, wenn überhaupt. Es schien so, als sollte es nicht sein, aber jetzt war es so. Damals war ich noch nicht volljährig, weshalb die Universität meine Eltern davon in Kenntnis setzte, dass ich aufgehört hatte zu studieren. So viel zum Thema leiser Abgang! Ich erzählte ihnen von meinen Plänen, nach Los Angeles zu ziehen und meinen Lebensunterhalt selbst zu bestreiten. Meine Eltern waren außer sich. Sie boten mir ihre Unterstützung an, egal für welche Uni ich mich entscheiden würde. Aber es war zu spät. Ich kannte ihren Standpunkt und erklärte ihnen, dass ich das nicht tun könnte. Ich erzählte ihnen, dass ich eine andere Meinung als sie von dem hätte, was für mich richtig ist, dass wir da unterschiedlicher Ansicht seien und dass sie mich, wenn ich meinen eigenen Weg wählen würde, nicht auch noch unterstützen müssten. Ich war fest entschlossen, mich selbst zu finanzieren. Ich arbeitete die nächsten Wochen, bis ich genug für mein Zugticket und außerdem noch 50 Dollar in der Tasche hatte.

An einem Sonntag im Februar 1963 holte Reg mich am Bahnhof in Downtown LA ab. Mein neues Leben begann. Er lebte mit drei anderen Männern in einem Appartement. Ich blieb dort für ungefähr zwei Wochen. Einen Tag nach meiner Ankunft bekam ich einen Job, und als ich meinen ersten Lohn erhielt, zog ich in ein winziges Appartement. Innerhalb von drei Wochen hatte ich den besten Job, den eine Frau ohne College-Abschluss und ohne Schreibmaschinen- und Stenografie-Kenntnisse bekommen konnte: Kundenberaterin bei Pacific Bell, einer Telefongesellschaft. Ma Bell, wie sie umgangssprachlich genannt wurde, war meine neue Mutter. Ich verdiente 77 Dollar in der Woche, eine stattliche Summe zu dieser Zeit.

Nachdem ich im Frühjahr 1963 Fuß gefasst hatte, schrieb ich einen Brief an Mrs. Kelly, meine Sozialarbeiterin bei Catholic Charities. Ich berichtete ihr von meinem Job und meiner Wohnung, und dass ich nun in einer Position sei, meinen Sohn zu mir zu nehmen und ihn großzuziehen, sofern er noch nicht adoptiert worden war. Sie schrieb zurück, dass die Angelegenheit erledigt sei, dass er nun in einem guten Zuhause sei und dass ich in die Zukunft blicken solle. Immer wenn ich an ihn dachte, tröstete ich mich mit dem Gedanken, dass ich das Richtige getan hatte. Erst viele Jahre später erfuhr ich, was wirklich passiert war.

Einige Monate später schrieb mir Bekele aus Äthiopien, er wisse nun, dass er einen Fehler gemacht habe und dass ich das

Baby zurückholen und nach Äthiopien kommen solle. Ich antwortete ihm, dass das unmöglich sei, weil ich ein neues Leben begonnen hätte und dass das Baby außerdem adoptiert worden sei und es keine Möglichkeit gebe, es zurückzubekommen. Ich hörte nie wieder von ihm.

1963 habe ich Reg geheiratet. Zunächst habe ich meinen Eltern nichts von meinen Plänen erzählt. Ich habe ihnen erst nach der Hochzeit eine Heiratsannonce geschickt. Mit Reg war ich fünf Jahre verheiratet. Wir hatten eine Tochter miteinander. Mein nächster Ehemann war auch African American, und wir hatten ebenfalls eine Tochter.

Mit meinen Eltern hatte ich lange keinen Kontakt. Wir haben uns in Ruhe gelassen. Es änderte sich erst langsam in den 1970er-Jahren, nachdem zuerst eine meiner Schwestern ertrunken war und sich dann einer meiner Brüder von der Golden Gate Bridge gestürzt hatte. Danach wurde ich wieder in alle Familienangelegenheiten mit einbezogen. Diese Tragödien haben zu einem Umdenken bei meinen Eltern und auch bei mir geführt. Aber zu diesem Zeitpunkt war meine ältere Tochter schon elf Jahre und die jüngere drei. Die Situation in meiner Familie hatte natürlich Auswirkungen vor allem auf die ältere gehabt. Und Andy war weg. Mein Vater änderte offenbar seine Haltung ihm gegenüber zu dieser Zeit und schrieb einen Brief an Catholic Charities, in dem er anbot, Andys Ausbildung zu finanzieren.

Ich habe angefangen, nach Andy zu suchen, als er 19 Jahre alt war. Ich musste warten, bis er volljährig war. Immer hatte ich befürchtet, ihn nicht finden zu können. Ich war stets der Überzeugung gewesen, dass adoptierte Kinder das Recht haben sollten, ihre Eltern kennenzulernen. Auch heute noch bin ich mir nicht sicher, ob Menschen, die ihre Kinder zur Adoption freigeben, das Recht haben sollten, sie später zu suchen. Und so schwankte ich, ob mir das Recht zustand. Aber die Kinder sollten auf jeden Fall die Möglichkeit bekommen, ihre Eltern ausfindig zu machen. Andy hatte also auf jeden Fall das Recht. Aber ich hatte Angst, dass er mich wegen des Rassenaspekts nicht suchen würde, und ich hatte Sorge, dass er denken könnte, ich wollte nicht gefunden werden. Oder hätte ihn nicht haben wollen, weil er halb Schwarz ist. Da waren also alle möglichen Bedenken, die etwas mit dem möglichen Einfluss seiner Hautfarbe auf sein Leben zu tun hatten.

Dann fand ich nach dem Tod meines Vaters heraus, dass Catholic Charities mich belogen hatte. Als ich herausfand, dass sie einfach nur behauptet hatten, er sei adoptiert worden, obwohl das gar nicht stimmte, sondern dass er schon zwei Jahre alt war, als er überhaupt in eine Familie kam, war ich entsetzt. Ich war entsetzt und fühlte mich so richtig schuldig, weil ich ein Kind auf die Welt gebracht hatte, um das ich mich nicht gekümmert und das ich einem ungewissen Schicksal überlassen habe. Als dieses ungewisse Schicksal dann zumindest in Teilen zur Gewissheit wurde, und als das, was ich erfuhr, nichts Gutes war, fühlte ich mich so richtig schuldig und furchtbar bedrückt.

An diesen Punkt heuerte ich Detektive an. Aber ich glaube, der eine hat mich nur ausgenommen, das andere war eine Internet-Detektei, die auch nach Scam aussah. Allerdings erklärten sie mir, sie hätten die Führerscheinunterlagen aller Männer in Colorado, die ungefähr am selben Tag wie Andy geboren worden waren, durchgesucht. Das schien mir ein vernünftiger Ansatz zu sein. Ich wusste, dass er nicht in Denver war, weil mir das Catholic Charities gesagt hatte. Ich wusste aber nicht, in welchem Bundesstaat er untergekommen war, und ich wollte nicht Bundesstaat für Bundesstaat durchforsten lassen. Wie sich herausstellte, wäre das auch sinnlos gewesen. So habe ich dafür gesorgt, dass meine Suche registriert wird, und als sich das Internet verbreitete, habe ich über das Internet gesucht. Schließlich habe ich „adoption.com" gefunden und mich dort registrieren lassen. Ich hatte mich vorher schon bei ähnlichen Seiten eingeschrieben. Dadurch versuchte ich eine Spur zu legen, damit er mich leichter finden könnte, wenn er irgendwann suchen würde. Und als er mich schließlich gesucht hat, ist es genauso gekommen, wie ich mir das vorgestellt hatte. Es war schon unglaublich, dass er überhaupt nach mir recherchiert hat. Man hatte Andy ja auch fälschlicherweise erzählt, dass der Name in den Adoptionspapieren nicht sein richtiger sei. Aber weil ich jetzt weiß, wie oft Catholic Charities gelogen hat, wundert mich das nicht. Kurz bevor mich Andy gefunden hat, schrieb mir ein Mann aus Denver, der meinte, er könne mein Sohn sein. Er war aber ein paar Tage nach Andy geboren worden. Ich antwortete ihm: „Ja, das kann durchaus sein, weil Catholic Charities öfter gelogen hat." Es stellte sich allerdings heraus, dass sie Andys Geburtsdatum nicht verändert hatten, aber es hätte mich nicht verwundert. Man hat bei Catholic Charities systematisch gelogen. Für die Katholiken war es inakzeptabel, ein uneheliches Kind zu bekommen. Alles andere war dann nur folgerichtiges Vorgehen.

Es war gut, dass ich mit Andy zu Catholic Charities gefahren bin und sie mit unserer Geschichte konfrontiert habe. Eine vernünftige Erklärung habe ich nicht bekommen. Sie sagten, dass sie nun sähen, dass es unrecht war und dass ihnen leid tue, was uns widerfahren sei. So etwas könne heute nicht mehr passieren, weil Adoptionen anders verlaufen würden. Ich denke, es war gut, dass wir Catholic Charities aufgesucht haben. Und ich bewundere den Mitarbeiter, der mit uns gesprochen hat. Man hatte ihm nämlich von dem Gespräch abgeraten. Die Haltung der katholischen Kirche zu Verhütung und Abtreibung hat sich nicht grundsätzlich geändert seit damals. Ich habe also keine positive Meinung von Catholic Charities, und das wird so bleiben. Sie haben Andy massiv misshandelt, sie haben mich misshandelt. Sie haben nie die Wahrheit gesagt. Ich würde liebend gerne einmal ihre Akten einsehen.

Andy dann schließlich zu sprechen und ihn zu treffen, war unglaublich. Es war absolut unglaublich! Zunächst einmal hatte ich über all die Jahre hinweg gehofft, dass er mich suchen würde. Gleichzeitig hatte ich befürchtet, dass er es nicht tun würde, Dann erfuhr ich von Frauen, die ihr Kind gefunden hatten, und musste an mein Kind denken. Alle meine Bekannten haben mir geraten: „Du musst nach ihm suchen!" Nun, zunächst einmal hatte ich ja gesucht, ihn aber nicht gefunden. Und es war nicht sehr wahrscheinlich, dass ich ihn finden würde. Aber da war auch der Gedanke: „Sei vorsichtig, was du dir wünschst!" Ich wollte ihn wirklich finden. Aber vielleicht saß er auch irgendwo mit einem Drink vor sich auf einem Barhocker und dachte: „Warum soll ich diese Bitch suchen?! Sie wollte mich nicht." So habe ich meine Erwartungen niedrig gehalten, und je mehr Zeit verging, desto niedriger wurden sie. Ich hatte gehofft, dass er mich vielleicht in seinen Vierzigern suchen würde, weil er dann wahrscheinlich Kinder haben würde und ein neuer Lebensabschnitt begonnen hätte. Aber je mehr Zeit verging, umso unwahrscheinlicher wurde es.

An meinem 70. Geburtstag, der einen Tag vor seinem 51. Geburtstag war, gab ich eine große Party. Und einen Tag später hat er sich entschieden, nach mir zu suchen. Er hat mich dann sehr schnell gefunden. Da war eine Nachricht auf meinem Anrufbeantworter von einer Frau aus Deutschland. Sie sagte: „Ich versuche, Diane Truly zu erreichen. Ich hab Informationen für Sie." Und ich dachte – Deutschland? Wen kenne ich in Deutschland? Für vielleicht eine halbe Sekunde lang kam mir Andy in den Kopf. Dann dachte ich eher an einen Scam: „Sie haben eine Million gewonnen" oder so etwas.

Weil es schon abends war, habe ich die Sache auf den nächsten Tag verschoben und ging ins Bett. Am anderen Morgen wachte ich gegen 8 Uhr auf, und bevor ich noch richtig darüber nachdenken konnte – ich bin ein Nachtmensch, kein Morgenmensch – klingelte das Telefon. Und die Frau fragte: „Sitzen Sie gerade irgendwo?" Ich lag noch im Bett und sagte: „Ja, ja". Und sie meinte: „Ich habe Informationen über Ihren Sohn." Und dann erzählte sie etwas mehr, und ich versuchte zu reden, bekam aber nichts raus, weil ich gleichzeitig lachen und weinen musste. Ich hatte mich noch nie so merkwürdig gefühlt. Ich lag auf dem Bett und fühlte mich ganz schwach und flau. Wenn ich gestanden hätte, wäre ich wahrscheinlich umgefallen. Ich fühlte, dass ich keine Kraft mehr in meinen Muskeln hatte, als hätte mich mein ganzer Körper im Stich gelassen. Aber ich lag im Bett und habe gelacht und geweint.

Als ich meine Fassung wieder halbwegs gefunden hatte, fragte ich sie: „Wo ist er? Kann ich mit ihm sprechen" Sie antwortete: „Er ist gerade nicht hier." Dann hat sie noch ein paar Minuten mit mir gesprochen und mir noch einiges über ihn erzählt. Sie teilte mir mit, dass sie ihn anrufen und sich dann wieder bei mir melden würde.

Nach 5–10 Minuten rief sie wieder an und berichtete, dass sie ihn nicht erreicht habe. Sie hatte ihm aber eine Nachricht hinterlassen, und er würde zurückrufen. Während ich noch mit ihr telefonierte, sprach sie auf einmal deutsch, und ich dachte: Das ist aber merkwürdig, sie muss da wohl noch ein anderes Telefonat haben. So habe ich gewartet, und als sie das deutsche Gespräch am anderen Telefon beendet hatte, sagte sie: „Das war Ihr Sohn. Ich gehe jetzt rüber zu ihm, um zu übersetzen, damit ihr miteinander reden könnt." Ich antwortete: „Das wäre toll!" Sie meinte: „Ich muss erst etwas essen, bevor ich rübergehe. Ich rufe Sie in circa 20 Minuten zurück."

Und dann haben wir telefoniert. Es war unglaublich! Es war unbeschreiblich schön!! Ich bin kein Mensch, der seine Gefühle nach außen trägt. Ich bin eher stoisch. Aber das war wahnsinnig. Und dann sagst du auf einmal ganz alberne Sachen. Als Andy auf meine Frage, womit er seinen Lebensunterhalt bestreite, erzählte, er sei Anti-Gewalt- und Kampfsport-Trainer, habe ich nur gesäuselt: „Ah, das ist ja toll!" Das klang so typisch nach einer stolzen Mutter. Ich meine, du kannst über die Vergangenheit sprechen, es ist aber schöner zu sehen, was aus dem Menschen geworden ist.

Und kurze Zeit später bin ich dann nach Deutschland gefahren, um Andy, meinen 51-jährigen Sohn, kennenzulernen.

Ausblick

12 Wo gehöre ich hin?

„ Auch bevor ich mit 51 Jahren erfahren habe, dass mein Vater Äthiopier ist, hatte ich mir immer mal wieder Gedanken über ihn gemacht. Das kam einfach schon aus dem Grund, dass die Leute immer wieder herausgestellt haben, dass ich Schwarz bin. Ja, ich war einfach anders, und da hatte ich immer die Vorstellung, ich müsste meinem Vater ähnlich sehen. Ich hätte niemals gedacht, dass ich meiner Mutter ähnel. Ich habe aber nie gedacht: „Oh, wie könnte er aussehen?" Eva hat mir oft erzählt, ich würde einmal sehr groß werden, weil mein Vater sehr groß gewesen sei. Ist falsch, stimmt nicht. Meine Mutter sagt, er habe ungefähr meine Größe gehabt, sei also klein gewesen und schmal.

Ich bin ja immer davon ausgegangen, dass ich arabisch, ägyptisch bin, wollte immer mal nach Kairo. Das habe ich aber nie gemacht. Ich war einmal in Marokko, was schwierig war, weil ich die Sprache nicht konnte und die Menschen dachten, ich könne Arabisch sprechen. Das war eine ganz unangenehme Situation, weil sie glaubten, ich würde sie verarschen. Man muss auch dazu sagen, dass ich damals schon keinen Afro mehr hatte, sondern eine Glatze. Ob nordafrikanisch oder ostafrikanisch – ich sehe da eigentlich keinen großen Unterschied. Dann war auch noch in meinem Kopf, dass es für meinen Vater schwierig war, weil er Schwarz ist und mit einer *weißen* Frau ein Kind bekommen hatte. Mehr Gedanken über meinen Vater habe ich mir nicht gemacht. Der Drang zu suchen bezog sich immer eher auf meine Mutter. Zu ihr hatte ich vielleicht eine andere Verbindung. Die Menschen in

Deutschland fragen oft, wo ich herkomme, was meine Wurzeln sind. Ich arbeite ja mit Kindern ganz unterschiedlicher Herkunft. Gerade muslimische Kinder, nordafrikanische Kinder, fragen mich ganz oft, wo ich herkomme. Aber ich hatte keine konkrete Vorstellung von meinem Vater.

Die Begegnung mit meiner Mutter hat eigentlich erst richtig den Wunsch ausgelöst, auch meinen Vater zu finden. Vorher war das ganz diffus. Manchmal wollte ich ihn wirklich suchen. Alleine deshalb, weil ich es schwierig fand und manchmal noch finde, so isoliert in der *weißen* Mehrheitsgesellschaft zu leben. Ich habe mich viel mit arabischer und afrikanischer Literatur und Kultur beschäftigt und mich davon angezogen gefühlt. Ich finde, da gibt es einfach spannende Sachen. Und ich verspürte immer so eine Melancholie, wenn ich auf Veranstaltungen oder Konzerten war. Ich hab ja keine Community. Schade finde ich zum Beispiel, dass ich mich nicht wie viele Türken hier in Deutschland, die auch Rassismus auf übelstem Niveau erleben, in meine Community zurückziehen kann. Sie können sich ihre Identität, ihre Stärke aus der Community zurückholen, ihre Kraft daraus ziehen, dass sie nicht alleine sind. Für mich war das nie so. Das hab ich sehr vermisst, weil ich in diese migrantischen Strukturen nicht hineingehörte.

Lange Zeit habe ich auch keinen Kontakt zur afrodeutschen Community gesucht. Ich wusste zwar, dass es Organisationen gibt. Ich habe darüber nachgedacht und es wieder verworfen. Aber ich hatte mit Afrodeutschen zu tun. Wir sind uns einfach begegnet, zum Beispiel über mein Training. Aber da ging es nie darum: „Was sind deine Erfahrungen in Deutschland?" „Wo kommst du eigentlich her?" Mir ist es immer egal, woher die Leute kommen. Das liegt vielleicht auch daran, dass ich selber Probleme damit habe, wenn ich das immer wieder gefragt werde. Das fand ich schon immer doof. Selbst wenn die Menschen mich im Positiven, aus Interesse heraus ansprechen, denke ich mir: „Ist das wichtig? – Ich bin Andy, ich bin jetzt hier. Nehmt mich so an, wie ich bin." In den letzten Jahren, nachdem ich meine Mutter gefunden hatte, habe ich erste kleine Schritte unternommen und hier und da Kontakte zur Community geknüpft. Und bin ins Gespräch gekommen. Da geht es ja meistens nicht um die Herkunft, sondern eher um die gemeinsamen Erfahrungen bezüglich Rassismus.

Aber der Wunsch, meinen Vater zu suchen, ist wirklich erst entstanden, als meine Mutter hier war und mir konkrete Dinge von ihm erzählt hat – wie alt er war, wie er ausgesehen und was er gemacht hat. Sie hat es auch aufgeschrieben, damit ich möglichst viele Informationen bekomme. Da wurde er erst zur richtigen Person. Da wurde er erst für mich fassbar. Dann haben wir schon mal gemeinsam recherchiert, ob wir Fotos von ihm finden, aber es gab nichts. Später habe ich einiges unternommen, um ihn zu finden. Das Ergebnis war gleich Null. Dann habe ich mit einem Professor in Köln gesprochen, der sich mit afroamerikanischer Geschichte beschäftigt. Durch Zufall habe ich eine russisch-somalische Frau kennengelernt, die mir einen Kontakt zur äthiopischen Gemeinde in Köln vermittelt hat. Ich bin in eine Kirche gegangen, habe eine Messe besucht und anschließend mit dem Pfarrer gesprochen. Der wiederum hat mich in Kontakt mit einem älteren Äthiopier gebracht, der Mitte 70 war und früher auch in den USA gelebt hat. Dieser Mann hat mich gefragt, wie mein Vater heißt. Als ich sagte, Bekele Wolde Semayat, hat er meine Hand genommen und gemeint: „Ich kenne deinen Vater. Ich kenne ihn von früher aus den 50er-Jahren." Er hat mir Dinge erzählt, die deckungsgleich mit dem waren, was meine Mutter berichten konnte. Also glaubte ich ihm auch. Er wollte meine Kontaktadresse haben, weil er kurz danach nach Addis Abeba flog. Das war 2015. Er wollte versuchen, etwas herauszufinden.

An diesem Tag hat mich auch eine Äthiopierin angesprochen, die von meiner Geschichte emotional sehr berührt war. Sie meinte, mein Vater hätte mich mit nach Äthiopien, nach Afrika nehmen müssen. Und sie hat mich gefragt, ob ich mal bei ihr im Büro in

Erftstadt vorbeikommen will. Das habe ich getan, es war ein angenehmes Gespräch. Sie hatte schon mal im Internet gesucht und festgestellt, dass mein Vater zwei Bücher geschrieben hat, die in der Uni von Addis Abeba stehen. Sie würde mir gerne helfen. Leider habe ich von ihr nichts mehr gehört. Funkstille.

Dann hat die äthiopische Gemeinde angefragt, ob sie meine Telefonnummer an eine Frau von der Deutschen Welle weitergeben dürfe. Diese Frau produzierte eine Sendung, die auch in Äthiopien ausgestrahlt wird. Ich sagte natürlich ja, weil ich nach jedem Strohhalm griff, der sich mir bot. Diese Frau hat mich von sich aus angerufen, aus eigener Initiative und versprochen, mir zu helfen. Ob ich bereit wäre, ein Interview zu geben, das dann in Äthiopien ausgestrahlt würde. So eine Art Suchanzeige. Natürlich, mache ich, kein Problem! Ist ja sinnvoll, an die Öffentlichkeit zu gehen, die Medien zu nutzen. Ich habe ihr alle Unterlagen, die ich über meinen Vater hatte, als PDF zugeschickt, sogar meine originale Geburtsurkunde, um zu dokumentieren, dass ich keine Märchen erzähle. Und auch von der Frau habe ich nichts mehr gehört, außer dass ich sie sie noch einmal angerufen habe. Sie meinte, ja, wir sind da dran, wir arbeiten da dran. Ich melde mich. Danach habe ich nie wieder was gehört.

Dann haben Marianne Bechhaus-Gerst und ich während der Arbeit an diesen Buch E-Mails an die äthiopische Botschaft in Berlin und an die deutsche Botschaft in Addis Abeba geschrieben. Nie was gehört. Die Mails sind wahrscheinlich bei denen im Spam-Ordner gelandet. Dann haben wir einen Kontakt zum Goethe-Institut in Addis Abeba hergestellt – keine Antwort. Eine Rückmeldung habe ich von einem äthiopischen Bekannten aus Hamburg bekommen, der mir versprach zu helfen. Und hat das auch getan. Er hat mich angerufen, als er aus Addis Abeba zurückkam, und erzählt, dass sie in Äthiopien herumgefahren sind und versucht haben, meinen Vater zu finden. Sie haben aber nichts erreicht. Aber er hat wenigstens eine Rückmeldung gegeben, auch wenn nichts dabei herausgekommen ist. Ich habe noch mit anderen gesprochen und ihnen meine Unterlagen gegeben. Das blieb alles ohne Erfolg.

In diesem Zusammenhang war das Buch von Manuela Ritz „Die Farbe meiner Haut" sehr wichtig für mich. Sie kommt aus Ostdeutschland und ist auch Afrodeutsche. Sie hat ihren Vater in Kenia gefunden hat. Ich habe sie angeschrieben und ihr meine Situation geschildert. Sie hat mir geraten, Kontakt zu Menschen zu suchen, die in Äthiopien geboren sind, dort gelebt haben oder leben. Ihren Vater hat sie durch Kontakte zu Kenianern gefunden. Sie ist dorthin geflogen und hat vielen Menschen von ihrer Suche erzählt. Das hat sie mir auch empfohlen. Wenn ich irgendetwas über meinen Vater finden wollte, dann würde das nur so funktionieren. Ich glaube, über offizielle Wege will man mir nicht helfen. Sonst hätten mir die Menschen, die sich am Anfang hilfsbereit zeigten, zumindest eine Rückmeldung gegeben. Sie hätten ja sagen können: „Wir können dir nicht helfen." Oder: „Lass die Finger davon." Aber dieses absolute Schweigen. Null. Also mein Fazit ist: Überall, wo ich hingehe, heißt es: „Ja, wir helfen." Dann kommt ein Punkt, da ist die Tür zu, und ich laufe vor eine Mauer des Schweigens. Das finde ich merkwürdig, um es mal vorsichtig auszudrücken. Jetzt ist meine Herangehensweise die, dass ich die Sache hier und da streue, wenn ich neue Kontakte bekomme oder wenn sich ein Gespräch ergibt. Offizielle Wege werde ich nicht mehr gehen. Ich bekomme ohnehin keine Antwort. Mein Problem ist den Leuten doch egal.

Eigentlich versuche ich, dieses Kapitel ad acta zu legen. Aber natürlich sind die Gedanken an meinen Vater immer noch da. Aber ich will mir keine große Hoffnung mehr machen, sonst werde ich noch wahnsinnig. Ich gehe davon aus, dass ich meinen Vater nicht mehr finde. Es geht mittlerweile nur noch um Spurensuche. Ich glaube auch nicht, dass mein Vater noch lebt, dafür habe ich etwas spät angefangen zu suchen. Meine Mutter und ich haben einen Artikel von 1974 über die äthiopische „Chamber of Commerce" gefunden. Da ging es um meinen Vater, der mit einer Wirtschaftsdelegation nach Indien geflogen war. Das war auch die Zeit, als die Revolution in Äthiopien stattgefunden hat. Auf einer speziellen Facebook-Seite habe ich eine Suchanfrage gestellt. Daraufhin hat sich eine Afroamerikanerin bei mir gemeldet, die glaubt, dass ein Bruder meines Vaters in die USA ausgewandert und dort 2013 gestorben sei. Der hat im Wirtschaftsbankenbereich gearbeitet, was ja auch der Bereich war, in dem mein Vater tätig war. Bisher habe ich aber zu diesem Bruder meines Vaters noch keinen Kontakt gesucht. Ich muss dazu sagen, dass das für mich auch schwierig ist. Einerseits wäre es toll, aber andererseits habe ich keine Kraft mehr dazu. So schön, so toll, so wichtig es ist, dass ich meine Mutter gefunden habe und dass es ein versöhnliches Ende mit ihr gibt – es war ungeheuer anstrengend. Es hat sehr viel Kraft gekostet. Ich bin weit über meine Grenzen gegangen. Ich muss gestehen, ich bin zerrissen. Erst allmählich flickt sich alles wieder zusammen. Ich werde keine Energie mehr in die Suche stecken, ich habe einfach keine Kraft dafür. Ich muss schauen, dass ich in Deutschland mein Leben weiterlebe. Ich muss ohnehin verschiedene Welten zusammenbringen: meine Familie in den USA, mein Leben hier, meinen Freundeskreis, mein soziales Umfeld. Meine Schwester in den USA hat das einmal schön ausgedrückt: „Du hast zwei Familien – family of choice in Deutschland und uns." Und damit hat sie es auf den Punkt gebracht.

Heute noch verblüfft mich die Ähnlichkeit zwischen meiner Mutter und mir. Wir beide witzeln darüber, dass wir das nicht gesehen haben. Jetzt, wo ich die Fotos an der Wand habe, sehe ich das auch. Wenn ich in mein Gesicht gucke und in ihres. Der Gesichtsausdruck – ja, da ist sehr viel Ähnlichkeit.

Ich hatte bei meiner Mutter sofort das Gefühl, dass ich angenommen bin. Das kam von der Art, wie wir geredet haben, es war aber genauso da, wenn wir nicht geredet haben. Wir mussten nicht reden. Da ist etwas anderes zwischen uns passiert. Ihre Ehrlichkeit, ihre Offenheit, ihre Klarheit gaben mir so ein Gefühl. Und dass sie ganz klar gesagt hat: „Andreas, die Verantwortung übernehme ich." Das war für mich Wahnsinn! Und auch der Mut, den sie hatte, direkt nach Deutschland zu kommen. Ihre Entscheidung, dass sie mich sofort sehen wollte und dass sie meinte: „Du kommst nicht in die USA, ich komme nach Deutschland", fand ich beeindruckend. Damit hätte ich nie in meinem Leben gerechnet. Ich hatte früher immer gedacht, wenn du sie findest, musst du zu ihr. Dabei wollte ich eigentlich nicht in USA. Ich hätte sie dort höchstens an einem neutralen Ort treffen wollen. Aber sie hat sofort gesagt: „Ich komme, ich bin da." Sie hätte auch gar nicht gewollt, dass ich zuerst in die USA komme. Sie meinte, in Deutschland könnte sie ein Gefühl für mich und mein Leben bekommen. Fand ich wahnsinnig. Irre!

Als ich dann die Entscheidung getroffen habe, doch in die USA zu fliegen, um Kontakt zu meiner Familie zu bekommen, habe ich mit meiner Schwester dort telefoniert. Sie war auch sehr berührt, es war ein tolles, tränenreiches Gespräch. Als ich das erste Mal in die Staaten gereist bin, haben meine Schwester und meine Mutter alles getan, damit ich mich wohlfühle. Wir haben offen miteinander geredet. Ich konnte mit meiner Schwester auch alleine reden. Man redet ja auch mal kritisch über seine Mutter. Sie hat mir Sachen erzählt, die ihr nicht gepasst haben. Oder von den Schwierigkeiten der Familie Robbie. Und auch meine Tante Deborah, die Schwester meine Mutter, redet sehr offen, sehr klar und ehrlich über wirklich schwierige Themen der Familie Robbie. Es wird nichts versteckt. Auch Details werden vor mir diskutiert, ich werde angenommen. Deborah zeigt mir, dass ich ihr Neffe bin.

Ich bin nach wie vor sauer auf meinen Großvater und meine Großmutter. Das kann ich nicht schönreden. Ich finde unverzeihlich, was die gemacht haben. Und trotzdem sehe ich jetzt, dass es im Laufe der Zeit Entwicklungen, Veränderungen gegeben hat. Mein Großvater hat meine Mutter später wieder als Teil der Familie akzeptiert. Er hat Bill Truly, den Vater meiner jüngeren Schwester, der Afroamerikaner ist, akzeptiert. Bill hat zu mir gesagt: „Andy, eins musst du wissen, bei all der Scheiße, die passiert ist, Joe Robbie hat sich später verändert." Das ist für mich eine wichtige Information. Und diese Ehrlichkeit, Offenheit von Deborah, von meiner Mutter, von Alicia, meiner Nichte, ist ganz wichtig für mich. Alicia ist 21 Jahre alt, eine taffe, junge, sehr starke Frau, die mir auch sofort das Gefühl gegeben hat, dass ich ihr Onkel bin. Das ist Wahnsinn! Damit hätte ich nie gerechnet. Alicia wusste nicht, dass es mich gibt. Sie hat von mir erfahren, nachdem mich meine Mutter in Deutschland besucht hatte.

Meine Tante Deborah wusste, dass es mich gibt, seit sie mit meiner Mutter das Büro von Joe Robbie nach seinem Tod ausgeräumt hat. Sie fanden Briefe von Catholic Charity aus dem Jahr 1968. Das war Schock pur für sie. Aber auch für meine Mutter, weil sie da erfuhr, dass ich fast drei Jahre im Heim war. Daraufhin hat meine Mutter die Entscheidung getroffen, noch intensiver nach mir zu suchen. Sie ist nach Denver geflogen und hat sogar ein Detektivbüro angeheuert. In dem Zusammenhang hat sie auch meinen beiden Schwestern erzählt, dass es mich gibt. Und dann hat sie es auch ihrer Kernfamilie – Familie Robbie – eröffnet. Die Geschwister meiner Mutter wussten das ja auch früher nicht. Durch ihr Schweigen hat sie ihren Vater gedeckt. Was immer man davon halten mag, ich kann damit leben. Zu den meisten meiner anderen Tanten und Onkels habe ich aber keinen Kontakt, außer dass ich noch einem Onkel in Minnesota kennengelernt habe. Die Familie Robbie ist ja untereinander zerstritten. Und mit diesem ganzen Streit in dieser Familie habe ich nichts zu tun.

Nach unseren Treffen in Deutschland und in den USA hat sich das Verhältnis zwischen meiner Mutter und mir weiterentwickelt. Es ist ein sehr enges, vertrauensvolles Verhältnis. Und meine Mutter ist sehr glücklich, dass ich ihr nichts vorwerfe. Ich habe keinen Grund, sie in irgendeiner Weise anzuklagen. Derzeit ist es so, dass wir ab und zu telefonieren. Ich rufe nicht jeden Tag bei ihr an –

alle zwei bis drei Wochen. Wie es sich gerade ergibt. Ich will auf dem Laufenden bleiben, was in der Familie passiert, was wichtig ist. Ich halte sie auf dem Laufenden, was hier bei mir wichtig ist. Eigentlich gehen wir ganz normal miteinander um. Ich war ungefähr zehn Mal bei ihr drüben in den letzten Jahren. Dabei haben wir viele Dinge zusammen unternommen. Wir waren auf Hawaii, in L.A., in Denver. Die vielen Besuche zeigen, dass eine enge Bindung entstanden ist. Jedes Mal, wenn ich in den USA bin, kommt meine Tante Deborah. Das finde ich super. Sie macht es immer möglich, mich zu sehen. Mal kommt sie für 3–4 Tage, mal für eine Woche. Wir unternehmen Dinge zusammen, damit wir uns besser kennenlernen. Es gibt natürlich immer noch eine Sprachbarriere. Mein Englisch wird durch die Besuche aber besser und besser, auch wenn es immer noch gebrochen ist. Meine Mutter und ich können uns gut verständigen, sogar über schwierige Themen, wenn auch meine Grammatik nicht einwandfrei ist. Eine fremde Sprache, die eigentlich meine Sprache ist, die man mir weggenommen hat. Meine ersten Worte waren schließlich englisch.

Wenn es meine Zeit erlaubt, pendle ich nun zwischen Köln und den USA. Am Anfang haben viele Leute gefragt, ob ich jetzt umziehe. Die Überlegung war schon da: Aber was könnte ich dort drüben tun, um meinen Lebensunterhalt zu verdienen? Als ich die ersten Male in die Staaten geflogen bin, war das sehr schwer, emotional belastend. Wenn ich wieder zurück war, fühlte ich mich zerrissen. Die körperliche Hülle war hier und der Geist in den USA. Das hat sich aber geändert. Ich kann mittlerweile ganz klar sagen: Okay, ich bin geborener US-Amerikaner, bin Afroamerikaner. Bin aber sozialisiert in Deutschland. Bin hier angekommen. Das kann ich durchaus so sagen. Und deswegen gehöre hierhin. Weil ich mir so viel aufgebaut habe. Erkämpft, erstritten, erbissen. Über alle Widerstände hinweg. Ich habe hier auch tolle Menschen kennengelernt, die mir Struktur gegeben haben und denen ich Struktur geben konnte. Ich hab hier Wurzeln geschlagen. Ich hatte keine.

Die hat man mir weggenommen, weggeprügelt, aber ich bin dabei nicht umgefallen. Das kann ich mittlerweile sagen. Deswegen sage ich: Ich gehöre hierhin. Ich gehöre hierhin, sogar mehr als in die USA. Dass ich nie einen Bezug zu meinen anderen Wurzeln in Äthiopien gefunden habe, finde ich bitter, finde ich belastend. Aber ich kann es leider nicht ändern. Und ich bin zwar Afroamerikaner, aber ich bin nicht afroamerikanisch sozialisiert. Und das ist eigentlich eine Riesensauerei. Ich werde von den afroamerikanischen Communities als Schwarzer akzeptiert; aber da gibt es Diskussionen über „bi-racial", hellhäutigere Kinder. Ich bin relativ hell für einen Schwarzen. Dadurch bin ich für manche weder *weiß* noch Schwarz. Ich finde das Quatsch. Ich sage ganz klar: Ich bin ein Schwarzer.

Und obwohl mein Vater kein Afroamerikaner war, bezeichne ich mich so. Ich hatte mal eine Diskussion mit dem afroamerikanischen Lebensgefährten meiner Mutter, der inzwischen verstorben ist. Da ging es um den Unterschied zwischen Afroamerikanern und Menschen afrikanischer Herkunft, die aus unterschiedlichen Ländern in die USA gekommen sind, um zu studieren, Karriere zu machen oder ins Exil zu gehen. Die Diskussion startete damit, dass er als Afroamerikaner zu mir sagte: „Ich mag keine Afrikaner." Ich meinte: „Bitte was? Wo kommen wir jetzt hin?" Er hat den Unterschied aus seiner Sicht erklärt und meinte, die Afrikaner hätten halt nicht die Geschichte der Sklaverei hinter sich. Worauf ich gesagt habe: „Ich halte es für einen Riesenquatsch, dass wir da wieder einen Unterschied machen. Rassismus erleben wir alle. Und afrikanische Wurzeln haben wir alle. Wo kommen denn die Schwarzen her, die in den USA leben? Die Wurzeln liegen in Afrika."

Das wurde ja auch immer wieder in Zusammenhang mit Obama zum Thema, und das finde ich vollkommen daneben. Ich war nicht unbedingt Obama-Fan. Aber an der Stelle bin ich solidarisch. Wir sollten nicht untereinander auch noch Unterschiede machen und uns auseinanderdividieren. Warum sollen wir diese Scheiße, die die *Weißen* uns in den Kopf prügeln, auch noch annehmen? Meine Schwester meinte zu mir: „Eigentlich bist du ein Afroamerikaner. Bei dir sind die Wurzeln noch ganz klar nachvollziehbar." Und für viele Menschen in den USA, politisch denkende Menschen, ist das genau ein Problem. Ich weiß inzwischen, dass mein Vater Äthiopier ist.

Eigentlich hat man mir die Möglichkeit, eine gefestigte afroamerikanische Identität zu entwickeln, genommen, als meine Adoptiveltern mit mir nach Deutschland ausgewandert sind. Und an dieser Stelle setzt auch die Kritik an meinen Adoptiveltern an. Es geht dabei nicht um die Adoption an sich, darüber habe ich schon ausführlich geredet. Ich kritisiere, dass es nie ein klares Statement gegen Rassismus durch Eva und Herrn K. gegeben hat. Wenn sie gesagt hätten: „Wir helfen einem Schwarzen Kind. Wir versuchen, ihm eine echte Chance zu geben, damit es eine starke Persönlichkeit wird, damit es eine Identität entwickelt", dann hätten sie sich bemüht, in einer Schwarzen Community zu leben, oder mir Möglichkeit dazu gegeben und wären nicht nach Deutschland gegangen. Das hätte sogar in Deutschland noch klappen können. Es gab afroamerikanische Menschen hier, die haben zum Beispiel fürs Militär gearbeitet. Man hätte schauen können, ob man da lebt, wo diese Menschen leben, damit ich eine Anbindung bekomme. Stattdessen bin ich alleine durch Göttingen gerannt, konnte mir allen möglichen Scheiß anhören, mich durchprügeln, durchschlagen. Und meine eigentliche Kritik ist: Ihr habt mir aus Ignoranz, aus Gleichgültigkeit, aus Brutalität, aus Verblödung, Verblendung, Gleichgültigkeit alles weggenommen. Deswegen habe ich keine afroamerikanische Identität im eigentlichen Sinn.

Heute hat für mich Identität nichts mit Herkunft zu tun. Identität hat etwas mit deiner Entwicklung zu tun, mit deiner Sozialisierung. Das andere sind meine Wurzeln. Ich mache einen Unterschied zwischen meinen Wurzeln und meiner Identität. Meine eigentlichen Wurzeln sind mir geraubt, sie sind einfach weggeschnitten worden. Meine Identität habe ich mir selber geschaffen. Und meine Identität ist: Ich bin Andy Nakic, der in Deutschland lebt, der seine Familie in den USA hat und noch eine Familie irgendwo auf der Welt. Aber meine Wurzeln habe ich eindeutig hier in Köln geschlagen. Ich bin Kölner. Ich würde nicht mal sagen, ich bin Deutscher, auch wenn ich die deutsche Staatsangehörigkeit habe. Dafür hat Eva gesorgt. Aber eigentlich bin ich Kölner. In dieser Stadt habe ich so viele Kontakte geknüpft – aus eigener Energie, aus eigener Kraft, auch Kämpfe gehabt. Hier gibt es wie überall in Deutschland Rassismus, der sicherlich auch immer schlimmer wird. Hier gibt es aber auch Strukturen dagegen, von denen ich ein Teil bin, mal aktiver, mal inaktiver. Deswegen kann ich sagen: Ich bin Kölner. Und wenn dieser Satz die Runde macht, küren mich die Kölner noch zum Karnevalsprinzen. Und sie werden das Lied auflegen: „Ich bin 'ne Kölsche Jung".